제1부

이사야의
큰 그림

(1~12장)

영적 현실을 직면하게 하다

1 **1** 이 책은 이스라엘의 남쪽, 유다의 왕들인 웃시야, 요담, 아하
스, 히스기야의 시대[약 50년간]에 아모스(아모츠)의 아들 이사
야가 유다와 예루살렘에 관해 본 하나님의 시각을 기록한 것이다.

2-4 하늘 법정에서 재판장이신 하나님께서 말씀하신다.

"[배심원으로 참석한] 하늘과 땅은 나의 말을 들어보라! 내가 유
다 백성을 나의 자녀처럼 돌보고 키웠건만 그들은 나를 배신했다.
소도 먹이를 주는 주인을 알아보고, 나귀도 잠자리를 제공하는 주
인을 인정하건만, 이스라엘 백성은 짐승만도 못한 배은망덕한 존재
가 되었다.

그들은 나에게 반역하여 죄를 지었고 악한 짓을 하여 패역한
자녀가 되었다. 그들은 부모 같은 나를 버리고 이스라엘의 거룩한
예배 대상인 나를 우습게 여기며 배반했다.

5-6 이러한 잘못된 모습을 바꾸어보려고 수없는 인생채찍으로 때
리며 훈계했지만, 그들은 매를 맞으면서도 회개하지 않았다. 머리
부터 발끝까지 더 이상 때릴 곳이 없는 상태가 되었고 마음도 상했
는데, 그들은 나에게 '잘못했습니다'라고 말하고 그 상처와 매 맞은
곳을 치유받거나 고침받을 생각이 없구나.

7-9 그 탓에 그들이 사는 땅은 황폐해졌고 불타버렸다. 나, 하나님
이 이방 적군들을 보내 그들의 땅과 소유물을 파괴해버렸기 때문이
다. 다만 마지막 자비를 베풀어서 그들을 완전히 멸망시키지는 않
았다. 그래서 다른 모든 성은 다 파괴되었어도, 황폐한 포도원에 덩

그러니 남겨진 원두막처럼 예루살렘 성만 겨우 살아남은 것이다. 나, 하나님이 자비를 베풀지 않았다면 그들은 롯이 살던 시대의 소돔 고모라처럼 심판받아 완전히 사라져버렸을 것이다.”

10 하나님의 백성인데도, 소돔의 지도자들처럼 악하고 고모라 사람들처럼 범죄한 이스라엘 사람들아! 이제 하나님의 말씀과 교훈을 잘 들어보아라! 너희가 왜 이 지경이 되었는지 알려주겠다.

11-14 “너희는 지금까지 형식적인 예배와 제사만 드렸다. 하나님을 사랑하지도 않고 경외하지도 않으면서 드린 그 많은 동물 제사가 무슨 소용이 있겠느냐? 내가 진정으로 원하는 것이 동물의 피와 기름이겠느냐? 마음에도 없는 절기 예배와 집회와 모임으로 오히려 내 마음은 힘들고 고통스러우며 혐오를 느낀다.

15 그래서 너희가 아무리 거룩한 척하면서 손들고 기도해도 내가 듣지 않고 오래 기도해도 응답하지 않는 것이다. 그 이유가 무엇이냐? 너희 삶이 예배와 이어지지 않고 있기 때문이다. 하는 일마다 세상 사람과 다를 바 없는 악한 삶으로 가득하기 때문이다.

16-17 형식적인 예배보다 중요한 것은 먼저 삶의 방식을 바르게 하는 것이다. 하나님을 경외하는 마음으로 나아와 회개하고 그동안 행했던 모든 악한 습관을 그만두어라! 하나님 말씀을 기준으로 삼아서 선한 일을 하고 바르게 행하며, 사회적으로 고통당하고 상대적으로 약한 사람들을 도와주어라.”

18-20 하나님께서 이스라엘 백성에게 간절히 말씀하신다.
“자, 나에게 오너라! 이제 모든 것을 바로잡자! 너희 죄가 아무리 크고 지독하다고 해도 그 죄보다 하나님의 용서하시는 능력은 훨씬 더 크고 강력하니, 그 어떤 죄라도 용서받고 해결받을 수 있을 것이다. 너희가 스스로 뉘우치고 순종하는 마음으로 회개하면 적들의 침략으로 황폐해진 땅이 다시 회복되어 아름다운 열매를 맺을

것이고 너희는 그것을 먹고 누릴 수 있으리라. 그러나 끝까지 고집
스럽게 거절한다면 죽음만이 기다릴 뿐이다."
이것은 엄중한 하나님의 말씀이다.

21-23 이어서 하나님께서 탄식하시며 말씀하신다.
"한 남편에게만 성실한 아내와 같던 이스라엘 백성은 어찌하여
창녀처럼 변질되었는가! 그들의 삶에서 하나님을 향한 바른 삶은
이제 사라졌구나. 사람을 살려야 할 사람들이 사람을 죽이고 있다.
마치 불순물이 너무 많이 들어간 은과 같고 물이 너무 많이 섞여 맛
을 잃어버린 포도주와 같다. 이 나라의 지도자들은 뇌물만 받아먹
고 사회적으로 고통당하고 상대적으로 약한 사람들을 돌보지 않는
구나."

24-27 그래서 하나님께서는 단호하게 말씀하신다.
"내 백성 이스라엘의 삶이 내 원수처럼 변질되었으니, 이제 그
들을 원수처럼 대해야 마땅하다! 하지만 단순히 심판해서 없애버리
는 것이 아니라 영적인 정화작업을 할 것이다. 시련과 심판을 거쳐,
처음 나라가 시작될 때 순수한 마음으로 시작하던 그런 지도자들과
지혜자들을 세우고, 처음 하나님을 남편으로 만났던 성실한 아내처
럼 이스라엘 백성을 회복할 것이다. 그러면 예루살렘은 정의가 바
로잡히고, 영적 정화작업을 견뎌낸 이방 땅에서 돌아와 하나님의
백성에게 합당한 공의로운 삶을 누릴 수 있으리라.

28-31   하지만 끝까지 하나님의 의도를 무시하고 고집스럽게 죄를 짓
는 자들은 모든 죄인의 운명이 그렇듯 멸망당할 것이다. 멸망당하
는 과정에서 너희가 신처럼 섬기던 돈과 명예와 탐욕과 가짜 우상
들은 아무 도움을 주지 못하고 오히려 수치만 안길 것이다. 그런 자
들의 운명은 마치 물 한 방울 없는 나무처럼 마르겠고, 오아시스 없
는 사막처럼 황폐해질 것이다. 그들 중에 아무리 강하다고 소문난

자라고 할지라도 언행 심사가 모두 죽어 마땅한 죄뿐이라서, 그 운명은 휘발유를 몸에 뿌리고 불 속으로 들어가는 자처럼 자멸할 것이다.”

Mountain's Insight

이사야서의 시작은 참으로 불편하다. 요즈음 성도가 듣고 싶은 말이 아니다. 신약 시대의 문을 열었던 세례요한의 메시지처럼 “이 독사의 자식들아!”로 시작된다. 우리를 죄인 취급하고 더러운 창녀로 취급한다. 이사야서의 강한 언어는 우리의 영적 현실을 직시하게 만드는 강력한 치료용 불빛과 같다.

성경을 읽기는 하지만 자신이 듣고 싶은 말을 찾아 줄만 치는 습관을 버려야 한다. 진정으로 성경을 만나고자 한다면, 말씀이라는 맑고 거룩한 거울 앞에서 자신을 바르게 비추어야 한다. 건강하다고 자부하다가도 병원에서 정밀 검사를 받아보면 심각한 질병을 발견하게 되는 것처럼 우리는 이사야의 첫 메시지로 자신이 영적으로 얼마나 심각한 상황인지를 보아야 한다. 그때 우리는 하나님께 죄를 회개하고 “주님, 우리에게 긍휼을 베풀어주세요, 우리에게 구원을 베풀어주세요”라고 고백하게 된다.

사람들은 하나님 앞에 나와서 자신에게 돈이 없다고, 직업이 없다고, 인생이 참 힘들다고 푸념한다. 나아가 부모나 환경을 탓한다. 하지만 그 모든 것은 이차적인 문제다. 가장 근원적인 문제인 우리의 죄 문제를 살펴야 한다. 하나님과의 관계가 파괴된 현실에서 출발해야 한다. 이사야서는 바로 거기서 제대로 시작한다. 이사야서를 대하는 모든 사람도 그렇게 해야 한다. 자신의 영적 현실을 직시해야 한다.

종말의 시작에서 지금을 보다

1 **2** 아모스의 아들 이사야가 유다와 예루살렘에 대해 하나님에게
서 받은 말씀을 전한다[1장이 하늘로부터의 시각으로 본다면, 2장
은 종말로부터의 시각으로 본다].

2 마지막 시대, 곧 하나님의 날이 이르면, 하나님을 예배하는 가치와
위상이 세상에서 가장 높고 귀한 것으로 인정받을 것이다. 돈과 명
예와 욕망을 예배하고 우상을 숭배하던 모든 일은 미천한 것으로
추락하고 모든 세상 사람은 하나님만 높일 것이다.

3 세상 모든 사람이 하나님께 예배하러 가면서 서로에게 이렇게
말할 것이다. "우리 함께 하나님이 계신 곳으로 가자. 이스라엘의
하나님은 한 민족의 신이 아니라 온 세상의 유일한 하나님이시니,
그분은 참사람답게 사는 길을 우리에게 보이시고 가르쳐주실 것이
다. 온 우주의 가장 귀한 진리는 인간의 지식이나 정보에서 나오는
것이 아니라, 하나님을 경외하는 사람에게 주어지는 그분의 말씀에
서 나오기 때문이다."

4 하나님께서는 이 땅의 모든 사람을 다스리는 왕이요 지도자가
되셔서 더 이상 전쟁이나 무력으로 나라를 지키는 것이 아니라 세
상이 상상할 수도 없는 평화로 온 세상을 새롭게 하신다. 더는 전쟁
이 없을 것이기에 전쟁 무기를 농기구로 만드는 세상, 곧 하나님 나
라가 도래할 것이다.

5 이스라엘 사람들이여! 온 세상의 마지막이 이렇게 매듭지어질
것인데, 정신을 차려야 하지 않겠는가? 하나님께서 이스라엘을 처
음 선택하신 이유는 우리를 통해 세상 모든 사람에게 하나님을 전
하기 위함이 아닌가? 그러므로 우리는 당연히 그분이 주신 위대한
사명의 빛을 따라 살아야 마땅하다.

6-8 하지만 우리 이스라엘은 그렇게 하지 않았다. 우리가 변화시켜야

할 세상을 오히려 더 닮아버렸다. 하나님보다 세상과 이방 사람들의 변질된 모습에 더 유혹당하고 끌려서 점을 치고, 더럽고 악한 삶의 방식을 따라 행함으로 물질적인 탐욕에 노예가 되어 결국 하나님이 아닌 우상, 곧 사람의 손으로 만든 우상을 숭배하게 되었기에 하나님께서는 이스라엘 백성을 잠시 버리신 것이다.

9   윗사람부터 아랫사람까지 하나같이 정신을 차리지 못하고 이 세상의 악한 문화와 우상숭배의 더러운 삶에 함몰되어 있으니 내〔이사야〕 마음 같아서는 하나님께서 용서하지 않으셨으면 좋겠도다!

10   하나님께서 임하시는 그 날, 마지막 날이 되면, 끝까지 욕망과 우상숭배의 삶을 살던 너희는 그저 영광스러운 하나님의 위엄 앞을 떠나 숨는 것밖에 할 일이 없으리라.

11-17   바로 그 마지막 날이 되면, 너희가 정신이 나가서 '여신, 남신'이라고 함부로 불렀던 모든 미천하고 교만한 인간들이 다 낮아지고 오직 하나님만이 경배와 예배의 대상이 되실 것이다. 바로 그 하나님의 날들은 몇몇 특별한 사람에게만 임하는 것이 아니라 모든 세상 사람에게 다가올 것이니, 바로 그때 모든 교만하고 거만한 자들은 낮아질 것이다. 아무리 돈이 많은 사람이라도, 아무리 지식이 많은 사람이라도, 아무리 대단한 책을 쓴 사람이라도, 아무리 대단한 업적이 있는 사람이라도, 아무리 강하고 힘 있는 사람이라도, 아무리 대단한 계획과 실력이 있는 사람이라도 하나님 앞에서는 낮아질 것이다. 마치 어둠 속에 빛이 비춰면 그 어떤 어둠도 고개를 들 수 없듯이 모두 하나님 앞에 엎드려 경배할 수밖에 없을 것이다. 오직 하나님만이 경배와 찬양을 받으실 것이다.

18-21   사람이 만든 모든 정보와 지식과 업적이 아무리 대단해도 하나님을 거역하고 무시하는 내용이라면 그 모든 것이 하나님을 대신해 쌓아 올린 바벨탑처럼 우상이 될 뿐이니, 완전히 심판받아 사라질 것이

다. 그럼에도 끝까지 고집을 피우며 하나님께로 돌아오지 않는 사
람들은 하나님께서 임하시는 그 마지막 날에 두려움에 떨며 도망가
는 일 외에는 할 수 있는 일이 없을 것이다. 그들이 그렇게 소중하
게 금과 은으로 만들어놓은 우상들은 쓰레기처럼 아무 소용이 없겠
고, 사람이 살 수 없는 비참한 폐허 더미에 몸을 숨긴 채 하나님의
영광이 두려워 마주할 수도 없을 것이다.

22 분명히 알아두어라! 결국 너희가 하나님을 대신하여 믿고 의지하며
기대하는 모든 것의 궁극에는 사람이 있었구나! 하지만 사람이라는
존재는 아무리 대단하다 해도 예배 대상이 아니다. 사람은 하나님
께서 만드신 피조물일 뿐이다. 그 호흡을 누가 주었느냐? 만약 하나
님께서 그 호흡을 제거하시면 바로 그 순간 끝나는 것이 사람이다.
오직 하나님을 경외하고 예배로 그분과 바른 관계를 맺을 때만 사
람은 귀한 존재이다.

Mountain's Insight ─────────────────────

이사야 1장이 이스라엘의 영적 현실을 하늘의 시각, 즉 수직적인 입장
에서 보았다면, 이사야 2장은 수평적인 입장으로 종말론적인 시각에
서 보고 있다. 우리는 미래를 정확히 예측할 수 없지만, 그래도 최선을
다해 종말의 시각으로 보면 많은 것을 다르게, 아니 바르게 볼 수 있다.
기말고사를 앞두고도 노는 학생들이 시험을 마치는 시점에서, 더 나아
가 학창시절을 돌아보며 후회하는 30-40대의 시점에서 자신의 오늘을
본다면 분명히 다른 인생을 살게 될 것이다.
    이사야는 지금 그렇게 우리의 영적 현실을 직시하도록 한다. 우리의
영혼을 저 먼 미래로 끌고 가서 바로 거기서 오늘을 보게 한다. 이사야
서는 우리가 마지막 시간을 맞이할 것이니 열심히 살라는 정도의 메시

지를 전하는 것이 아니다. 지금 현실에서 우리가 무엇을 잘못하고 있는
지를 보도록 하는데, 바로 삶의 마지막 순간에 만나게 될 하나님이 지
금 우리 삶의 자리에 안 계신다는 것을 깨닫게 하려고 애쓴다. 지금 그
자리에 누가 있는가? 바로 자신, 즉 자아가 있다. 자아가 신이 되어서
거기에 있다. 우상숭배의 궁극에는 이처럼 자아가 신의 자리에 있다.
그러므로 우리는 다른 무엇이 아닌, 바로 자신을 포기해야 한다.

인생의 마지막 시간은 반드시 온다. 그때 가서 준비하려면 불가능하
다. 바로 지금 그 시간을 준비하자. 그렇게 하면 미래만이 아니라 현재
삶도 참으로 의미 있는 시간이 될 것이다. 누가복음 12장 16-21절을 함
께 읽어보자.

"또 비유로 그들에게 말하여 이르시되 한 부자가 그 밭에 소출이 풍
성하매 심중에 생각하여 이르되 내가 곡식 쌓아둘 곳이 없으니 어찌
할까 하고 또 이르되 내가 이렇게 하리라 내 곳간을 헐고 더 크게 짓
고 내 모든 곡식과 물건을 거기 쌓아두리라. 또 내가 내 영혼에게 이
르되 영혼아 여러 해 쓸 물건을 많이 쌓아두었으니 평안히 쉬고 먹
고 마시고 즐거워하자 하리라 하되 하나님은 이르시되 어리석은 자
여 오늘 밤에 네 영혼을 도로 찾으리니 그러면 네 준비한 것이 누구
의 것이 되겠느냐 하셨으니 자기를 위하여 재물을 쌓아두고 하나님
께 대하여 부요하지 못한 자가 이와 같으니라."

시작되는 심판: 리더십의 제거

1 **3** 자! 잘 들어보아라! 이제부터 하나님께서 하실 심판을 구체적으로 말해주겠다. 하나님께서는 사람이 살아가는 데 핵심적으로 필요한 음식과 물을 제거하실 것이다. 참 인격이신 하나님을 대신하여 그들이 실제로 믿고 의지하며 예배하는 대상이 바로 욕망과 탐욕과 같은 비인격적인 것이기 때문이다.

2-3   동시에 하나님께서는 그들의 리더와 핵심 인물을 제거하실 것이다. 사람이 살아가는 데 음식과 물이 반드시 필요하듯, 공동체가 생명력 있게 운영되려면 백성의 지도자와 리더가 핵심적인 역할을 감당해야 하기 때문이다. 하나님께서는 군사 지도자, 정치 지도자, 영적 지도자를 제거하실 것이며, 이어서 공동체의 다양한 분야에서 핵심 리더십을 발휘해야 하는 기술, 언어, 기능적인 분야의 전문가와 장인을 모두 없애버리실 것이다.

4-5   이렇게 하나님께서 바르고 실력 있는 리더를 제거하시면, 그 자리를 철없는 아이처럼 모자라고 실력 없는 자들이 들어와 대신하여 그 땅을 다스릴 것이다. 그런 자들이 어떻게 공동체를 이끌겠느냐? 그런 리더가 다스리는 공동체는 어떻게 되겠느냐? 당연히 엉망이 된다. 사람들은 서로를 이용하고 학대하며 죽일 것이다. 마땅히 존경해야 할 어른들이 천대를 받고, 인정받아야 할 사람은 무시당할 것이다.

6-7   정말 지도자가 될 사람이 얼마나 없느냐 하면, "이보게 자네에게는 그나마 옷 한 벌이 있으니 우리 통치자가 되어 이 어려운 상황을 좀 새롭게 이끌어주게"라고 말하는 상황이 올 것이다. 그러면 그 사람은 손사래 치며 "무슨 소리를 하는 것인가! 나는 이런 엉망이 된 세상에서 리더가 될 생각이 전혀 없네. 그리고 나는 먹을 것도, 입을 것도 없는 사람이야. 절대 지도자가 되지 않을 거야!"라고 말할 것이다.

8   참된 리더가 사라지고, 바른 지도자가 없어지면 결국 예루살렘은 멸망할 것이고 유다 땅은 폐허로 변할 것이다. 왜 이렇게 되었는지 아느냐? 공부 잘하고 머리 좋은 사람이 없어서가 아니다. 너희가 삶의 모든 언행심사에서 하나님을 지도자로 삼지 않았기 때문이다. 하나님을 인생의 주인으로, 리더로 인정하고 고백하며 순종하는 삶을 살지 않으니 이 땅에도 참된 리더가 사라져버린 것이다.

9   술 취한 사람이 아무리 술을 안 마셨다고 말해도 그 얼굴을 보면 불그스레하고 입에서는 냄새가 나지 않느냐? 마찬가지로 너희가 아무리 아니라고 말해도, 너희가 사는 모양과 습관이 언제나 하나님 없이, 하나님을 주인으로 인정하지 않고 살았음을 드러낸다. 너희는 하나님의 백성이라고 하면서도 하나님을 믿지 않고 주인으로 섬기지 않는 소돔 같은 이방 백성처럼 살았으니, 이제 그 결과가 이렇게 재앙으로 임하는 것이다.

10-11   하지만 아무리 바른 리더가 없고 공동체가 질서 없이 무너진다고 해도, 모두가 다 멸망하는 것은 아니다. 그중에서 하나님을 주인으로 삼아 의롭게 사는 사람이 있으니 그들은 복을 받을 것이며 그들의 행위대로 상을 받을 것이다. 그저 세상에 바른 리더 하나 없다고 비판만 할 뿐, 스스로 좋은 리더가 되려는 훈련도 순종도 없이 불평만 하고, 세상 돌아가는 대로 똑같이 사람을 학대하고 사회적으로 차별받는 이들을 이용해 먹는 악인은 행한 그대로 심판을 받을 것이다.

12   하나님을 진정한 리더로, 주인으로 섬기지 않는 이 세상을 보라! 정말 철없는 어린아이 같은 인간들이 정치를 하고, 실력 없고 능력 없는 것들이 위정자라고 앉아 있구나! 대학도 교회도 마찬가지다. 그들은 사람을 세울 생각이 없고 제자 삼을 마음도 능력도 없으니 그들이 다스리는 공동체가 사람들을 잘못된 길로 인도하며 마땅히 가

야 할 사명의 길로 가지 못하게 하는구나.

13-15 　결국 하나님께서 일어나셔서서 이 모든 것을 바로잡으시고 심판
하시리라. 하나님께서 분노하시며 지도자들에게 말씀하신다. "내가
너희를 내 백성의 지도자와 리더로 세웠는데, 너희는 청지기의 마
음으로 그들을 다스리지 않고 오히려 착취하고 빼앗으며 훔쳤구나.
그 힘없고 약한 사람들의 모든 것을 가져가서 너희 배와 집에 채우
다니 이것이 말이 되느냐! 너희가 다스리는 사람들은 너희 소유가
아니라 내가 잠시 맡긴 나의 백성이다. 그런데 어째서 그들을 마치
너희 소유물처럼, 노예처럼 함부로 대하는 것이냐!"

16-24 하나님께서는 이어서 권력과 부를 착취하는 이 땅의 지도자들과 리
더들을 탐욕에 미쳐버린 여자로 비유하시며 심판하신다. "이 땅에
서 권력과 부와 힘이 있는 사람들아! 너희는 탐욕에 물들어 머리 빈
여자들 같구나! 성형수술과 교만한 태도로 외모를 바꾸고 항상 음
란하고 욕망이 가득한 눈으로 움직이는 걸음마다 세상의 가치만 들
리고 울리는구나. 그러므로 나, 하나님이 너희 상황을 역전시킬 것
이다. 수없이 아끼고 관리받던 피부에 문둥병이 생기게 할 것이고
엄청난 돈을 들여가며 날마다 손질하던 머리카락을 모두 제거해 대
머리가 되게 할 것이다. 하나님께서 심판하시는 그 날에, 너희가 머
리부터 발끝까지 장식했던 수많은 보석과 가방과 옷과 장식과 향수
와 신발과 구두와 사치품들이 모조리 더럽고 추하고 역겨운 오물처
럼 변할 것이다. 너희가 향기롭게 여기던 냄새는 지옥에서 올라오
는 사망의 냄새로 바뀌고, 팔목과 발목에 차던 금은 패물은 포로로
끌려갈 때, 너희를 잔인하게 얽는 끈으로 바뀔 것이며, 그 많던 머
리카락은 대머리로, 그 화려했던 옷은 벗겨지고, 드러난 맨살에는
채찍질과 흉터만 덮일 것이다.

25-26 　소유에 미쳐 관계를 무시하고, 비인격적인 물질에 함몰되어 참
된 인격적 가치를 포기한 너희는 결국 중요한 사람들과 귀한 리더

십이 죽고 사라지는 광경을 볼 것이며 너희도 한낱 기계 부품처럼 비인격적인 존재로 전락하고 그렇게 취급당할 것이다. 예루살렘은 그렇게 멸망하고 하나님의 도성은 폐허가 될 것이다."

Mountain's Insight

육신을 입은 사람이 살아가려면 물과 음식이 필수이듯, 공동체가 바르게 서려면 지도자, 곧 리더가 필수적이다. 그냥 나이 많고 돈 많은 사람이 아니라 하나님의 시각을 가진 리더가 필요하며 하나님의 성품과 능력을 지닌 리더가 있어야 한다. 한국 사회에 지금까지 비극적인 역사가 되풀이되는 가장 큰 원인도, 한국 교회가 지금까지 부끄러운 과거를 짊어지고 있는 이유도 모두 참된 리더십의 부재에 있다.

이사야서 3장부터 시작되는 하나님의 심판은 바로 참된 리더를 제거하는 것에서 시작된다. 우리는 이 부분에서 의미심장한 교훈을 받아야 한다. 홍수에 마실 물이 없듯이, 사람은 많으나 거룩한 지도자가 없고, 성도는 많으나 제자가 없다. 그것이 바로 심판임을 알아야 한다. 하나님 앞에 바로 서서 이 땅에 하나님의 공의와 능력을 행할 지도자가 끊어지지 않도록 기도해야 한다. 지도자에 대한 올바른 비판과 판단도 필요하지만, 훌륭한 지도자를 세우려면 우리 스스로 훈련받고 섬겨야 한다. 물질의 축적이 아니라 참된 하나님의 사람을 세우는 데 투자해야 한다. 모세와 아론, 여호수아와 사무엘, 다윗과 솔로몬 같은 하나님의 사람들이 지도자로 설 수 있도록 우리는 깨어서 민족과 교회를 위해 기도해야 한다. 특히 영적인 지도자들이 바르게 세워질 수 있도록 구체적으로 양육하고 섬겨야 한다. 돈과 부동산, 학위와 건물이라는 온갖 비인격적인 가치에 함몰된 이 세상이 다시 정신을 차리고 참된 인격적 가치를 추구하여 사람을 세우고 제자를 삼아, 예수님을 닮은 존재가 이 땅 구석구석에 제대로 자리 잡도록 그 흐름을 역전해야 한다.

하나님의 구원은 이렇게 시작된다

1 **4** 결국 그 비참한 심판의 날이 온다. 일곱 명의 여자가 한 남자에게 가서 "우리가 돈을 벌어서 우리 의식주를 해결하겠어요. 다만 당신이 우리의 남편이 되어주셔서 과부가 되는 수치만 면하게 해주세요"라고 말하는 그 날이! 모든 인간의 노력과 소망이 사라지는 그 날이! 인간의 힘으로는 아무것도 해결할 수 없고, 구원할 수 없는 철저히 절망적인 그 날이!

2 그러나 인간이 아무것도 할 수 없는 그 날, 하나님은 위대한 구원을 이루실 것이다. 그 날에 하나님께서는 우리를 구원할 메시아를 세상에 보내실 것이다. 그 메시아는 겉으로 보기에는 연한 싹과 같고 땅에서 피어올라온 가지처럼 보이겠지만[사 11:1, 53:2: 렘 33:15, 슥 3:8, 6:12], 그 안에는 이스라엘과 온 인류를 구원할 위대한 힘을 가진 능력 있는 존재이며, 우리가 전혀 예상치 못한 십자가의 영광을 역전적으로 드러내실 것이다[요 1:14, 12:4, 23].

3 하지만 이 구원 과정은 모두에게 이루어지는 것이 아니다. 하나님의 심판을 통과하여 남은 사람들, 예배의 자리인 영적 예루살렘에 끝까지 머물러 있는 사람들, 고난과 시련을 감당하며 살아남은 사람만이 거룩한 사람, 곧 성도라고 부름받을 것이다.

4 또한 이 위대한 구원의 흐름에는 성령께서 함께하실 것이다. 성령님은 심판하는 영과 정화하는 영으로 역사하셔서 하나님 백성의 더러움을 씻어내시고 그들이 지은 죄들을 태우시는 역사를 행하실 것이다.

5 그렇게 되면 하나님께서는 오래전 애굽에서 노예로 살던 이스라엘 백성을 구원하실 때처럼, 자기 백성을 예배자로 부르시고, 불기둥과 구름 기둥으로 그들과 함께하시고 보호하실 것이다. 그들을 더 이상 죄의 노예로 살아가지 않게 하시고 하나님 백성으로 영광스럽

게 살도록 계속하여 죄를 용서하시고 덮어주실 것이다.

6 　아울러 더위와 폭풍처럼 인생의 수많은 시련과 어려움 속에서도 단순히 그것을 없애주시는 차원이 아니라, 그 모든 과정을 능히 이길 수 있도록 우리와 함께하실 것이다. 바로 약속하신 임마누엘 하나님이 영적인 신부와 같은 우리 삶에 진정한 남편이 되실 것이다. 그래서 더 이상 한 남자를 붙잡고 남편이 되어 달라고 말할 필요가 없을 것이다! 우리가 모든 것을 하나님께 굴복하는 그 순간, 하나님의 위대한 구원이 시작될 것이다!

Mountain's Insight ————————

밤이 가장 깊을 때, 빛이 가장 밝게 빛난다. 이스라엘의 끔찍한 죄와 그로 인한 철저한 심판은 지금 우리가 직면한 죄와 사망이라는 현실과 이어지고, 이스라엘이 간절히 기다리던 메시아는 지금 우리가 만나는 예수 그리스도와 이어진다. 우리가 철저하게 아무것도 할 수 없음을 인정하는 순간에 하나님의 일은 우리에게 조금씩, 조금씩 다가온다. 이사야 4장은 인간의 철저한 무지와 무능의 상태를 하나님께서 이루실 온전한 회복과 구원으로 덮고 있다. 그 모습은 작은 틈에서 나오는 아주 가는 빛과 같아서 이사야 시대에는 메시아의 정체성과 사역을 온전히 이해하지 못했을 것이다. 그렇지만 그들 역시 빛이 다가오고 있음은 충분히 느낄 수 있었다. 우리가 철저하게 자신을 낮추어 주님 앞에 겸손하게 회개할 때, 동일한 빛이 우리에게도 다가온다. 우리가 그 빛을 다 이해하지 못할지라도 말이다.

열매 없는 포도원을 향한 경고

1-2 **5** 하나님께서 이렇게 말씀하셨다.
"내 백성 이스라엘의 비극적인 현실을 비유로 노래하리라. 내가 참으로 사랑한 포도원이 있었다. 내가 진심으로 사랑하는 자가 소유한 포도원이었다. 먼저 그 땅의 토질이 최고였다. 나는 그 땅에서 돌들을 제거한 후에 가장 좋은 포도나무를 심었다. 그 포도나무들을 보호하고자 망대도 세웠고, 아울러 그 좋은 포도나무에서 열매 맺는 포도로 포도주를 만들려고 포도주 틀도 만들어 두었다. 그런데 이것이 어찌된 일인가! 좋은 포도는커녕, 평범한 포도도 아닌, 먹지도 못할 쓰고 나쁜 포도 열매만 맺었구나!

3 사람들아, 나와서 판단해보라! 내가 잘못했는지, 아니면 이 포도원에 문제가 있는지 말이다.

4 나는 내 포도원에 최선을 다했다. 더 이상 해줄 것이 없을 만큼 최선을 다했다. 당연히 좋은 포도가 맺히기를 기대했다. 그런데 먹지도 못할 쓰고 나쁜 열매가 맺히다니!

5 이제 내가 할 수 있는 일이 무엇이겠는가! 당연히 포도원을 지키려고 세운 울타리를 걷은 후에 불태워버리는 것이다. 포도원을 보호하려고 만든 담을 헐어 동물들이 지나다니게 하겠다.

6 포도원을 위해 했던 일을 더 이상 하지 않을 것이다. 가지치기나 잡초 제거, 흙으로 덮어주는 일, 비를 내려 공급해주었던 물도 허락하지 않을 것이다. 그러면 사방에서 나쁜 식물들이 자라서 포도원을 덮을 것이다."

7 내가 말한 이 비유의 실상을 정신 차리고 들어보거라! 여호와 하나님께서 그렇게 아끼고 사랑하던 포도원은 바로 이스라엘 지파들이며, 그 포도나무는 유다 사람들이다! 내가 그들에게 기대한 좋은 포도 열매란 하나님 말씀대로 삶 속에서 바르고 정직하게 사는 것이었는데, 그들의 삶에 맺힌 열매는 온통 학대와 나쁜 짓뿐이었고 그

로 인해 고통받는 약한 자들의 신음뿐이구나!

8-10 그래서 그들의 삶에 열린 여섯 가지 나쁜 열매를 알려주겠다.
　　　비참하구나! 그들이 삶에 맺은 첫 번째 나쁜 열매는 '탐욕'이
·　다. 집과 땅이 없는 사람이 얼마나 많은데, 그들은 집과 땅을 사고
또 사고 또 사서 부동산 투기를 했고, 지금 가지고 있는 것도 충분
한데 세상 물건에 욕심을 품으며 사고 또 사는구나! 그러나 그들이
그렇게 사서 모은 부동산과 물건들은 다 헛되고 무가치한 것으로
드러날 것이다. 소 두 마리가 열흘을 갈아야 다 갈 수 있는 넓은 땅
에서 겨우 30리터밖에 되지 않는 포도주를 수확할 것이고 200리터
가 넘는 씨앗을 뿌린 땅에서도 30리터도 안 되는 열매를 추수할 것
이다. 탐욕의 결과는 공허함이 될 것이다.

11-12 비참하구나! 그들이 삶에 맺은 두 번째 나쁜 열매는 '방탕'이다. 아
침에 눈을 뜨면 하나님의 말씀과 기도로 하루를 시작하는 것이 아
니라, 세상의 악하고 더럽고 음란한 문화에 찌들어서 하루를 허비
하는 인생이여! 이 세상 음악과 문화와 즐거움에는 빠삭하지만, 하
나님 나라와 그 뜻에는 전혀 관심이 없기 때문이다. 자신이 인생의
주인이 되어 하고 싶은 일에만 미쳐 살 뿐, 하나님께서 이 세상의
주인으로서 나를 통해 하시려는 일은 아무것도 모르는구나.

13 　　　당연히 그런 인생은 하나님 말씀을 읽지도 듣지도 실천하지도
않을 것이다. 그러므로 하나님 말씀에 철저하게 무지한 인생은 실
패하겠고 그들이 대단하게 여기던 모든 문화는 무가치한 쓰레기로
전락하며 그들이 세워 올린 모든 조직과 성과는 무의미한 모래성처
럼 흩어지리라. 전쟁이 일어나고 적군의 포로가 되어 배고픔과 목
마름만 경험할 것이다.

14-15 　　　그들의 방탕한 삶은 지옥문 앞에서 마무리될 것이다. 죽음이
만족을 모르는 괴물처럼 그 입을 벌릴 때, 그들이 그동안 누렸던 수

많은 방탕한 삶은 힘없는 사냥감처럼 먹히겠고 한때 누렸던 즐거움
과 쾌락도 한순간에 모든 것이 끝나리라. 바로 그때, 거만하게 머리
를 들던 자들의 목이 베이고 스스로 잘난 체하던 허리가 꺾이며 교
만했던 자들의 눈은 뽑힐 것이다.

16-17   이러한 과정을 거쳐, 그들이 무시하고 거역하며 우습게 여겼던
하나님의 진리와 정의가 높임을 받고, 그분의 말씀과 가치가 거룩
한 것으로 인정받아 바로잡힐 것이다. 그러면 당연히 그런 하나님
의 정의와 거룩함을 따라 살아온 사람은 더 이상 세상 사람들에게
핍박과 멸시를 당하지 않고 좋은 목자에게 맡겨진 양처럼 안전하고
풍요롭게 살아갈 것이다.

18-19   비참하구나! 그들이 삶에 맺은 세 번째 나쁜 열매는 '거짓'이다. 그
들은 성공하기 위해 하나부터 열까지 거짓말과 이중장부로 일을 진
행한다. 그들은 심지어 하나님까지도 속일 수 있다고 착각하면서
뻔뻔스레 조롱하는 말을 한다. "하나님도 이런 것까지 보시진 못
해! 할 수 있다면 한번 해보시라고 해!"

20   비참하구나! 그들이 삶에 맺은 네 번째 나쁜 열매는 '속임수'다. 그
들은 분명히 잘못된 것을 잘되었다고 속이고, 분명히 잘된 것도 잘
못되었다고 말한다. 그래서 사람의 공포심을 이용해 돈을 벌고, 사
람의 허영심을 이용해 유명한 사람이 된다.

21   비참하구나! 그들이 삶에 맺은 다섯 번째 나쁜 열매는 '교만'이다.
그들은 스스로 대단하다고 말하고, 스스로 똑똑하다고 말하면서,
스스로 신이 되었다.

22-24   비참하구나! 그들이 삶에 맺은 여섯 번째 나쁜 열매는 '중독'이다.
그들은 더 이상 정상적인 삶과 양심에서 오는 하나님 음성에 무감

각해져서, 악하고 무가치한 일과 결국 자기뿐만 아니라 자신과 관련된 사람을 죽이는 일에 몰입하고 있다. 뇌물을 받으면서 정당한 대가라고 생각하고 의로운 사람을 죄인으로 만들면서도 바른 일을 한다고 세뇌당했다.

25 그러므로 이런 여섯 가지 나쁜 열매를 맺는 사람들에게는 심판과 멸망이라는 운명이 기다린다. 그들의 모든 것은 엄청난 불길 속의 작은 나뭇조각처럼 끝장날 것이다. 그들이 이러한 운명을 맞이하는 가장 큰 이유는 하나님의 말씀이라는 거룩한 진리를 멸시했기 때문이다. 나쁜 열매를 맺는 포도원을 주인이 철저하게 정리하듯이, 악한 삶이라는 열매를 맺는 이스라엘은 하나님께 비참한 최후를 맞이하리라.

26-30 하나님께서는 바로 그 심판과 멸망을 위해, 저 먼 나라의 이방 민족들을 불러오신다. 그들은 하나님의 무섭고 잔인한 도구로 이용될 것이다. 그들은 지치지도 않고 멈추지도 않을 것이고 속도를 줄이지도 않을 것이다. 그 누구도 그들을 막을 수 없고 그 무엇도 그들을 두렵게 할 수 없다. 그들은 마치 굶주림에 미친 잔인한 육식동물처럼 달려와 나쁜 열매를 맺는 포도원, 곧 이스라엘 사람을 파괴하고 멸망시킬 것이다. 그때 가서 아무리 소리를 지르고 도움을 청해도 이미 빛이 사라진 후 어두움이 가득한 밤처럼 그 흐름을 바꿀 수는 없다.

Mountain's Insight ───────────────

중요한 것은 어떤 열매를 맺고 있느냐다. 얼마나 아느냐, 어떤 경험이 있느냐, 어떤 스펙이 있느냐에 관심이 많지만, 결국 열매가 없거나 나쁜 열매를 맺는다면 다 소용없는 일이다. 기도에 관한 책을 아무리 많이 읽으면 뭐하겠는가? 기도하지 않는다면 아무 소용없는 일이다. 예수님도 그 열매로 그 나무를 안다고 하셨고, 야고보도 끊임없이 삶의 열매를 강조했다. 지식도 필요하지만, 이 시대의 신학과 교리가 지식에만 집중하고 있다는 것이 문제다. 나쁜 삶만 가득한 이 시대는 이사야 5장의 심판을 받을 것이다. 다른 사람을 이야기할 것도 없다. 스스로 돌아보면 된다. 우리 모두 하나님의 포도원에 심긴 포도나무들이다. 나는 지금까지 어떤 열매를 맺어왔는가? 스스로 돌아보아야 한다. 후회나 깨달음에서 그치는 것이 아니라 실제로 열매가 맺혀야 한다. 하나님께서 기뻐하시고 사람을 살릴 좋은 열매를!

이사야의 소명

6 바로 그때, 〔이 땅의 구원자가 아닐까 하며 백성이 기대했던〕 웃시야왕이 죽던 바로 그때에, 이사야는 하늘의 진정한 구원자요 왕이신 하나님을 만난다. 이사야의 눈앞에 하늘나라, 하나님의 임재가 열렸다. 높이 세워진 보좌에 하나님께서 좌정해 계셨고 그분의 존재와 가치를 상징하는 옷은 길고 충만하게 하늘 성전을 가득 채우고 있었다.

2   하나님 보좌 주변에는 천사들이 하나님께 예배하며 그분을 섬기고 있었는데 가장 먼저 눈에 들어온 것은 천사들의 날개였다. 그들에게는 여섯 개의 날개가 있었다. 하나님의 영광을 감당할 수 없었던 그들은 두 개의 날개로는 자신의 얼굴을, 다른 두 개의 날개로는 자신의 몸을 가렸고, 나머지 두 날개로 날고 있었다.

3   그들은 마치 불에 접촉한 사람이 '뜨거워'라고 말하는 것처럼, 하나님의 거룩함으로 '거룩하다, 거룩하다, 거룩하다'라고 서로 소리 높여 부르고 있었다. 참으로 그곳은 온 세상의 주인이신 하나님의 영광으로 거룩하고 거룩했다. 그들의 찬양처럼 "하나님의 영광은 온 세상에 충만하다!"

4   천사들의 소리는 고요하지 않았다. 〔시내산에서 모세가 율법을 받을 때처럼 그리고 이후에 오순절처럼〕 크고 강력했다. 그들의 소리가 얼마나 크고 강력했던지 성전의 문들이 흔들렸으며 하나님의 영광을 상징하는 연기와 구름으로 그곳이 충만해졌다.

5   바로 그때 이사야는 알았다. 맑고 선명한 거울 앞에서 자신의 진정한 모습을 바로 보게 되듯이, 지극히 거룩하신 하나님 앞에서 자신은 더럽고 추한 죄인임을 발견한 것이다. 이사야는 회개하는 마음으로 고백했다. "아! 나는 죽어 마땅하구나! 이 악하고 부정한 죄인이 어찌 하나님을 뵈올 수 있을까? 거룩하신 하늘의 왕 하나님 앞에 서니 내 입술로 저지른 모든 악하고 부정적이며 죄악 된 말과 그 말

로 이어진 삶의 열매가 모두 저주받아 마땅하구나!"

6-7   그러자 그때, 천사 중 하나가 하늘 성전의 제단에 있는 불에서
타오르고 있는 숯을 가져와 이사야의 입술에 대어 거룩하게 했다.
그 천사가 말했다. "하늘의 거룩한 불이 너의 입을 새롭게 하였으
니, 너의 죄는 불태워졌고 너의 삶은 새로워졌다."

8   그때, 이사야는 하나님의 마음에서 간절하게 터져나오는 그 음
성을 바르게 들을 수 있었다. 하나님은 탄식하듯 말씀하셨다. "내가
누구를 보내야 할까? 누가 우리를 위해 가서 위대한 사명을 감당할
까?" 바로 그 순간 이사야는 주저 없이 대답했다. "제가 여기에 있
습니다! 저를 보내주십시오!"

9   그러자 하나님께서 이사야에게 말씀하셨다. "내가 너에게 사명을
맡긴다. 그 사명은 세상 기준으로는 성공이라 부를 수 없을 것이다.
너는 가서 이스라엘 백성에게 '너희는 하나님 말씀을 들어도 깨닫
지 못하고 하나님 역사를 보아도 알아차리지 못하는구나!' 하고 전
하여라!

10   너는 하나님 말씀을 바르고 분명하게 전해라! 하지만 그들은
이미 미지근한 번영의 메시지에 익숙해져서 하나님의 뜨겁고 선명
한 메시지에 차갑게 반응할 것이다. 모세의 메시지가 애굽의 바로
에게 부딪쳐 나온 것처럼, 이 백성은 마음을 강퍅하게 하고 귀를 막
으며 눈을 감을 것이다. 그렇다! 그렇게 될 것이다. 결국, 그들은 회
개하고 돌이켜 변화받을 마지막 기회를 거절할 것이다."

11-13   이사야는 안타까운 마음으로 여쭈었다. "하나님! 그런 비극적인 상
태가 언제까지 이어져야만 합니까?" 그러자 하나님께서 대답하셨
다. "그들이 사는 땅에 철저한 심판이 이루어질 때까지다. 그들이
하나님을 대신해서 우상처럼 쌓아놓고 믿었던 동산과 부동산을 그
들이 더 이상 누릴 수 없을 때까지다. 그것이 자신을 구원할 수 없

다는 진리를 깨달을 때까지다. 수많은 사람이 죽을 것이고 적군에게 포로가 될 것이다. 그래서 사람이 너무 많이 사라진 이 땅은 관리할 사람이 없어서 심각하게 망가질 것이다. 열 명 중에 아홉 명이 죽고 한 명이 남는다고 해도 그렇게 될 것이다.

하지만 나의 목적은 끝장내는 것이 아니라 정화하는 것이다. 걱정하지 마라! 거대한 심판이 지나더라도 견디고 살아남는 사람이 있을 것이다. 내가 원하는 것은 양적인 숫자가 아니라 질적인 수준이며, 거대한 외형이 아니라 영적인 밀도다! 마치 큰 나무가 베임을 당해도 그 그루터기에서 다시 희망의 싹이 솟아나듯이, 나는 그렇게 시련을 통과한 거룩한 사람들을 씨앗처럼 사용해서 하늘 이야기를 이어갈 것이다.

Mountain's Insight

이사야 6장을 깊이 묵상해보면 엄청난 양의 진리가 함축되어 있음을 알 수 있다. 하나님의 임재와 그분 앞에서 자신을 겸손하게 낮추는 것, 그리고 그렇게 진정 자신을 내려놓는 순간에 임하는 하나님의 거룩한 불과 정화, 그다음으로 용서받고 변화받은 자에게 사명이 주어지는 부분까지.

그중에서도 이사야 6장은 '사명'에 집중한다. 너무 많은 사람이, 그리고 복음 안에 들어온 성도까지도 사명을 모르고 사명 없이 산다. 어쩌면 그 사명을 알았더라도 회피하며 사는지도 모르겠다. 인생은 성공과 실패가 아니라 사명에 따라 사는 것이다. 이 사명을 발견하려면 하나님을 만나야 한다. 그 하나님이 거룩한 분이심을 느끼고 압도당해야 한다. 하나님을 내 인생에 도움을 주는 분 정도로 만족하는 것이 아니라, 내가 그분의 종이 되어야 한다. 내가 하고 싶은 일만 하는 것이 아니라, 그분이 하라고 하시는 일을 해야 한다. 성공하고 잘될 일만 하는

것이 아니라, 실패처럼 보이는 일이라도 감당해야 한다. 누가 그 일을
감당할 수 있을까? 오늘도 "내가 누구를 보낼까?"라고 탄식하시는 하나
님의 안타까운 음성에 나는 무엇이라고 대답하고 있는지 돌아본다.

하나님의 말씀을 믿지 않을 때 일어나는 일

1 **7** 웃시야의 손자이며, 요담의 아들인 아하스〔유다 11대 왕〕가 다스리던 시대가 되자 북쪽에 있는 앗수르가 강력한 제국으로 성장하기 시작했다. 이 앗수르 제국에 대항하여 싸워보기로 한 동맹군에는 아람(수리아) 왕 르신과 유다의 형제 국가인 북이스라엘의 왕, 르말리야의 아들 베가가 있었는데, 그들의 반(反) 앗수르 동맹에 함께하지 않는 남유다를 위협할 목적으로 예루살렘까지 쳐들어왔다. 하지만 예루살렘 성을 함락할 수는 없었다.

2 　　남유다 왕인 아하스와 그 백성은 자신보다 더 큰 두 나라, 곧 아람과 북이스라엘이 동맹을 맺고 공격해오는 상황에 사시나무 떨듯이 두려워 떨었다.

3 아하스왕은 공성전을 치르고자 예루살렘 성에 들어오는 물〔수로〕 문제를 해결하려고 도시 위쪽에 있는 세탁자의 밭, 큰길가에 나가 있었다. 그러자 하나님께서는 이사야에게 "너는 너의 아들, 스알야숩〔'남은 자가 돌아온다'〕을 하나의 상징으로 데리고 왕이 있는 곳에 가서 만나라"고 말씀하셨다.

4-9 　　하나님께서는 이어서 아하스왕에게 가서 이렇게 전하라고 하셨다.

　　"너는 염려하지 말고 침착하라. 아람과 북이스라엘이 동맹을 맺고 성난 사자처럼 공격해올지라도 그들은 불에 타버린 나뭇조각처럼 힘이 없어 할 수 있는 것이 아무것도 없으니 두려워하지 말고 염려하지 마라. 아람 왕과 북이스라엘 왕이 연합해서 유다를 정복하고 멍청이 같은 다브엘의 아들 중에 한 명을 꼭두각시 왕으로 세워놓고 마음대로 주무르겠다는 말을 들었겠지만, 내가 분명히 말하는데 그것은 헛소리다! 절대 그렇게 되지 못할 것이다! 아람이 아무리 강한 나라라고 해도 그 나라의 힘은 수도인 다메섹에서 나오고 다메섹을 움직이는 존재는 르신이라는 왕이다. 그 르신은 결국 육

체를 입은 사람일 뿐이다. 그들은 65년 안에 멸망할 것이고 그 나라
는 역사에서 사라질 것이다. 또한 북이스라엘이 유다보다 크고 강
하다고 하지만 그 힘 역시 수도 사마리아에 있고, 사마리아를 다스
리는 존재인 베가왕도 [자기 왕을 죽이고 쿠데타를 일으켜 왕이 된 르말
리야의 아들로서] 하찮은 존재일 뿐이다. 다시 말하지만, 그들은 피
와 살로 된 사람일 뿐이다. 사람이 어떻게 하나님을 이길 수 있겠느
냐!"

　하지만 하나님께서는 그다음 이야기도 힘주어 말씀하셨다. "그
러나 만약 너희가 나, 하나님을 확실하게 믿지 않는다면 너희에게
약속된 안전과 평안도 확실히 이루어지지 않을 것이다."

10　그러나 약하고 두려움에 사로잡힌 남유다의 왕 아하스는 이사야가
하나님의 말씀을 전해주었지만 불안해하면서 어떤 반응도 하지 못
하고 있었다.

11　　그러자 이사야를 통해 하나님께서 말씀하셨다. "아하스야! 네
가 나를 믿을 수 있도록 표적이든 기적이든 요구해보아라. 아무리
대단한 것을 구하더라도 내가 실행하여 보여주겠다!"

12　　하지만 아하스는 대답했다. "아닙니다, 하나님! 저는 하나님께
어떤 표적이나 기적도 요구하지 않겠습니다. 저는 하나님을 시험하
고 싶은 생각이 없습니다."

13　　그 말을 들은 이사야는 화가 났다. 그는 하나님을 대신해서 소
리쳤다. "남유다를 다스리는 다윗의 후손들과 왕들아! 너희가 하나
님을 시험하지 않고, 그분을 귀찮게 하지 않겠다고 말했느냐? 무엇
이 하나님을 시험하는 것이며, 무엇이 하나님을 귀찮게 하는 일이
냐? 지금까지 하나님의 마음과 뜻을 알아보지도 않고 마음대로 한
것이 바로 하나님을 시험한 것이며 귀찮게 한 것이 아니냐? 그분께
기도도 하지 않고 여쭙지도 않음으로써 그분을 무시한 것이야말로
실제로 그분을 시험하고 그분을 힘들게 한 것이 아니냐? 그런데 지

금 하나님께서 도와주시겠다는 말씀을 들으면서도 거역하고 있으
니 이것이 더 하나님을 괴롭게 하는 것이 아니냐!"

이사야는 이어서 말했다.

14-16 "좋다! 너희가 구하지 않아도 하나님께서 스스로 위대한 일을
하실 것이다. 자, 보아라! 우리가 아는 한 여자(처녀)가 있다. 그 여
자가 곧 임신을 할 것이고 그러면 아들을 낳을 것이다. 그러면 그
아이의 이름을 '임마누엘—하나님이 우리와 함께하신다'라고 지을
것이다. 중요한 것은 바로 그 아이가 성장하여 젖을 떼고 치즈와 꿀
을 먹으며 사리를 분별할 수 있는 나이가 될 즈음에, 아니 그 전에
네가 두려워하는 아람 왕과 북이스라엘의 왕이 심판을 받아서 죽을
것이다.

17-20 하지만 그것이 끝이 아니다. 너희가 하나님 말씀을 굳게 믿지 않았
으니, 너희를 구원하는 시기와 방법은 달라질 것이다. 너희가 하나
님보다 더 믿었던 앗수르 왕이 북쪽에 있는 아람과 북이스라엘만
멸망시키고 끝낼 것 같으냐? 그는 그대로 계속 밀고 내려와 이 땅,
곧 유다 땅까지 공격할 것이다. 솔로몬 왕이 죽은 후에 북이스라엘
과 남유다로 분리되었고 그 후에 여러 가지 힘든 일이 있었지만, 앗
수르 왕이 오는 그 날에는 지금까지 경험하지 못한 엄청난 시련이
닥칠 것이다. 그 날에 하나님께서는 저 멀리 있는 애굽을 파리 떼
처럼 불러 이 땅에 재앙이 임하게 하고 앗수르를 벌처럼 불러 이 땅
을 비참하게 만드실 것이다. 아니, 하나님께서는 앗수르를 날카로
운 칼과 같은 용병으로 불러 너희의 머리카락을 밀 것이며 심지어
생식기에 있는 털까지도 다 밀어버리실 것이다. 말로 다 할 수 없는
수치와 모멸을 안길 것이며 사람들을 잔인하게 죽일 것이다.

21-25 너무나 많은 사람이 죽어 너희 넓은 땅에 사람보다 동물이 더
많아질 것이다. 살아 있는 사람보다 가축이 더 많아서, 그 가축들이
내는 젖이 남아돌고 대추야자 나무에서 나오는 꿀도 남아돌 것이

다. 또한 사람이 없으니 넓은 땅을 모두 경작할 수 없으므로 관리가 되지 않아 매우 가치 있고 좋은 밭과 논이 마구 자란 풀과 잡초, 찔레와 가시로 덮여 황폐하게 변할 것이다. 얼마 전까지 식물을 심고 곡식을 거두던 곳이었으나 나중에는 너무나 황폐하고 무서운 짐승이 많아 무기를 들지 않으면 지나갈 수도 없는 땅이 될 것이다. 사람이 살아야 할 그곳이 더는 사람이 살 수 없고 오히려 동물들이 마구 밟고 지나가는 땅이 될 것이다."

Mountain's Insight

아하스는 아주 악한 왕 중 하나였다. 하지만 그가 한 세대를 책임지는 리더였기 때문에, 하나님은 주의 종(이사야)을 보내셨고 그리고 '너는 나를 믿어라!'라고 도전하셨다. 그런데 아하스가 그것을 포기한다. 그가 하나님을 믿지 않았기 때문이다. 결국 하나님께서 이스라엘 백성을 구원하시지만, 그 방식과 시간표는 조정되고 변경되었다.

우리 삶에도 이런 일이 비일비재하다. 하나님은 우리 모두를 향해 당신만의 시간과 방식을 갖고 계신다. 하지만 우리는 그분을 믿는다고 하면서도 실제로는 올바로 믿지 않기 때문에(즉, 그분을 우리 인생의 왕으로 섬기지 않기 때문에) 그 시간과 방식이 자주 변경된다. 그러므로 바로 지금, 우리에게는 자신의 방식과 시간표를 포기하는 용기가 필요하다. 바로 그 용기가 다른 말로 믿음이다. 내가 원하는 시간에 내가 원하는 방식으로 되길 바란다면 그것은 믿음이 아니라 조종이다. 우리는 하나님을 믿어야 한다. 그리고 하나님을 믿는다면 그저 고개만 끄덕이면서 '아멘'이라고 말만 하지 말고, 그분께서 하시는 방식과 시간표에 맞게 전폭적으로 순종해야 한다. 아하스로 살 것인가? 이사야로 살 것인가?

북이스라엘이 멸망하는 이유와 교훈

1 **8** 하나님께서 이사야에게 말씀하셨다.
"너는 가서 모든 사람이 볼 수 있도록 큰 서판을 준비해서
그 위에다 '마헬살랄 하스바스'('약탈이 빠르게 일어나고 노획이 신속
하게 일어난다')라고 쓰거라.

2 그리고 이렇게 쓴 내용이 하나님에게서 왔다는 확실한 증거로
각인되도록 제사장 우리야와 여베레기야의 아들 스가랴를 불러서
증인으로 삼고 공증하도록 하라."

3-4 그즈음에, 이사야가 여자 선지자인 아내와 동침하였고 아들을
낳았다. 그러자 하나님께서는 이사야에게 또 말씀하셨다.
"네가 낳은 아들의 이름을 '마헬살랄 하스바스'로 지어라. 네
아들이 커서 엄마, 아빠라고 부를 즈음이 되었을 때, 내가 앗수르를
도구로 삼아 너희를 위협하던 북쪽의 두 나라, 곧 아람과 북이스라
엘을 침략하게 할 것이며, 그 결과 두 나라의 재산이 약탈당하고 두
나라의 물건과 사람들이 노획물이 되어 빠르고 신속하게 앗수르 제
국으로 옮겨질 것이기 때문이다."

5 이어서 하나님께서는 남유다의 형제 국가인 북이스라엘이 멸망하
게 된 이유를 이사야에게 설명하셨다.

6-7 "북이스라엘은 생명과 사망을, 본질과 비본질을 분별하지 못했
다. 하나님의 성전이 있는 예루살렘에서 흘러나오는 잔잔한 생명의
물, 곧 예배와 기도와 말씀을 귀하게 여기지 않고 오히려 이 시대
문화와 이방 민족이 주는 자극적이고 쾌락적인 문화에 유혹되고 탐
닉했도다. 그래서 내가 무섭고 지극히 치명적인 것을 그들에게 홍
수처럼 보냈다. 바로 앗수르 왕과 그의 군대다. 그들이 쳐들어와서
북이스라엘의 모든 땅과 지역을 덮치고 쓸어버린 것이다.

8 하지만 그것으로 끝이 아니다. 북이스라엘과 비슷하게 변질되
어 가는 남유다에도 앗수르 제국이 밀고 들어올 것이다. 큰물이 사

람의 목까지 차오르듯, 앗수르 군대가 남유다의 목숨을 빼앗을 지
경까지 밀어닥칠 것이며 그 군대가 펴는 군사적인 위엄(날개)이 남
유다 전역을 가득 덮을 것이다. 〔그러나 그때, 특별한 기도와 특별한 보
호가 있을 것이다.〕 오 임마누엘이여!

9-10   너희 이방 민족들아 북이스라엘까지 점령하고 나니, 남유다도
손에 넣고 싶어 하는구나! 하지만 그렇게 되지 않을 것이다. 너희가
아무리 무섭게 선전포고를 해도 하나님의 백성을 정복할 수는 없
다. 너희가 아무리 강력한 군사력과 높은 사기로 공격해온다 해도
이길 수 없다. 오히려 너희의 탁월한 군사 전략은 계획대로 되지 않
을 것이고, 전쟁에서 지고 말 것이다. 임마누엘! 하나님께서 우리와
함께하시기 때문이다. 하나님께서 남유다와 함께하시기 때문이다."

11   아울러 하나님께서는 이사야를 통해 남유다 백성에게 더 깊은 말씀
을 이어가셨다.

"하나님께서 너희와 함께하신다고 너희가 아무것도 안 하고 방
관하며 수동적으로 살라는 말이 아니다. 너희는 적극적으로 북이스
라엘과 이방 나라의 삶을 거부해야만 한다.

12-14   너희는 지금 이 세상 뉴스와 기사가 전해주는 소식만 진리라고
착각하지 마라. 너희를 불안하게 하는 말에 현혹되지 말고 이 세상 사
람들이 두려워하는 가치에 함몰되지 말라. 오히려 너희는 오직 하나
님 한 분만 경외하고 그분만 두려워해야 한다. 그분을 인생의 거룩함
으로 삼아 삶의 모든 영역을 그분의 마음에 합당하게 바로잡아야 한
다. 그러면 하나님께서 우리 죄를 해결해주시는 거룩한 능력이 되시
고, 삶의 모든 위협에서 지켜주시는 안전한 장소가 되실 것이다.

15   문제는 대다수 사람이 그렇게 하지 않는다는 것이다. 입술과 교
리로만 하나님을 믿을 뿐, 마음과 뜻과 힘을 다해 그분을 경외하며 섬
기며 따라가지 않는다. 그런 이중적인 삶의 모습은 때가 되면 실체가
드러날 것이며 그러면 하나님의 진리는 그들 삶에 걸림돌이 될 것이

다. 이 시대의 문화를 따라 살면서 종교라는 형식만 가진 사람들에게 하나님의 말씀과 예배와 기도와 순종의 삶은 가장 거추장스럽고 어려운 장애물처럼 보일 것이다. 그들은 그 장애물을 넘을 수 없겠고 결국 넘어지고 쓰러져서 그 실상이 드러날 것이다.

16 그러므로 진실한 하나님의 사람 이사야야! 너는 이제 이렇게 해라! 내가 너에게 계시한 이 말씀을 잘 지키고 넘겨주어라. 이 말씀에 합당하게 살아갈 사람들을 제자로 삼아 그들에게 전수하라."

17 그러자 이사야가 고백을 담아 대답했다. "네, 주님 그렇게 하겠습니다! 하나님의 뜻이 하나님의 방식으로 또한 하나님의 시간표 속에서 이어져 갈 것을 기다리며 낙심하지 않겠습니다. 잠시 당신의 모습이 보이지 않는 것 같아도 당신만을 소망하겠습니다!"

18-19 이어서 이사야는 선포했다.

"보아라! 나의 삶이 그리고 나의 자녀들의 이름과 존재가 하나님께서 자기 백성에게 보내시는 증거이며 그림자가 되었도다. 이 모든 내용과 방식은 철저하게 하나님의 흐름이며 하나님의 계획이다. 나는 그 흐름과 그 계획에 굴복한다. 바로 이러한 흐름과 계획을 모르고 또한 굴복하지 않는 사람은 여전히 세상적인 방법으로 살아갈 것이다. 문제가 생길 때마다 세상 수단과 편법으로 해결하려고 시도할 것이다. 하지만 하나님의 백성은 그때마다 '하나님의 사람은 세상과 타협하지 말고 하나님께 기도하며 그분의 길로 가야 한다. 사망의 길로 가지 말고 생명의 길로 가리라' 하고 고백하며 그렇게 선포하리라."

20-22 그렇다! 하나님의 백성은 오직 하나님 말씀을 인생의 기준으로 삼고 생명으로 삼아 담대하게 나가야 한다. 세상이 아무리 논리적이고 감동적이며 대단한 이야기를 한다고 해도 그 내용이 하나님 말씀과 일치하지 않는다면 그 모든 것의 종착역은 어두운 사망이 될

뿐이다. 아무리 먹어도 사람들은 배부르지 않을 것이며 아무리 보아도 만족함이 없을 것이다. 오히려 한없이 고독하고 곤고하며 갑작스럽게 밀려오는 감정의 소용돌이 속에서 우울해하거나 분노하면서 자신과 관계를 맺고 있는 모든 사람과 분쟁하고 결국은 하나님을 저주하는 인생이 될 것이다. 하늘 위에도 땅 아래에도 그들을 구원할 길은 없다. 완고한 바로 왕 때문에 애굽이 멸망할 때, 캄캄한 어둠의 재앙이 임했던 것처럼 그들의 삶도 그렇게 어둡게 소멸될 것이다.

Mountain's Insight ────────────────────────

하나님께서는 남유다 백성에게 그들을 위협하는 아람과 북이스라엘이 멸망할 것을 미리 말씀하신다. 그리고 그들의 형제 국가인 북이스라엘이 멸망하는 이유도 알리신다. 하지만 그것이 끝이 아니다. 북이스라엘이 멸망하는 이유가 남유다 백성 안에도 그대로 들어와 있음을 경고하신다. 우리는 세상에 대해 양가감정을 갖고 있다. 마치 일본 사람을 싫어하면서도 일본 제품에 열광하는 것처럼, 우리는 세상이 하나님의 원리와 다르게 움직이고 있음을 인정하면서도 세상을 갈망한다.

우리는 생각보다 매우 깊이 세상적인 논리와 가치에 세뇌당해 있고, 거기에 노출되어 있다. 세상을 거부하고 세상을 적대시하자는 뜻이 아니다. 세상을 넘어서고 세상을 품을 수 있도록 세상보다 더 큰 하나님을 신뢰하고 그분의 말씀에 충만해져야 한다. 비슷한 것 같지만 하나님의 진리는 결정적인 순간에 세상과 다르며, 같은 방향에 있는 것 같지만 하나님의 방식은 결정적인 순간에 세상과 다르다.

이사야는 단순히 설교를 하는 것이 아니다. 자신의 사역과 자녀와 인생 전부를 걸어서 증명하고 있다. 이사야 8장을 연구하면서 계속 요한복음 6장 60-69절 말씀이 떠올랐다. 잠시 묵상하며 우리 삶을 다시 하나님의 말씀과 그분의 나라를 향해 조율해보자.

"제자 중 여럿이 듣고 말하되 이 말씀은 어렵도다 누가 들을 수 있느
냐 한대 예수께서 스스로 제자들이 이 말씀에 대하여 수군거리는 줄
아시고 이르시되 이 말이 너희에게 걸림이 되느냐 그러면 너희는 인
자가 이전에 있던 곳으로 올라가는 것을 본다면 어떻게 하겠느냐.
살리는 것은 영이니 육은 무익하니라. 내가 너희에게 이른 말은 영
이요 생명이라.

그러나 너희 중에 믿지 아니하는 자들이 있느니라 하시니 이는 예
수께서 믿지 아니하는 자들이 누구며 자기를 팔 자가 누구인지 처음
부터 아심이러라. 또 이르시되 그러므로 전에 너희에게 말하기를 내
아버지께서 오게 하여 주지 아니하시면 누구든지 내게 올 수 없다 하
였노라 하시니라.

그때부터 그의 제자 중에서 많은 사람이 떠나가고 다시 그와 함
께 다니지 아니하더라. 예수께서 열두 제자에게 이르시되 너희도 가
려느냐. 시몬 베드로가 대답하되 주여 영생의 말씀이 주께 있사오니
우리가 누구에게로 가오리이까. 우리가 주는 하나님의 거룩하신 자
이신 줄 믿고 알았사옵나이다."

메시야에 대한 기대와 소망

1 **9** 시대와 상황에 따라 살기보다 하나님의 말씀을 따라 살아가기
에 고통과 시련을 감당해야 했던 사람들. 그들을 감싸고 있던
고통과 답답함이 사라지는 날이 온다. 스불론과 납달리 지파가 분
배받은 땅, [예루살렘처럼 종교적으로 인정받는 지역에서 멀리 떨어진]
갈릴리 땅, 심하게 말해서 이방인의 땅이라고 멸시받던 그 땅에 살
던 사람들에게 하나님의 영광이 임한다.

2 그 하나님의 영광은 어두움 속에서 살던 사람들에게 빛이 되고, 벗
어날 수 없는 그늘처럼 사망이 드리워진 사람들에게 생명이 되어
비친다.

3   아! 그때의 기쁨이란 얼마나 감격스러운지! 마치 한 해를 수고
하고 큰 풍년을 맞아 추수하는 농부의 마음과 같고 어려운 전쟁에
서 승리하여 전리품을 나누는 군사의 마음과 같다. 아니, 그보다 더
크고 감격적인 기쁨을 하나님 앞에서 누릴 것이다.

4-5   하나님께서 그들의 어깨에 메었던 무거운 짐과 멍에를 풀어주
셨기 때문이며, 그들의 등에 가혹하게 내리치던 압제와 채찍을 해
결해주셨기 때문이다. 마치 오래전 기드온이 미디안의 잔인한 폭정
에서 벗어나게 하고 승리와 자유를 주었던 그날과 같은, 아니 그보
다 더 위대한 승리와 자유를 우리가 얻을 것이기 때문이다. 하나님
께서 주시는 승리와 자유는 이 세상이 주는 잠깐의 승리와 자유와
는 달라서, 영원히 전쟁과 죽음을 사라지게 하니 다시 전쟁을 준비
할 필요조차 없는 평화가 온다. 백병전을 펼치던 군인들의 무장과
옷은 이제 영원히 소각될 것이다.

6   그 이유는 하나님께서 우리에게 메시아를 보냈기 때문이다. 한
아기의 모양으로 보내진 그 메시아는 위대한 통치자의 능력을 지니
고 태어나 하나님 나라를 이 땅에 오게 할 것이다. 메시아의 존재와
능력은 그의 이름에 집약되어 있다. 그분의 이름은 놀라운 지혜자

이며, 전능하신 하나님이시며, 영원한 아버지이시고, 평화의 왕이
시다.

7   그 메시아는 다윗의 왕권을 이어받아 온 세상을 다스리시고,
세상에서 사라져버릴 제국과는 비교할 수 없는 하나님 나라를 위대
한 통치와 평화로 다스리실 것이다. 메시아가 다스릴 그 하나님 나
라는 메시아의 정의와 공의로 영원할 것이다. 하나님의 열정이 그
나라를 도래하게 하고 또한 완성하신다.

8-10   하나님께서 이 위대한 하나님 나라의 계획을 이스라엘 백성에게 말
씀으로 보내셨으나, 사람들의 반응은 참으로 혹독했다. 북이스라엘
은 하나같이 완악하고 교만한 마음으로 반응했다. "하나님의 방법
과 계획이 우리 마음에 들지 않습니다! 그냥 우리 방법과 계획으로
우리가 원하는 나라를 만들겠습니다!"

11-13   그러므로 하나님께서는 그들의 방법과 계획을 무너뜨리셨다.
이방의 적들을 불러일으켜 이스라엘 백성에게 보내셨다. 아람 사람
과 블레셋 사람을 도구로 사용하셔서 이스라엘 백성을 공격하게 하
셨다. 하지만 이스라엘 백성은 깨닫지 못했고 거역했다. 마치 애굽
의 바로처럼 고집을 피우고 회개하지 않았다. 하나님께로 돌아와
하나님의 방법과 계획을 따르지 않았다.

14-16   그래서 하나님께서는 더 심한 재앙을 내리셨다. 하루 만에 이스라엘
의 정신적이고 영적인 가치들을 모두 사라지게 하셨다. 공개적인 자
리에서 하나님을 무시하는 백성의 장로와 리더로부터 은밀한 자리
에서 점을 치고 사술을 행하는 거짓된 종교 사기꾼까지 모두 제거하
셨다. 그들은 하나님 백성의 정신과 영혼을 책임진다고 하면서도 실
제로는 백성의 정신과 영혼을 속여 파괴하고 있었기 때문이다.

17   아울러 하나님께서는 그 백성에게도 재앙을 내리셨다. 그들 역
시 하나님을 경외하지 아니하고 위선적인 삶을 살았으며 삶의 모든

자리에서 악만 행했고 특히 사용하는 언어와 입에서 나오는 말이 더럽고 악하며 사망에 속한 것뿐이기 때문이다. 그래서 하나님은 그들을 향해 분노하셨고 계속 재앙을 내리셨다.

18-19　악은 절대로 한 사람에서 멈추지 않는다. 개인의 악은 필연적으로 공동체로 이어진다. 이스라엘 백성의 죄는 매우 치명적인 전염병처럼 사방으로 퍼져 그들이 속한 모든 공동체에 불처럼 번지고 독한 식물처럼 번식한다. 강한 바람에 미친 듯이 퍼져가는 산불처럼 그들의 악한 계획과 방식은 자신을 태우고 형제를 태우며 공동체를 태워 파괴한다.

20-21　　악한 것은 절대 만족이 없다. 수단과 방법을 가리지 않고 탐욕과 욕망을 채워도 끝없이 이어지는 허무함과 허탈함은 더 크게 느껴진다. 그 악을 품고 사는 사람은 결국 자기 영혼을 파괴할 것이다. 마치 자신의 팔을 뜯어 먹는 것과 같은 엽기적인 상황이 펼쳐진다. 형제와 형제가 싸우고 이웃과 이웃이 대적한다. 하나님은 그들의 방법과 계획이 모두 철저히 실패하고, 마침내 포기할 때까지 기다리실 것이다. 오직 메시아! 바로 하나님의 방법과 계획으로 돌아오지 않으면 이 땅에 소망은 없다.

Mountain's Insight

군대 입대를 일주일 남겨 두고, 교회 전도사님이 피아노를 배워보라고 제안했다. 나는 그 작은 음성을 하나님의 말씀으로 듣고 일주일 동안 피아노 코드를 배웠다. 놀라운 사실은 그 일주일간 배운 피아노 실력으로 군 생활 2년간 군대 교회에서 반주를 했다는 것이다. 하지만 그로 인해 나는 군 생활 내내 더 많은 시간을 희생하고 수고해야 했다.
　이사야 10장은 메시아에 대한 기대와 소망을 말하면서도 동시에 그

분을 거절하고 거부하는 사람들에게 임하는 고통을 동시에 그리고 있
다. 그러므로 우리는 매우 예민하게 영적으로 깨어 있어야 한다. 하나
님의 방법과 계획을 향해 항상 열려 있어야 하고 자기에게 주어진 사명
을 철저히 감당해야 한다.

뜻하지 않은 순간에 우리에게는 하나님이 주신 기회가 온다. 내가
가진 능력과 힘은 약하지만, 최선을 다해 그분의 뜻을 이룰 그런 기회
말이다. 하지만 동시에 우리는 그 결정적인 기회를 헛되게 보낼 수도
있다. 하나님의 빛이 비칠 때, 나는 무엇이 될 것인가? 그 빛을 받아 반
사할 생명이 될 것인가? 아니면 그 빛을 피하고 이어주지도 못할 사망
이 될 것인가? 오늘도 그 빛은 우리에게 비치고 있다.

하나님의 사역은 하나님의 방식으로 1: 실패 사례

A. 하나님의 일을 하나님의 방식으로 하지 않은 이스라엘 지도자들

1 **10** 〔하나님께서 자신의 백성을 잘 다스리라고 세우신 이스라엘 지도자들에게 말씀하신다.〕 비참하구나! 너희에게 주어진 탁월한 지식과 귀한 위치를 악용하여 너희에게만 유리한 법을 제정하고 기록물을 조작하느냐!

2   가난하고 약한 백성의 소송은 불리하게 판결하고 그들에게 주어진 기회를 빼앗으며 사회적으로 가장 불쌍한 과부나 고아의 소유와 권리를 이용해 먹는 이 나쁜 인간들아!

3   너희의 그런 악한 관행이 영원히 지속될 줄 아느냐? 하나님께서 이 모든 일을 심판하시는 날이 온다. 바로 그때 너희가 은밀한 청탁이나 해외 도피로 빠져나갈 수 있을 것 같으냐? 너희가 뇌물로 연결한 수많은 인맥이나 은밀하게 쌓아놓은 재산도 아무 도움을 줄 수 없을 것이다.

4   너희는 전쟁에서 패한 후 쇠사슬에 끌려가는 포로와 동일한 운명이 될 것이고 수치스러운 모욕과 굴욕을 당할 것이다. 너희는 하나님의 일을 하나님의 방식으로 하지 않았다. 그러므로 하나님께서 너희의 죄악에 분노하시며 반드시 합당한 심판을 받게 하실 것이다. 아무도 그분을 막을 수 없다.

B. 하나님의 일을 하나님의 방식으로 하지 않은 이방인들: 앗수르

5 〔하나님께서 자신의 백성을 징계하라고 보내신 앗수르에게 말씀하신다.〕 비참하구나! 앗수르 사람들아, 너희는 내가 이스라엘을 징계하라고 보낸 내 분노의 도구요 수단이 아니었느냐?

6   내가 너희를 보낸 목적은 타락한 이스라엘 백성을 혼내고 내 마음에 고통을 준 나의 백성에게 무서운 채찍질을 하여 그들을 낮추며 겸손하게 만들려는 것이었는데, 앗수르 왕을 비롯하여 너희는 나의 목적과는 전혀 다른 태도를 보였다. 너희는 과정과 목적을 혼

동하고 바꾸어 도살자처럼 온 세상을 파괴하고 끝장내려고만 하는 구나.

7-11   너희가 교만하게 해대는 말들을 내가 들었다. 특히 앗수르 왕은 스스로 이런 말을 하는구나. "내가 파괴한 여러 나라 왕들은 나의 신하들 수준이었다. 그러므로 나는 그들보다 더 높은 신(神)이다. 내가 정복한 도시들(갈로, 갈그미스, 하맛, 아르밧, 사마리아, 다메섹)이 아무리 대단하다고 해도 나에게는 그렇고 그런 도시였을 뿐이다. 예루살렘과 사마리아가 세상에서 가장 위대한 여호와 하나님을 섬긴다고 자부했으나 내가 싸워보니 그 하나님도 너희가 우상이라고 천하게 여기던 이방 나라의 신들과 다를 바가 없었다. 내가 이 나라든 저 나라든 다 쳐서 이겼는데, 그렇다면 이방 나라의 신들이나 너희의 신이 무슨 차이가 있다는 말이냐? 너희 신도 이방 우상과 다를 바가 없었다! 이제 북이스라엘 사마리아는 정복했고 남유다 예루살렘만 남았는데, 예루살렘이라고 다를 바가 있겠느냐! 그러니 내가 세상 모든 나라를 정복하고 그 나라의 신들을 파괴한 것처럼 예루살렘과 그들이 신이라고 말하는 여호와 하나님도 우상처럼 파괴될 것이다."

12   그러므로 하나님께서는 앗수르를 북이스라엘과 남유다를 징계하는 도구로 다 사용하신 후에 심판하실 것이다. 그들의 교만하고 거만한 착각을 위엄한 심판으로 바로잡을 것이다.

13-14   앗수르 왕이 교만하게 말하는구나. "나는 강하고 지혜가 대단하며 총명한 존재다. 내가 바로 신이다! 그래서 내가 여러 나라를 모두 정복해 내가 다스리는 한 제국으로 만들었고 그들이 그어 놓은 경계선 따위는 모두 지워버렸다. 내가 그 모든 나라의 재산을 약탈하였고 그들을 철저하게 낮추어 나의 위대함을 만방에 드러냈다. 그 과정이 얼마나 쉬웠는지 나무 위에 있는 새집을 터는 것처럼 간단한 일이었다. 새들이 새집을 터는 사람에게 무엇 하나 반항할 수 없는 것처럼 그들은 나에게 찍소리도 하지 못했다."

15-16 [그러므로 하나님께서 앗수르를 향해 말씀하신다.] 정말 웃기는구나! 도
구가 된 존재가 그 도구를 움직이는 존재에게 주인 행세를 한다는
말이냐? 너희를 붙잡고 있는 내가 보이지 않느냐? 너희가 주인이라
고 생각하느냐? 너희는 나, 하나님의 손에 잠시 사용된 도구일 뿐이
다. 그런데 너희가 나를 도구처럼 여기느냐? 그러므로 온 세상의 주
인인 나, 하나님이 너희의 교만을 낮추고 너희의 풍성함을 빼앗고
너희의 영광을 사라지게 할 것이다. 불에 타서 사라지듯 철저하게
제거할 것이다.

17-19   나의 백성이 징계받는 이 시간이 다 지나고 나면, 나의 백성 이
스라엘을 온 세상의 빛이 되고 불이 되게 하여 나의 거룩한 힘과 능
력을 온 세상에 나타낼 것이다. 순식간에 너희 같은 존재는 소멸하
리라. 가시와 찔레처럼 쉽게 생긴 것, 즉 크게 가치가 없는 것부터
시작해서 숲과 기름진 밭처럼 너희가 수고로이 가꾸어 귀하게 생각
하는 것까지 모두 없애버릴 것이다. 마치 죽을병에 걸린 사람이 회
복되지 못하고 침상에서 생을 마감하듯 말이다. 너희 삶에 남은 거
라고는, 숫자 공부를 아직 하지도 못한 어린아이가 셀 줄 아는 몇
개의 숫자만큼 지극히 작고 비참한 몇 가지뿐일 것이다.

20-21 바로 그 날이 되면, 하나님의 징계를 견디고 통과한 하나님의 참 백
성, 곧 이스라엘의 남은 자들이 회복될 것이다. 그들은 하나님의 도
구로 사용된 이방 나라나 우상을 더 이상 신뢰하지 않고 오직 이스
라엘의 거룩하신 분, 곧 여호와 하나님만을 성실하고 진실하게 신
뢰할 것이다. 참으로 하나님께로 자기 삶을 돌이킨 사람들이 하나
님께로 돌아오리라.

22-23   그 숫자가 절대 많지는 않을 것이다. 하나님께서는 양적인 숫
자에 관심이 없으시다. 오직 시련을 통과하여 정화된 백성, 곧 하나
님을 향해 돌이키는 사람만이 살아남아 구원을 받는다. 하나님께서
이 백성을 향해 행하시는 심판은 지극히 공명정대하게, 온 세상 끝

까지 이루어지기 때문이다.

C. 하나님의 일은 하나님의 방식으로

24 그러므로 하나님의 백성들아, 지금 하나님께서 잠시 앗수르를 도구로
사용하셔서 너희를 연단하고 징계하는 상황에 낙망하지 말고 두려워
하지 말라. 부모가 자녀를 훈계하는 것이 바로잡고자 함이지 죽이고
자 함이 아니듯, 나도 너희를 향해 동일한 계획을 갖고 있다.

25-26 　적당한 정화의 시간이 지나가고 나면, 너희를 향해 무섭게 대
했던 표정을 바꾸고 오히려 무례하고 지나치게 너희를 공격했던 나
의 도구, 곧 앗수르를 철저하게 심판할 것이다. 마치 오래전 사사
시대에 기드온이 미디안을 정복하고, 그보다 더 오래전에는 너희를
노예로 학대했던 애굽에 재앙을 내려 파괴했던 때처럼 그렇게 너희
삶에 새로운 구원과 새로운 출애굽이 있을 것이다.

27 　지금은 이 시련을 견뎌야 한다. 그러나 너희 목에 놓인 멍에가 오
래가지는 않을 것이다. 시련과 고난을 통해 너희의 영적인 어깨가 강
건해지면 너희를 짓누르는 멍에는 자연스럽게 부러질 것이다.

28-32 　자, 이제 곧 그 일이 일어난다! 앗수르의 군대가 북쪽에서 내려
와 예루살렘으로 향하는구나. 아얏과 미그론을 지나 믹마스에 병기
고를 만들었고 산을 넘어서 게바와 라마와 기브아로 침략하는구나.
어린 딸과 같은 갈림 성 사람과 라이사 백성 그리고 아나돗 백성이
공격을 당하는구나. 맛메나 사람은 피난 가고 게빔 사람도 도망하
는구나. 내 마음이 아프도다! 나는 이 과정이 즐겁지 않다. 앗수르
군대가 놉까지 이르러 잠시 진영을 펼쳤고 이제 곧 예루살렘을 집
어삼키려고 하는구나.

33-34 그러나 걱정하지 말라. 하나님께서는 정확한 때에 나서신다. 온 세상
군대의 하나님께서 위엄 있게 일어서셔서 나뭇가지처럼 뻗치는 앗수
르 군대를 꺾으시고 찍어버리실 것이다. 하나님께서는 그들의 교만을

낮추신다. 레바논의 나무들처럼 아무리 강력한 군사력과 힘으로 손을
뻗친다 하더라도 하나님께서는 강력한 도끼를 든 나무꾼처럼 그들의
위력을 제거하시고 사라지게 하실 것이다.

Mountain's Insight ───────────────

나도 스무 살 때는 태권도를 하면서 다리가 일자로 찢어졌다. 군대에
있을 당시 6개월 늦게 들어온 후임병이 있었는데 선임병들이 그의 다
리를 찢다가 그만 심하게 다치고 말았다. 그래서 오랫동안 걷지도 못했
다. 그 후임병이 그렇게 된 이유는 선임병이 다리를 찢을 때, 힘을 풀어
야 하는데 고집스럽게 버텼기 때문이다.

하나님께서 우리에게 하시려는 일도 마찬가지다. 우리는 힘을 빼야
한다. 정말 힘을 빼야 한다. 나의 생각, 나의 방식, 나의 기대에서 힘을
빼야 한다. 그것이 바로 순종이다. 하지만 철저하게 자기 생각과 자기
방식을 포기하지 않는 사람이 너무 많다. 특히 목사들이 제일 심하다.
하나님의 일을 하는데, 자기 방식으로 한다. 그래서 성도는 제자가 되
지 못하고 교회도 건물로만 남는 것이다.

모든 그리스도인은 힘 빼는 훈련을 해야 한다. 그것이 바로 자신을
부인하고 십자가를 지는 것이다. 생각이나 감정, 의지를 없애라는 말
이 아니다. 그 생각과 감정과 의지 자체를 주님께 넘겨 드리는 훈련을
해야 한다. 우리는 이미 하나님의 손에 있다. 어린아이의 손에 담은 연
필을 아버지가 큰 손으로 붙잡고 글을 가르치듯 하나님은 우리 인생에
역사하신다. 어떻게 하면 손에서 연필을 놓지 않으면서도 아버지의
손에 이끌림을 받는 손이 될지를 우리는 늘 고민하고 기도하면서 순종
해야 한다.

하나님의 사역은 하나님의 방식으로 2: 성공 사례(메시아)

11:1 **11-12** 유다 왕의 계보, 곧 이새의 후손 중에 한 명이 잘려 나간 나무 그루터기에서 돋아난 싹(순)처럼 일어날 것이고 그 나무의 뿌리에서 한 가지처럼 나와 구원의 열매를 맺을 것이다.

2 　　바로 그 구원을 이룰 메시아에게는 하나님의 영, 곧 지혜와 분별의 영, 놀라운 계획과 능력의 영이며, 하나님만을 경외하는 성령께서 충만하게 거하실 것이다.

3-4 　　메시아는 하나님을 경외하는 마음으로, 그분께 영광을 돌려드리는 것을 자기 인생에서 가장 하고 싶은 일이요, 또한 해야만 하는 일로 받아들일 것이다. 그러므로 메시아는 자신 마음대로 아무것도 하지 않고 오직 하나님의 마음과 하나님의 능력으로 모든 일을 이루어갈 것이다. 가난한 자를 공의롭게 판단하고, 세상의 겸손한 자들을 신실하게 재판할 것이며, 반대로 불의한 재물로 부유하게 살고 악하게 살며 하나님을 경외하지 않는 자들에게 사망의 심판을 내리실 것이다. 그것이 바로 구원이다.

5 　　메시아는 이 위대한 구원을 가장 바르게(공의로), 강력한 의지와 방법으로(성실로써) 이루실 것이다.

6 　　결국 메시아의 위대한 구원을 통해 이 땅에는 하나님 나라가 도래할 것이다. 그러면 이 세상의 파괴적이고 공격적인 모든 것이 완전히 사라질 것이다. 무서운 육식 동물이 약한 초식 동물과 함께 어울리며, 길들이기 어려운 사나운 짐승조차 사람과 함께, 그것도 어린아이들과 함께 생활하게 될 것이다.

7 　　온 세상이 에덴동산의 모습으로 회복되어 동물과 사람이 함께 먹고 마실 것이며 무엇이 희생되거나 죽임을 당하지 않아도 넉넉하게 누리는 모습이 될 것이다.

8 　　심지어 [사탄의 유혹과 사람의 범죄로 비극을 맞이한 창세기 3장의]

저주가 역전될 것이다. 영원한 원수로 맞서야 했던 여자의 후손과 뱀의 후손은 완벽하게 화해할 것이다. 어린아이가 독사의 굴에 손을 넣어도 아무 사고가 일어나지 않는 때가 올 것이다.

9   참으로 하나님 나라는 모든 곳이 거룩한 예배의 장소가 되겠고 그 어떤 고통과 상처와 대결과 죽음도 없으리라. 바다에 물이 가득한 것처럼 하나님 나라에는 하나님을 인격적이고 경험적이며 온전하게 아는 생명의 관계가 사람과 동물과 세상의 모든 영역에 가득할 것이기 때문이다.

〔지금까지는 시(詩)였고, 아래부터는 산문(散文)이다.〕

10   메시아는 이스라엘 왕족, 곧 이새의 후손으로만 오시는 것이 아니라, 세상 왕족의 근원이 되시는 온 우주의 하나님 곧, 왕 중의 왕으로 오셔서 모든 존재의 중심으로 우뚝 서실 것이다. 그래서 모든 피조물이 바로 그 메시아에게 나올 것이며, 하나님을 인정하지 않았던 이방 나라까지도 회개하고 그분께로 돌아와 모일 것이니, 그렇게 메시아를 중심으로 다시 모인 자리는 영광의 자리, 예배의 자리가 될 것이다.

11   메시아가 온전한 구원을 이루어 하나님 나라를 도래하게 하시는 그 날, 왕이신 메시아는 한 번 더 저 남쪽 끝에 있는 바르도스와 구스의 나라들 및 동쪽 끝에 있는 엘람과 시날의 나라들과 저 북서쪽 끝에 있는 하맛과 바다 섬들의 사람까지, 온 세상이 회개하고 하나님 앞으로 돌아오도록 손짓하실 것이다.

12   이 모든 것은 곧 하나님께서 온 세상을 향해 세우신 구원 계획으로, 오래전부터 하나님을 알지 못하던 세상의 모든 이방인과 하나님의 징계로 본향을 떠나 흩어진 이스라엘 사람 그리고 유다 백성까지 다시 함께 모아 회복하시는 것이다.

13   그들이 모이면 이전과는 다를 것이다. 이전에는 그들이 형제

국가였음에도 싸움과 질투를 이어갔지만, 이제 그들은 더는 분쟁하고 싸우며 고통을 주지 않을 것이다.

14 　　오히려 그들은 힘을 합쳐 하나님의 심판을 행할 것이다. 마지막 메시아의 손짓까지 완고하게 거부한 블레셋 사람이 더 이상 활개 치지 못하도록 정리하겠고, 동방 백성이 하나님 대신 의지하던 탐욕스러운 물건들을 빼앗으며 하나님을 왕으로 인정하지 않던 에돔과 모압 및 암몬의 후손을 정신 차리게 하고 하나님께 엎드리게 할 것이다.

15-16 　　바로 그 과정에서 하나님의 백성은 오래전에 있었던 역사적인 순간을 떠올릴 것이다. 바로 하나님께서 400년이 넘는 세월 노예로 살던 자기 백성에게 구원의 손길을 베푸셔서 그들을 가로막던 홍해를 열고 그 길을 더운 바람으로 말리시던 역사적인 사건이 이제 다시 그들 앞에 펼쳐질 것이다. 앗수르로 사로잡혀 갔던 하나님의 백성은 그들 앞에 가로막힌 유브라데 강이 갈라지고 열리면서 자신이 진정으로 돌아가야 할 곳, 곧 하나님 나라로 길이 열리는 것을 보리라. 실로 새로운 출애굽이 일어날 것이다!

12:1 　바로 그 놀라운 구원의 날에, 하나님의 백성은 찬송할 것이다.

　　"하나님! 당신께서 이전에는 저희 죄 때문에 분노하셨으나, 이제는 그 분노로 인한 징계가 사라지고 도리어 저희를 위로하시니 너무나 감사드립니다.

2 　　참으로 하나님은 우리의 구원이십니다. 우리가 신뢰하며 경외해야 할 분은 오직 하나님뿐이시니, 하나님을 경외하는 자는 세상에서 두려움이 없을 것입니다. 오직 우리의 왕 되시고 주인 되신 하나님만이 우리 힘이시며, 우리 찬송이시며, 우리 구원이십니다."

3 　　그렇게 너희는 기쁨을 얻을 것이다. 기쁨이라는 동산, 에덴동산에서 너희가 생명나무 열매를 마음껏 먹었듯이 이제는 구원이라는 생명의 물을 마음껏 마실 것이다.

4-6   그때 너희는 하나님께 이렇게 감사와 찬송을 올릴 것이다.

"하나님께 감사드립니다! 우리 모든 삶에서 당신의 이름을 높여 드리며 당신께서 행하신 모든 일을 세상 모든 사람에게 고백하고 전하며 선포합니다! 하나님께서 하신 모든 일이 가장 귀한 일이며 아름다운 일이니 당신을 찬양하는 것이 너무나 마땅합니다. 온 세상 사람이 우리를 통해 당신을 알게 될 것입니다."

하나님의 백성아, 우리 함께 찬양하자! 우리 하나님께서 또한 우리를 통해 하실 위대한 일들을 찬양하자!

Mountain's Insight ──────────

이사야 10장에는 하나님의 일을, 하나님의 방식으로 이루지 못한 유다 지도자들과 앗수르에 대한 이야기가 나온다면, 이사야 11-12장에는 그 반대 이야기가 이어진다. 하지만 더 깊게 보면 이사야 11-12장은 단순한 반대 사례가 아니라 이사야 10장 사건을 반향하고 바로잡음으로써 성공하는 메시아의 등장과 그 결과를 소개하고 있다. 즉 메시아야말로 하나님의 일을, 하나님의 방식으로 완벽하게 이루시는 존재라는 것이다. 메시아의 더 구체적인 방식과 사역은 이사야 후반부에 이어진다.

이사야 10장과 이어지는 이사야 11-12장의 대조를 통해서 우리는 '하나님의 일이 하나님의 방법'으로 이루어져야 함을 선명히 본다. 여기서 하나님의 일이란 특별히 성직자나 선교사가 되어 행하는 사역만이 아니다. 우리가 이 땅에 태어나 하나님께서 주신 한 번의 인생을 그 귀한 가치에 합당하게 살아가는 모든 일이 곧 하나님의 일이다. 문제는 우리 중에서 많은 사람이 하나님께서 원하시지 않는 일을 하고 있으며, 더 나아가 하나님의 일을 하면서도 하나님의 방식이 아닌 자기 방식으로 하고 있다는 것이다. 개인적으로도, 공동체적으로도 그런 일이 일어난다.

　그렇다면 많은 사람은 대체 무엇이 하나님의 방식이냐고 물을 것이다. 그래서 이사야서 11장과 12장은 바로 메시아의 방식이 하나님의 방식이라고 대답한다. 하나님의 영에 감동받고 능력을 받아 메시아의 사역에 동역하는 일이 바로 하나님의 방식인 것이다. 신약의 언어로 다시 풀어보자면, 진정 예수님께서 하실 만한 모습과 방향과 능력으로 우리도 해야 하는 것이다. 하나님의 일을 하나님의 방식으로 하는 바로 그때 우리는 하나님 나라가 이 땅에 이루어지는 것을 볼 수 있다. 한 사람 한 사람이 메시아의 길을 보고 그 길을 따라갈 때, 우리는 모두 메시아를 왕으로 모신 나라의 백성이 된다.

제2부

열방에 대한
하나님의 심판
(13~23장)

바벨론에 대한 심판이 시작되다

1 **13** 아모스(아모츠)의 아들 선지자 이사야가 바벨론에 대하여
받은 엄중한 심판 메시지는 다음과 같다.

2 〔하나님께서 말씀하신다.〕 "자! 바벨론을 멸망시킬 군인들아, 모두 모
여라! 너희는 모든 사람이 볼 수 있는 높은 장소, 풀도 나무도 없어
서 손만 흔들어도 누구나 볼 수 있는 높은 위치에 자리를 잡고 깃발
을 세운 후에 사람들을 모아라. 그렇게 모은 군대로 스스로 존귀하
다 자만하는 바벨론 성읍으로, 그 성읍의 문으로 쳐들어가거라!

3 나, 하나님이 나의 거룩한 전쟁, 곧 성전(聖戰)을 치를 사람들에
게 공격을 명령하고 내가 마음에 드는 사람을 고르고 모아서 바벨
론을 향한 나의 분노와 심판을 보여줄 것이다.

4 들어보아라! 깃발을 세운 높은 장소로 내 군대가 모이는 소리
가 들리며, 다양한 민족으로 구성된 수많은 군대가 고함치고 떠들
며 전쟁을 준비하는 소리가 들리는구나! 내가 그 군대의 총사령관
이 되어 직접 그들의 사열을 받고 공격을 명령할 것이다."

5 듣지도 보지도 못한 무시무시한 군대가 저 멀리, 하늘 끝에서 온다.
바로 그들이 하나님의 진노와 심판을 행할 하나님의 무기이며, 하
나님의 군대다. 이제 바벨론을 시작으로 온 땅에 하나님의 군대가
심판을 행할 것이다.

6 바벨론 왕과 백성들아, 너희는 이 전쟁을 방어하거나 맞설 수
없다. 그러므로 그냥 포기하고 울어라! 전능하신 하나님이 행하시

는 심판의 날에 인간이 무엇을 할 수 있겠느냐!

7-8 　당연히 너희는 망연자실하여 아무것도 할 수 없으리라. 그저 충격을 받아 놀라고 슬픔 속에서 사라질 뿐이다. 출산이 임박한 여자가 극심한 산통의 고통을 겪듯 하늘이 노랗게 될 것이다. 하지만 너희는 산모와 달라 아무것도 낳을 수 없다. 그저 그 고통만 있을 뿐이다. 어찌해야 할지 몰라 서로 바라보겠지만 공포가 서려 있는 얼굴을 마치 거울인 양 쳐다볼 수밖에 없을 것이다.

9 　보라! 하나님께서 심판하시는 날, 오랫동안 참으셨던 분노를 쏟아내시는 그 날, 비참하고 고통스러우며 비극적인 그 날이 온다. 온 땅이 폐허로 변하고 그 땅을 더럽게 만든 바벨론 왕과 백성들이 죽임을 당할 것이다.

10 　하늘이 놀라고 땅이 흔들릴 만한 사건이 될 것이다. 이스라엘이 애굽에서 나올 때, 완악한 바로와 애굽 땅에 임했던 재앙처럼 바벨론 땅은 어두워지고 사망의 그늘로 가득할 것이다.

11-12 　이렇게 하나님께서 이 세상의 악과 악인들을 심판하고 벌하신다. '하나님은 없다'라고 생각하며 마음대로 살아온 모든 사람에게 하나님의 살아계심을 보이시리라. 그분은 살아계실 뿐만 아니라 정의로운 분으로 그동안 하나님을 무시하고 하나님의 형상으로 지어진 사람들을 괴롭히던 모든 교만하고 오만한 자들의 죄를 다 꺾어버리고 낮추실 것이다. 수많은 사람이 심판을 받는데 너무나 많은 사람이 죽어 바벨론 땅에는 사람이 순금보다 찾기 어려워져서 그 귀한 오빌의 금보다 희귀할 것이다.

13-16 　하나님의 분노와 무서운 심판으로 바벨론 땅은 가졌던 전부를 잃어버릴 것이다. 그러면 자연스럽게 바벨론 땅에 와서 용병으로 살거나 사업으로 성공하려고 했던 사람들도 난민처럼 흩어지고 본래 자신의 고향 땅으로 돌아가리라. 하지만 그 돌아가는 길도 쉽지 않다. 하나님의 무서운 도구로 모여든 군사들은 그들을 발견하는

족족 창으로 찌르고 붙잡아서 칼로 죽일 것이기 때문이다. 심지어 아이들도 부모가 보는 앞에서 살해당하며 가진 재물은 약탈당하고 아내들은 강간당할 것이다.

17-18 하나님께서 모으신 군대는 다른 전쟁 때처럼 돈이나 재물로 회유할 수도 없다. 하나님께서 자극하여 모으신 군대, 곧 미디안(그리고 페르시아) 군사들은 무자비한 살인기계가 되어 활을 쏘아 바벨론 젊은 이를 죽이고 임신한 여자의 배도 가를 것이다.

19-20 모든 나라 중에서 존귀하다고 자만했고, 중동의 갈대아 사람들에게 소중한 보물인 양 스스로 대단하다고 착각했던 바벨론은 옛날 소돔과 고모라처럼 멸망할 것이다. 그곳은 더 이상 사람들이 살 수 없는 폐허가 되고 한몫 잡으려고 장사하러 오던 아라비아 사람들도 더는 찾지 않겠고 잠시 지나가며 양에게 풀을 뜯기던 유목민조차 발길을 끊을 것이다.

21-22 오직 들짐승과 야생동물이 주인 되어서 황량하고 무서운 밀림처럼 바뀔 것이다. 사람들이 모여 화려했던 모든 궁전과 거리에는 더 이상 사람의 흔적을 찾을 수 없으리라. 그 무시무시한 심판의 날이 멀지 않았도다!

Mountain's Insight

이사야의 2부는 열방에 대한 심판으로 시작되며, 열방의 심판은 다음과 같은 순서로 진행된다. 바벨론(13:1), 블레셋(14:28), 모압(15:1), 다메섹(17:1), 애굽(19:1), 해변 광야의 나라들(21:1), 두마(21:11), 아라비아(21:13), 유다(22:1), 그리고 두로(23:1).

이사야 1부(1-12장)가 하나님께서 이사야서에서 하시려는 큰 그림을 서론처럼 보여주었다면, 이사야 2부(13-23장)는 하나님께서 하시려는 큰 그림의 첫 번째 사역이 열방의 심판임을 알려준다. 하나님의 구원과 나라가 이 땅에 도래하는 데 먼저 해결해야 할 것이 악한 나라를 제거하는 것이기 때문이다. 이것은 사복음서에서 예수님의 사역이 시작되면서 가장 먼저 일어나는 일 중 하나가 하나님의 말씀을 선포하고 동시에 악한 영들을 제거(축귀)하는 것이라는 점에서 일맥상통한다. 하나님 나라가 도래하려면 악한 영의 나라는 사라져야 한다.

이사야 13장은 그 시작부터 바벨론에 대한 심판을 말한다. 바벨론은 당시 가장 강력한 제국으로서 이방 나라의 가장 큰 세력이다. 특히 바벨론에 대한 심판에서 눈여겨볼 것은 우리가 '무엇을 신뢰하는가'에 있다. 사람들은 누구나 진심으로 신뢰하는 대상이 있다. 지식이든, 돈이든, 경험이든, 뭔가를 신뢰한다. 그리스도인이 되어서도 마찬가지다. 하나님이 아니라, 자기를 위해 기도하는 목사를 신뢰하고 성경이 아닌 자기 경험이나 교리를 신뢰하는 경우도 많다. 그것이 바로 자신이 믿는 신(神)이다! 결국 하나님이 아닌 다른 것을 신뢰의 대상으로 삼는 사람들은 바벨론처럼 철저하게 심판을 당할 것이다. 나는 진정 무엇을 신뢰하는가?

바벨론에 대한 이어지는 심판

1 **14** 〔바벨론에 대한 하나님의 심판이 이루어지면〕 하나님께서는 이스라엘 백성을 불쌍히 여기실 것이다. 그래서 처음 그들을 선택하고 구원하셨듯이 그들을 다시 불러 하나님 백성으로 선택하실 것이다. 그리고 그들에게 약속한 땅을 돌려주실 것이다. 그러면 나그네처럼 방황하던 이방 백성도 그곳으로 모여 하나님의 백성에게 붙어 연합하리라.

2 실제 역사에서 그런 일이 일어날 것이다. 이스라엘 사람을 사로잡았던 이방인들이 이스라엘 백성을 유대 땅으로 귀환시키겠고 심지어 돌아온 이스라엘 백성은 하나님의 땅에서 회복되고 강해져서 오히려 지금까지 자신을 전쟁포로와 노예로 압제하던 이방인들을 거꾸로 전쟁포로와 노예로 사로잡는 역전이 일어날 것이다.

3 하나님께서 이스라엘을 슬픔과 고난의 시간, 곧 이방인의 땅으로 끌려가서 노예처럼 살며 고생하던 시간에서 해방하시고 쉼을 주시는 그 날이 되면,

4-5 너희는 바벨론 왕에 대하여 다음과 같은 조롱의 메시지와 교훈적인 충고를 담은 내용을 애가로 노래할 것이다.

"아이고! 압제하던 바벨론 왕이 이제 더 그 짓을 못하게 되었구나.

아이고! 잔인하게 학대하던 바벨론 왕국이 이제 더 이상 그 짓을 못하게 되었구나.

기필코 하나님께서는 악한 너희의 폭력과 억압적인 통치의 지위를 빼앗으셨도다."

6-7 바벨론은 항상 혈기를 부리며 다른 나라 사람을 끊임없이 공격했고 화를 내면서 괴롭혔지만, 워낙 사납고 무서워 그 나쁜 짓을 멈출 사람이 없더니, 이제는 하나님께서 심판하심으로, 온 세상이 조용하고 평화로우니 세상 사람들이 기뻐서 큰 소리로 즐거워하는구나!

8 심지어 세상의 모든 나무를 대표하여 향나무와 레바논 백향목
들이 기뻐하며 "바벨론 왕아! 네 놈이 이제 죽고 사라졌으니 더 이
상 우리를 베어 넘길 사람이 없구나"라고 한다.

9-11 또한 지하세계가 바벨론 왕의 죽음을 소란하게 환영하면서 그
곳에 먼저 가 있던 무리, 곧 한때 이 세상에서 이름을 날리던 악한
무리가 소동을 피우며 말한다. "너, 바벨론 왕아! 너도 우리와 같은
운명이 되었구나! 천년만년 살면서 영원히 정복하고 파괴할 수 있
으리라 생각했겠지만, 너도 심판을 받아서 우리처럼 죽음을 맞이했
구나. 네 놈이 대단하게 쌓아 올렸던 부귀영화가 결국 지옥으로 떨
어졌고 너의 육신은 구더기로 덮였으며 너의 종착역은 벌레들이 득
시글거리는 땅이 되었구나!"

12 아침을 여는 금성(계명성)처럼 밝게 빛나던 바벨론아! 네가 한없이
올라갈 줄 알았더냐? 아이고, 너는 이제 땅 밑으로 떨어지고 말았
다! 온 세상의 여러 나라를 공격하여 벌벌 떨게 했던 너는 이제 사
형수처럼 벌벌 떠는 존재로 떨어지고 말았다.

13-15 너는 한때, "내가 하늘까지 올라가서 신들이 모여 있는 가장 높
은 산(북극 집회의 산) 위까지 점령해서 신처럼 되리라" 하며 대단히
교만했으나 네 운명은 지하세계의 저 끝인 지옥 바닥에 떨어져서
망하고 말았구나.

16-19 세상 사람이 바벨론 왕의 이러한 결과를 보고 놀라워하며 이렇
게 말할 것이다. "바벨론이 얼마나 강력한 나라였던가! 바벨론 왕
이 얼마나 대단한 왕이었던가! 온 세상이 바벨론과 그 왕 때문에 두
려워하며 떨었다. 온 세상을 파괴하고 도시를 무너뜨리며 사람들을
포로로 잡아 그들의 고향으로 돌아가지도 못하게 하지 않았던가?
그런데 이것이 어찌된 일인가? 그 강력하고 대단했던 바벨론 왕의
운명이 비참하게 되었구나. 바벨론보다 못했던 다른 나라 왕들은
그나마 자신들이 세워놓은 영광을 누리다가 잘 준비해둔 무덤에서

생을 마감했으나, 바벨론 왕은 자신이 준비한 무덤에도 묻히지 못하고 길가에 버려진 쓰레기처럼, 험한 전쟁터에서 죽어 매장도 하지 못한 채 버려진 시신처럼 끝장났구나."

20   하나님께서 너에게 주신 땅과 사람을 악용하여 망하게 했기 때문이다. 그리고 너처럼 악을 행하려는 자들은 너와 동일한 수치와 운명이 기다리고 있다는 사실을 널리 알려 교훈을 주기 위함이다.

21   하지만 이것이 끝이 아니다. 하나님께서는 세상의 여러 나라와 백성에게 명령하여 바벨론의 남은 후손의 씨까지 끝장내실 것이다. 남은 바벨론의 후손이 또다시 바벨론 왕처럼 교만하여, 세상에서 신처럼 군림하며 땅을 정복하고 악한 짓을 하는 것을 막기 위함이다.

22-23   이것은 하나님께서 직접 하시는 일이다. 하나님께서 이렇게 말씀하셨기 때문이다

"내가 일어나 바벨론의 남은 후손과 그 사람들을 모두 제거해서 그들의 이름과 남은 후손을 세상에서 사라지게 할 것이다. 내가 엄중히 말한다! 또한 나는 바벨론 땅을 부정한 동물들이 거하는 황폐한 땅으로 만들 것이다. 내가 멸망이라는 빗자루로 그들을 쓸어버릴 것이다. 내가 엄중히 말한다!

24   너희는 '설마 그런 일이 일어나겠는가?' 하면서 의심하는구나. 나, 하나님의 엄중한 말이 얼마나 무게 있는지 모르는 모양이구나! 온 세상의 전쟁을 통해 인류 역사 속에서 승리와 패배를 이끌어온 나의 말과 계획은 지금까지 한 번도 실패한 적이 없고 이루어지지 않은 것이 없다. 내가 한 계획, 내가 한 말은 인간의 계획이나 말과는 전혀 다르다. 나의 계획과 나의 말은 반드시 그대로 이루어진다.

25   지금 북이스라엘을 멸망시키고 남유다까지 진격하고 있는 앗수르도 마찬가지다. 나는 그들을 나의 땅, 곧 남유다 땅까지 끌어들여 바로 그곳에서 파괴하며 나의 산, 곧 이스라엘의 예루살렘까지

끌어들여 그곳에서 전멸시킬 것이다. 바로 그 때에 이스라엘을 무
거운 짐처럼 짓누르고 압제하던 앗수르가 이스라엘의 어깨에서 벗
어지는 멍에처럼 제거될 것이다.

26-27   이 모든 일은 우연이 아니요, 하나님이 온 세상을 향해 세운 계
획이다. 이를 통하여 나, 하나님은 이스라엘의 하나님만이 아니요
온 세상의 하나님임을 알릴 것이다. 하나님의 위대한 계획은 곧 하
나님의 위대한 능력이다. 바벨론과 앗수르만이 아니다. 누구든지
하나님을 예배하지 않고 자기가 신이 되어서 교만하게 사는 자들은
철저하게 낮아지는 심판을 받을 것이다. 다시 한번 말한다. 나, 하
나님이 계획한 것은 그 누구도 막을 수 없고 하나님의 능력을 대적
할 사람은 그 누구도 없다!"

블레셋에 대한 심판

28-29   남유다의 아하스왕이 죽은 그때에 이사야가 블레셋에 대하여 받은
엄중한 심판 메시지는 다음과 같다.

"블레셋 땅에 사는 사람들아! 너희를 힘들게 하던 (다윗 왕조나)
앗수르 왕들의 세력이 잠시 약해졌다고 기뻐하지 말라! 착각하지
말라! 잠시 후에 더 무섭고 독한 왕들이 일어날 것이다.

30   그러면 너희가 보기에 가난하고 힘이 약했던 유다 백성은 회복
되겠지만 너희는 뿌리까지 모두 말라 죽은 식물처럼 되리라. 겨우
살아남았다고 하더라도 철저한 살육을 당할 것이다.

31   블레셋을 지키는 성문과 블레셋의 강한 도시들아, 너희가 할
수 있는 일은 그저 애통하는 것뿐이다. 너희를 파괴할 군대가 북쪽
에서 오는데 마치 쓰나미처럼 다가오니 누가 막을 수 있겠느냐.

32   너희를 파괴하고 심판할 군대에게 그 어떤 협상을 제안해도 소
용없을 것이다. 오직 해결책은 하나다. 하나님께서 세우신 예배와
경배의 장소로, 하나님께서 언약하셨고 품으시는 그분의 백성에게
로 가서 하나님만을 인생의 피난처로 삼는 것뿐이다."

Mountain's Insight ─────────────────

13장에서 이스라엘이 은밀한 신뢰의 대상으로 삼았던 바벨론에 대한 심판과 멸망은 자연스럽게 하나님의 백성 이스라엘의 회복으로 이어지고, 이스라엘이 세상의 중심으로 회복되는 현상은 이방 백성과 함께하는 세상의 회복으로 연결된다.

이사야는 13장에 이어서 14장까지 바벨론의 심판에 대해 이야기하고 있다. 이사야 13장에서 하나님은 우리의 은밀한 신뢰의 대상을 심판하시고, 다음으로 14장에서는 교만을 심판하신다. 바벨론은 교만했다. 땅, 물질, 사람 그리고 군사력이 하나님을 대신하면서 그들은 자연스럽게 교만했다. 교만이란 단순히 잘난 체하는 것이 아니라 하나님의 자리를 사람이 차지하는 것이다. 하나님은 교만을 철저히 심판하신다. 우리는 이사야 14장에서 이 진리를 분명히 알아야 한다.

그러면 어찌해야 하는가? 우리는 교만의 반대말이 겸손임을 안다. 우리는 겸손해야 한다. 그것이 또한 예수님의 모습이었다. 성경과 인류 역사를 보면 하나님은 항상 겸손한 자를 크게 쓰신다. 그런 자의 삶을 역전시키신다. 우리는 선천적으로 겸손하기 어렵다. 그러므로 겸손을 훈련해야 한다. 자기 생각과 계획을 항상 주님 앞에 다시 점검받고, 남보다 자신을 높이는 모든 언행심사를 그만두어야 한다. 야고보서의 말씀을 천천히 읽고 예수님의 발치에 앉았던 마리아처럼 겸손함을 입길 소망한다.

"너희는 하나님이 우리 속에 거하게 하신 성령이 시기하기까지 사모한다 하신 말씀을 헛된 줄로 생각하느냐 그러나 더욱 큰 은혜를 주시나니 그러므로 일렀으되 하나님이 교만한 자를 물리치시고 겸손한 자에게 은혜를 주신다 하였느니라. 그런즉 너희는 하나님께 복종할지어다. 마귀를 대적하라. 그리하면 너희를 피하리라. 하나님을 가까이하라. 그리하면 너희를 가까이하시리라. 죄인들아 손을 깨끗이

하라. 두 마음을 품은 자들아 마음을 성결하게 하라. 슬퍼하며 애통하며 울지어다. 너희 웃음을 애통으로, 너희 즐거움을 근심으로 바꿀지어다. 주 앞에서 낮추라. 그리하면 주께서 너희를 높이시리라"

야고보서 4:5-10.

모압에 대한 심판

15:1-2 **15-16** 이사야가 모압에 대하여 받은 엄중한 심판 메시
지는 다음과 같다.

하룻밤 만에 모압의 가장 큰 도시인 알(Ar)과 기르(Kir)가 망할
것이다. 모압 사람들이 바잇과 디본의 산당에 올라가서 그들이 믿
는 우상, 곧 그모스 신에게 눈물로 기도하겠지만 아무 소용없을 것
이고 너희가 아끼던 소중한 도시들, 느보와 메드바가 파괴당했기에
애통해할 것이다. 모두 머리카락을 밀고 수염을 깎으면서 자신이
당한 수치와 패배를 인정할 수밖에 없을 것이다.

3 　길거리에는 죽은 가족 때문에 장례식을 치르는 사람들이 넘치
고, 옥상과 넓은 공터에서도 나라가 망해 슬퍼하는 사람으로 가득
하리라.

4 　모압 최북단에 있는 도시 헤스본과 엘르알레 주민이 우는 소리가
너무나 커서 멀리 야하스까지 들리고 모압 군인도 큰 소리로 애곡하
니 모든 모압 사람의 영혼은 이미 지옥문 앞에 있는 자처럼 되었다.

5 　나, 이사야도 그것을 미리 보니 참으로 애달프기만 하구나! 나라가
멸망했기에 피난길에 나선 모압 사람은 최남단 소알과 에글랏 슬리
시야까지 갔고 국경을 넘어 루힛 비탈길을 오른 후에 호로나임 길
로 가면서 구슬프게 우는구나.

6-7 　사해 남쪽 오아시스인 니므림까지 어렵게 왔지만, 물도 없고 풀
도 없어서 그들이 끌고 왔던 가축까지 버리고 자신에게 마지막 남은
재물을 등에 지고 메마른 버드나무 시내, 세렛강을 건너는구나.

8 　모압 피난민의 애곡이 모압 사방에 들리고 슬픈 목소리가 모압
의 중심인 에글라임에 넘치며 그 고통스러운 소리가 모압 북쪽의
브엘엘림까지 이르는구나.

9 　생명이 넘치던 모압의 도시 디몬(디본)은 이제 사망으로 덮여
버렸구나. 하지만 하나님의 심판은 아직 끝나지 않았다. 하나님께

서는 모압 땅을 철저하게 심판하실 것이며 피난길에 오른 사람이든 모압 땅에 남은 자들이든 그들 모두를 죽이기 위해 사자(獅子)를 보내실 것이다.

16:1 〔그러면 모압은 이제 어떻게 해야 하겠는가?〕 모압 사람들아, 이제는 정신을 차리고 이 세상의 진정한 주인이신 하나님께서 다스리시는 이스라엘 땅의 통치자에게 너희가 우상처럼 소유하고 자랑했던 재산, 곧 어린양들을 선물로 보내라! 피난해서 나온 땅 셀라에서 남쪽 광야를 지나서 하나님의 소중하고 거룩한 땅 시온으로 그 예물들을 보내라!

2　　모압의 남은 백성은 아르논 강가에서 표류하는 새들처럼 정처 없고 보금자리를 잃고 흩어진 새끼 새들처럼 애처롭구나.

3-4　　그래서 모압의 피난민은 남유다에 편지를 써서 이렇게 말한다. "우리를 도와주세요. 우리를 바로잡아주세요. 우리가 발각되지 않도록 숨겨주세요. 겨우 살아남은 모압 백성이 완전히 끝장나지 않도록 피난처가 되어주세요. 참으로 우리는 억압하고 강퍅하며 폭력을 행하고 압제하던 악한 종족이었습니다. 이제 그 모든 참혹한 짓이 끝났습니다.

5　　오직 이스라엘만이 살길입니다. 하나님께서는 다윗과 세우신 언약에 신실하셔서 그 백성과 그 왕권을 든든히 하실 것이기 때문입니다. 하나님께서는 자기 백성에게 신실하셔서 자신을 닮은 왕들을 세우실 것이고, 그 왕들은 하나님 백성을 바르고 옳게 다스릴 것이기 때문입니다〔그래서 우리도 그 나라 백성이 되어 그 나라에서 살길 원합니다〕."

6　　〔이어서 모압이 멸망한 이유가 무엇인지 하나님께서 말씀하신다.〕 하나님께서는 잘 아셨다. 모압이 심히 교만했다는 것을. 모압은 거만하고 교만하며, 자만하고 자기 마음대로 안 되면 분노하는 존재였다. 하나님께서 심판하심으로 그 교만의 거품이 사라지자 공허한 결과가

드러난 것이다.

7-8   그래서 모압은 자신을 위해 그저 애통해하는 일만 남았다. 건
포도 떡이 유명했던 길하레셋에서 건포도가 사라졌고, 기름진 밭으
로 유명했던 헤스본 땅은 황폐해졌으며, 포도나무로 유명했던 십마
의 포도원은 말라 비틀어졌다. 모압의 풍요로움은 야셀을 지나서
광야까지 소문이 났고 바다를 건너서 외국까지 알려졌으나 하나님
의 심판 도구인 이방 민족들이 쳐들어와서 모두 사라졌다.

9-10   하나님께서도 마음 아파 슬퍼하시며 말씀하신다. "모압의 아
름다운 도시 야셀, 포도나무가 풍성하던 십마, 아름다운 여름 실과
와 풍성한 농작물로 가득하던 헤스본과 엘르알레의 모습이 사라지
는 것이 참으로 안타깝구나. 농산물과 과일을 수확하던 그 기쁘고
즐거운 소리가 이제는 사라져버렸구나. 삶의 열매를 거두고 나누는
소리가 더 이상 모압에서 들리지 않을 것이다. 내가 모압의 교만을
낮추는 심판을 행했기 때문이다."

11-12   이 예언의 말씀을 전하는 나, 이사야도 마음이 아프도다. 내 영
혼에서 구슬픈 애곡의 연주가 흘러나오고 내 창자에서 심판당하는
모압의 도시 길하레셋을 위한 애가가 흘러나온다. 이 심판을 막아
보려고 모압은 자신의 우상, 가짜 신에게 가서 오랫동안 기도하고
제사를 드리지만, 그것은 헛수고일 뿐이다.

13-14   이 모든 말씀은 오래전부터 모압을 지켜보시던 하나님께서 하신 말
씀이다. 이제는 모압이 심판을 당할 때가 되었다. 고용된 일꾼이 그
일을 마무리하고 자신이 한 일에 대한 대가를 받는 때가 반드시 오
는 것처럼, 모압도 자신이 행한 일에 대한 대가를 3년 안에 엄중한
심판으로 받는 때가 온다. 그러면 모압의 모든 풍요로움과 풍족함
이 사라지는 수치를 당할 것이다. 지극히 적은 사람만 살아남을 것
이다[그래서 그들은 16장 1-5절 말씀처럼 하나님의 백성에게로 피난할 것
이다].

Mountain's Insight ────────────────────────────────

이사야 15장과 16장은 모압에 대한 심판 내용이다. 모압은 물질적으로 참으로 풍요로운 나라였다. 사실 물질의 풍요는 하나님께서 주신 선물인데 모압에게는 그것이 하나님과 멀어져 교만해지며 타락하는 계기가 되었다. 하나님은 모압의 심판을 통해 우리 영혼을 정신 차리게 하신다. 육신적인 것이 사라질 때, 우리는 그것을 계기로 해서라도 하나님께로 돌아와야 한다.

수많은 목회자와 성도가 돈 때문에 하나님을 섬기지 못한다. 돈이 없어서 예배드릴 수 없고, 돈이 있어서 예배드릴 수 없다. 우리는 모든 물질과 풍요의 주인이 돈이 아니라 하나님이심을 바로 알고 살아야 한다. 진정한 믿음의 용기가 필요하다. 우리가 가진 모든 것은 하나님께서 주신 것이다. 그러므로 우리는 소유에서 관계로 삶을 바로잡아야 한다. 모압의 양 떼를 하나님께 바치라 하신 그 의미를 생각해보면, 진정 하늘나라의 부유한 삶을 위한 우선순위는 포기와 드림에서 시작됨을 알 수 있다. 많은 것을 가지고 있으면서도 상대적인 가난함 속에서 이 시대를 살아가는 우리는 바로 이 도전을 받아들이고 실천해야 한다.

"네가 말하기를 나는 부자라 부요하여 부족한 것이 없다 하나 네 곤고한 것과 가련한 것과 가난한 것과 눈먼 것과 벌거벗은 것을 알지 못하는도다 내가 너를 권하노니 내게서 불로 연단한 금을 사서 부요하게 하고 흰옷을 사서 입어 벌거벗은 수치를 보이지 않게 하고 안약을 사서 눈에 발라 보게 하라" 요한계시록 3:17-18.

아람에 대한 심판

17-18 아람의 수도인 다메섹에 대하여 받은 엄중한 심판 메시지는 다음과 같다.

17:1 "메소포타미아의 도시들과 애굽을 이어주는 통로에서 자리를 잡고 여러 유익을 챙기던 나라 아람과 그 수도인 다메섹은 조만간 파괴되어 돌무더기가 될 것이다.

2 '벌거벗은 성읍'이라는 뜻인 아로엘의 도시들은 정말 그 이름대로 모든 것을 빼앗기고 버려질 것이다. 그 번성한 도시의 수많은 사람이 다 사라지고 나니 양들만 겁 없이 돌아다닐 것이다.

3 에브라임(북이스라엘)과 함께 반 앗수르 동맹을 맺었던 아람의 수도 다메섹은 앗수르의 공격을 막아내지 못하고 끝장나고 말 것이다. 하나님께서는 북이스라엘 영광을 사라지게 하셨듯이 아람도 그렇게 하실 것이다."

세상의 모든 전쟁을 주관하시는 하나님의 말씀이다!

4-5 하나님께서는 앗수르를 통하여 가장 북쪽에 있는 아람을 먼저 심판하시고, 그다음으로 북이스라엘의 영광도 사라지게 하실 것이다. 건강하고 살찐 몸이 하루아침에 병자처럼 말라버리겠고, 어제까지 풍성한 곡식으로 넘실거리던 르바임 골짜기가 추수가 끝난 들판처럼 횡할 것이다.

6 하지만 다행히 그것이 완전한 끝은 아니다. 이스라엘의 하나님께서 약속하신다. 추수가 끝나도 귀퉁이에 곡식이 남고, 가지 끝에 매달린 열매가 남는 것처럼 소수가 살아남을 것이다.

7-8 그러면 그 살아남은 자들은 자신이 만들고 신이라고 부르던 아세라나 태양상을 더 이상 신경 쓰지 않고 자기 마음대로 제사하던 제단도 거들떠보지 않을 것이다. 오히려 자신을 지으신 창조주 하나님을 바라보며 이스라엘의 거룩하신 하나님께 눈을 돌려 주목할 것이다.

9 바로 그 심판의 날에, 그 옛날 여호수아가 가나안 땅을 정복하고 들어갈 때 가나안의 견고한 성읍이 모두 패배를 당하고 무너지며 황폐해졌던 것처럼 아람의 도시들과 북이스라엘 요새들이 같은 운명을 맞을 것이다.

10-11 그 나라 사람들이 구원의 하나님을 잊고 능력의 하나님을 무시했기 때문이다. 오히려 이방인 아도니스 종교의 나무를 심어 놓고 그것을 하나님인 양 우상숭배했던 것이다. 그들은 이방 신을 조종해서 빠르게 축복을 받으려고 수단과 방법을 가리지 않았지만 결국 얻은 것은 근심과 극한 고통뿐이다. (아도니스는 나무를 화분에 심어 속성으로 키우고 꽃이 피는 즉시 바로 죽게 해서 보통 식물의 순환주기를 의도적으로 빨리함으로써 자신에게 빠른 성공과 축복이 있기를 구했던 이방의 우상 종교다.)

12-14 불쌍하구나! 북이스라엘과 아람 그리고 하나님의 도구인 앗수르와 맞서보려고 연합했던 주변 국가들이여! 그 연합한 나라들은 남유다가 자신과 함께하지 않는다고 위협했고 엄청나게 소란을 피우며 무섭게 밀려왔구나. 하지만 하나님께서 그들에게 분노하시며 치시니 그들은 바람 앞에 흩날리는 힘없는 티끌처럼 사라진다. 저녁에는 엄청난 두려움을 몰고 온 세력이었으나 아침이 되기도 전에 모두 사라져버렸다. 바로 이것이 하나님의 백성을 위협하고 공격한 세력이 당할 운명이다. (그러므로 너희도 이 세상의 헛된 종교, 정치, 세력과 연합하여 하나님을 대적하려고 하지 말라!)

구스에 대한 심판

18:1 불쌍하구나! 수많은 벌레 소리와 엄청난 상선들에서 돛들이 펄럭이는 소리가 가득했던 구스(에티오피아) 땅아!

2 갈대 배를 만들어 물길이 닿는 곳이면 어디든지 정치적, 경제적 유익을 얻고자 사람을 신속하게 보내던 자들아!

3   그러나 구스 사람과 구스와 거래하는 세상 모든 사람아! 정보, 물
    질, 부귀, 사치, 욕망에 함몰되지 말고 온 세상의 위대한 진리가 깃
    발처럼 너희 앞에 세워지는 것을 직시하며, 나팔 소리처럼 크게 울
    리는 것을 들어라!

4   하나님께서 나, 이사야에게 하신 말씀이다. 태양의 햇살처럼 가을
    하늘에서 내리는 이슬처럼 느리게 보이지만, 하나님께서는 신중하
    고 종용하게 온 세상을 감찰하고 바라보고 계신다.

5-6   그래서 너희가 하나님을 잊어버린 채, 그토록 분주하게 살면서
    수고해도 그것이 너희 손에 들어가지 못하게 하신다. 마치 추수도
    하기 전에 열매가 땅에 떨어지고 포도가 거의 다 익어가는 순간에
    그 가지를 찍어버리신 후, 산과 들의 짐승들에게 나누어 주시니, 하
    나님을 포기하면서까지 사람들이 욕망했던 모든 것은 결국 동물들
    이 겨울을 나는 식량으로 사용되고 말았다.

7   그렇게 인생의 실패와 시련을 거치며 하나님이 누구신지 알게 되
    면, 구스의 상선을 기다리며 오직 이 땅의 부귀영화만을 위해 살던
    인생은 더 이상 자신의 태생적인 자랑이나 군사적인 힘을 의지하지
    않고 오직 하나님께로 나아와 자신의 귀한 시간과 물질을 하나님께
    드리며 예배할 것이다.

Mountain's Insight

이사야 17장과 18장을 마무리하면서 이 시대가 정말 빠른 시대임을 실
감한다. 문제는 지나치게 빠르다는 데 있다. 너무 빨라서 하나님의 속
도를 놓친다. 거룩한 회개를 위해 잠깐 멈추거나 삶을 돌아보면서 하나
님의 때를 기다릴 만한 여유가 없다는 말이다.

　다메섹과 구스는 모두 교통의 요지에 자리 잡은 나라로 자신의 성공과 유익을 위해 동맹을 맺고 종교적인 도구를 사용해 분주하게 사는 존재를 상징한다. 오늘날도 그런 사람이 너무나 많다. 스마트폰과 인터넷으로 상징되는 시대정신은 더 빠르게 성공하는 데에 모든 초점을 맞춘다. 가장 큰 문제는 그렇게 함으로써 하나님을 잃어버린다는 것이다. 그래서 하나님은 그들과 대조적인 모습으로 등장하신다.

　그분의 조용한 감찰은 일광처럼 침착하고 부드러우며 조급하지 않다. 그러나 가을 더위의 운무처럼 그 영향력은 강력하다. 우리는 멈추어 서서 하나님을 기억하고 그분께 기도하며 예배하는 삶으로 돌아서야 한다. 분주함 속에 잃어버린 하나님을 찾아야 한다. 특히 삶에 위기와 문제가 생길 때 우리는 억지로라도 멈춰 서서 주님을 만나야 한다. 그분의 마음과 그분의 방식으로 돌아서야 한다. 그렇지 않으면 우리 삶은 갑자기 사라져버릴 것이다.

애굽에 대한 심판과 이사야의 벗은 몸

19:1 **19-20** 애굽(이집트)에 대하여 받은 엄중한 심판 메시지는 다음과 같다.

"보라! 천지만물의 주인이신 하나님께서 신속하고도 무서운 심판을 내리시고자 애굽에 가시니, 진짜 신이신 하나님 앞에서 가짜 신들을 섬기던 애굽 사람은 그 우상들과 함께 두려움에 사로잡혀 그 마음이 녹아내린다.

2 하나님께서 애굽 사람의 마음을 불안하게 하시고 서로를 적대하게 만드셔서 폭력과 파괴와 분쟁이 일어나게 하시며 결국 서로 전쟁하게 하실 것이다.

3 무엇보다 애굽 사람의 영혼과 정신을 병들게 하셔서 그들이 세운 계획을 수포로 돌아가게 하시고 그들이 여러 이방 신들이나 죽은 영혼들을 통해 문제를 해결하려 하는 시도조차 모두 무가치하게 끝날 것이다.

4 또한 하나님께서는 매우 포학한 왕을 세우셔서 애굽 사람을 다스리게 하실 것이다."

이 모든 것은 온 세상의 주인이신 하나님의 말씀이다.

5-7 그것이 끝이 아니다! 애굽이 그렇게 자랑하던 바다 곧 나일강이 점점 줄어들다가 모두 마르겠고, 그러면 그 강에서 썩은 냄새가 올라올 것이다. 나일강에서 얻었던 풍성한 갈대와 부들은 시들고 나일강의 물로 풍성했던 주변의 언덕 초장과 곡식 밭도 더 이상 식물을 심을 수 없는 상태가 되니, 그 좋던 땅이 사막처럼 모래가 되어 날릴 것이다.

8-9 나일강에 풍성했던 물고기가 사라지니 어부들은 모두 슬퍼하고 낙심하며 나일강의 물을 이용해 짓던 세마포도 더 만들 수 없어서, 천과 옷을 만들던 사람들도 망연자실할 것이다.

10 애굽의 경제적 바탕을 이루던 모든 것이 무너지니, 애굽에서

가장 부유한 사람부터 가장 가난한 사람들까지 모두 그 폐허 속에
파묻히게 되리라.

11 이러한 위기 상황에 애굽의 정치인들과 지혜로운 자들은 무엇인가
방도를 내야 하지 않겠느냐? 하지만 하나님께서 그들의 지혜조차
어둡게 만드셨으니, 한때 왕실에 드나들며 그 나라 최고의 지혜를
뽐내던 소안 땅의 현인들조차 아무 생각이 없는 바보가 되었고 그
들이 생각해낼 몇 가지도 멍청한 계획이 될 뿐이다.

12   너희에게 조금이라도 지혜가 있다면 이 나라의 멸망을 막기 위
해 인간적인 미봉책 몇 개가 아니라 이 모든 일이 하나님에게서 온
심판이라는 사실을 애굽 사람에게 알려야 할 것이 아니냐?

13   그런데도 애굽에서 지혜롭다고 자부하는 소안 땅의 책사들과
놉 땅의 현인들은 이미 다른 것에 정신이 팔려서 자기 나라를 바로
세우지 못하고, 한 건물의 모퉁잇돌처럼 중요한 위치에 있음에도
애굽을 바로 세우기는커녕 오히려 심각하게 흔들리게 하고 있다.

14   그 이유는 그들이 하나님을 인정하지 않고 자신의 지혜만 의지
함으로써 결국 하나님의 마음과 계획을 알지 못하는 어리석은 마음
상태가 되었기 때문이다. 술 취한 사람은 바르게 걸어갈 수도 없고
다른 사람도 바르게 이끌 수 없는 것이 당연하다. 영혼과 정신이 술
취한 사람처럼 혼탁해진 애굽의 정치인과 지혜자들은 그렇게 되고
말았다.

15   애굽의 머리부터 발끝까지, 그 나라의 모든 분야와 모든 사람
이 그렇게 되었다. 그러므로 애굽 스스로는 아무것도 할 수 없다.

16 결국 애굽이 심판을 받은 그때, 애굽 사람은 힘없는 여자와 아이들
처럼 되어 하나님께서 행하시는 심판 앞에서 그저 불안해하고 두려
워할 수밖에 없을 것이다.

17   한때는 애굽 사람이 유다를 두렵게 했지만, 이제 역전되어서

유다의 땅, 곧 유다가 존재한다는 사실만으로 애굽 사람은 두려워할 것이다. 애굽을 심판하시고 두렵게 만드신 분이 바로 유다 땅의 하나님이신 만군의 여호와라는 사실을 알았기 때문이다.

18   그렇게 되면, 애굽 땅에 변화가 일어날 것이다. 애굽 사람 중에는 유대인이 사용하는 히브리어를 배우는 사람이 생기겠고 아주 강력한 '태양의 도시' 사람을 포함하여 다섯 개의 큰 도시 사람들이 하나님의 말씀을 읽을 것이다.

19   심지어 애굽 땅의 한 가운데에 여호와 하나님께 제사 드리는 제단을 만들 것이며 애굽 땅의 변경에도 여호와 하나님을 위한 건물을 세워 올리리라.

20   그러면 놀라운 일(징조와 증거)이 일어날 것이다. 원래 하나님 심판의 대상이 되었던 애굽이 이제는 하나님의 구원 대상이 되는 것이다. 애굽 사람은 자기 땅에서 하나님께 기도할 것이고 그러면 하나님께서는 그들을 위해 한 구원자요 보호자를 보내셔서 그들을 구원하실 것이다.

21   그렇게 하여 애굽 사람은 하나님을 바르게 알고 이스라엘과 하나님이 맺은 것과 같은 관계를 맺으리라. 애굽 사람은 이스라엘 사람처럼 하나님께 제사와 예배를 드리고 하나님을 경배하며 하나님과 약속한 것을 행동으로 옮길 것이다.

22   하나님께서는 애굽을 심판하셨지만 끝장을 내시는 것이 아니라, 그들을 겸손하게 만드셔서 회개하게 하신다. 그러면 애굽 사람은 하나님께로 돌아오고 하나님께 기도하리니 하나님께서는 그들을 고치고 회복하실 것이다.

23-24   그즈음이 되면, 그토록 적대적이던 애굽과 앗수르가 서로 화해하겠고 서로 길을 열어 왕래할 것이다. 뿐만 아니라 애굽은 앗수르와 함께 손을 잡고 하나님 앞에 나와 예배할 것이다. 그때는 이스라

엘만이 아니라, 애굽과 앗수르와 이스라엘이 다 함께 하나님의 백
성이 되어 하나님의 복을 받을 것이다.

25 　그래서 하나님께서 이렇게 말씀하시는 날이 올 것이다. "애굽
아, 너는 내 백성이다! 앗수르야, 너는 내 손으로 만든 소중한 백성
이다! 이스라엘아, 너는 나의 귀한 보물이다!"〔그러나 그 감격스러운
날은 그냥 오지 않는다. 그 날은 필연적으로 심판과 애통 그리고 그 심판과
애통의 메시지를 전하는 이사야의 헌신을 통해서 온다.〕

20:1 앗수르의 왕, 사르곤이 자신의 장군 다르단을 블레셋의 강한 도시
인 아스돗으로 보내 블레셋을 점령하고 말았다〔블레셋이 정복되었으
니 그다음이 애굽과 구스 차례가 되었다〕.

2 　바로 그때, 하나님께서는 아모스의 아들 이사야 선지자에게 이
렇게 말씀하셨다. "이사야야! 너는 옷을 벗고 신발을 벗어라! 그렇
게 모든 것을 빼앗긴 사람처럼 3년간 수치스러운 모습을 하고 다녀
야 한다."

3 하나님께서 자신의 종인 이사야에게 이렇게 하라고 말씀하신 이유
는 조만간 애굽과 구스가 당할 심판과 수치를 하나님의 종 이사야
를 통해 징조가 되고 예표가 되게 하시려는 것이다. 애굽과 구스가
강한 나라여서 절대 그런 수치를 당하지 않을 거라고 착각하지만,
하나님께서는 반드시 이런 일이 일어남을 보여주신 것이다.

4 　참으로 애굽과 구스는 앗수르에 멸망할 것이고 이사야 선지자
가 보여준 징조와 예표처럼 벗은 몸과 벗은 발로 수치스럽게 포로
가 되어 끌려갈 것이다.

5-6 　〔자, 그러면 우리는 무엇을 깨달아야겠는가?〕 무엇보다 하나님의
백성은 애굽과 구스를 더 이상 신뢰의 대상으로 삼아서는 안 된다.
그들은 하나님의 계획 속에서 수치스러운 패망과 실패로 마무리될
것이다. 해변에 살던 사람들은 놀라서 이렇게 말할 것이다.

"세상에나! 저렇게 수치스럽게 끌려가는 애굽 사람이, 정말 우리가 믿고 기대던 애굽이란 말이냐! 앗수르 왕으로부터 우리를 구원해달라고 부탁하던 바로 그 애굽이란 말이냐! 그 강력한 애굽마저 이렇게 되었으니 우리가 어찌 하나님의 심판을 피할 수 있겠는가!"

Mountain's Insight ──────────────────

우리는 이사야 13장부터 23장까지 계속되는 이방 나라에 대한 심판을 보고 있다. 그러나 여기서 주의할 것이 있다. 이방 나라들에 대한 심판이 하나님의 백성과 전혀 상관없는 일이 아니라는 점이다. 이방 나라를 심판받게 하는 그 죄가 하나님의 백성 안에도 있으며, 더 나아가 이방 나라가 심판을 받을 때 이스라엘 백성이 취하는 태도도 점검받아야 한다. 이방이 심판받을 때, 하나님의 백성은 '자신에게도 그런 죄가 있지 않은가' 돌아보아야 하며, 더 나아가 '우리가 하나님을 대신하여 지금까지 저들을 의지했던 것은 아닌가'를 점검해야 한다. 특히 애굽은 하나님의 백성이 오랫동안 그 밑에서 노예로 있었기에 그 나라에 대한 의지와 신뢰가 더 각별했다(마치 우리나라가 중국이나 일본을 미워하면서도 의지하는 것처럼). 하나님은 신명기 17장 16절에서 이스라엘에게 애굽으로 돌아가지 말라고 하셨다. 그러나 우리는 개가 그 토한 것으로, 돼지가 그 더러운 곳으로 돌아가듯 다시금 돌아가려고 한다. 이것이 이스라엘의 현실이고 우리의 현실이다(이사야 30장 참고).

애굽은 이스라엘에게 특별한 나라였다. 이스라엘을 무려 400년 넘게 다스렸던 나라였다. 이스라엘의 구원은 역사적으로 애굽에서 나온 것이며, 이 표현은 신구약 성경 전체에 가득하다. 그래서 하나님은 애굽으로 돌아가지 말라는 말씀을 강하게 하시는데, 이것은 단순히 지리적인 애굽으로 가지 말라는 것이 아니라, 영적인 상태가 애굽의 노예로 살던 모습으로 퇴보하지 않게 하라는 경고다. 쉽게 말해서 영적인 후퇴가 일어나면 안 된다는 말이다. 그럼에도 하나님의 사람들은 수없이 애굽으로 돌아갔다. 바로 그 애굽을 의지했고 신뢰했기 때문이다.

우리도 마찬가지다. 우리를 괴롭히고 힘들게 했던 대상을 은근히 의지하고 믿고 있다. 거기에 삶의 중심을 둔다는 말이다. 그래서 하나님은 그 잘못된 신뢰의 대상이 심판받을 것을 예고하신다. 더 깊게 말하자면 심판으로 끝장내시는 것이 아니라 정화하시는 것이 목적이다. 하나님은 우리가 잘못 신뢰하는 대상을 완전히 소멸시키는 것이 아니라 그들을 회복하시기를 원하신다. 많은 아내가 하나님이 아니라 남편을 신뢰하며, 많은 청년이 말씀보다 정보를 신뢰한다. 많은 목회자가 성령님이 아니라 자신의 지식과 경험을 신뢰한다. 하나님은 그 모든 것을 바로잡길 원하신다. 함께 회복하길 바라신다. 그것이 더 큰 목적이다.

다만 이 일을 위해 누군가 희생해야 한다. 이사야는 애굽을 위해 3년간 수치스러운 상태를 감당한다. 그것이 결국 예수 그리스도의 모습이다. 나만 살기 위해서는 열심만 있으면 되지만, 우리 모두 살기 위해서는 수치를 감당하는 헌신과 겸손이 요구된다. 그리스도를 알고 배우는 것만이 아니라 그분의 길을 따르는 사람이 필요하다. 누군가 그 사람이 되었으면 좋겠다고 생각하지 말고 내가 그 사람이 되기를 기도한다.

영적 파수꾼이 되어 깨어 있으라

1 **21** 해변에 있으나 광야(사막) 같은 땅, 바벨론에 대하여 받은 엄중한 심판 메시지는 다음과 같다. 네게브(남방) 지역에 부는 모래 폭풍처럼, 저 알 수 없는 미지의 땅 그래서 두려운 땅에서 적들이 몰려오는구나!

2 하나님께서는 나, 이사야에게 [적들이 올라와서 파괴하고 죽이는] 지독히 잔인하고 고통스러운 이미지들을 환상으로 보여주셨다. 그 참혹한 상황 속에서 사람들은 무정부 상태가 되어 배신하고 배신당하며 약탈하고 약탈당하는구나. 얼마 전까지 바벨론과 우호적인 관계에 있던 엘람과 메대가 갑자기 바벨론의 성들을 에워싸고 공격하니 바벨론의 압제로 끝없이 이어지던 고통과 탄식을 하나님께서 심판하심으로써 마침내 그 마침표를 찍으시는구나.

3 나, 이사야가 바벨론이 공격당하고 멸망하는 모습을 보니 차마 눈 뜨고 볼 수 없도다. 마치 임신한 여자가 어느 날 갑자기 해산의 고통이 임하여서 괴로워하는 것처럼, 바벨론의 최후는 갑작스럽게 다가와 그들에게 사망의 고통으로 임하였구나.

4 바벨론의 멸망이 얼마나 참혹하던지, 마치 잔인하게 죽은 시체를 보고 갑작스럽게 당하는 충격처럼 끔찍하구나. 나는 바벨론의 멸망이 저녁에 지는 해처럼 황홀할 것으로 생각했으나 실제로 그것을 보니 두렵기만 하구나.

5 바벨론의 심판과 멸망은 정말 너무나 갑작스럽고 혼란스러웠다. 적당히 경계병을 세워놓고 먹고 마시며 흥청거리고 있었는데 갑작스럽게 적군이 밀려온 것이다. 군대 장교들은 허겁지겁 일어나서 부하들에게 전쟁을 준비하라고 소리쳤다. [하지만 바벨론의 운명은 바로 그날 끝나고 말았다. 다니엘 5장을 보라.]

6-7 그즈음 하나님께서는 나, 이사야에게 말씀하셨다. "너는 바벨론처

럼 세상에 취하여 흥청거리며 혼미한 상태로 있지 말고 정신을 똑
바로 차리고 일어나서 파수꾼처럼 깨어 있어라! 눈에 보이고 귀에
들리는 것을 보고하라! 마병대가 오는지, 나귀 떼나 낙타 떼가 오는
지 오감을 집중하여 지켜보고 자세히 들어보라."

8-9   그래서 나, 이사야는 하나님께서 말씀하신 대로 하였고 군기가
바짝 든 신병처럼 큰 소리로 (사자처럼) 보고했다. "주여! 제가 주님
께서 명령하신 대로 낮이든 밤이든 정신을 차리고 깨어서 파수꾼의
임무를 충실하게 감당하고 있었더니, 보십시오! 마병대가 대열을
맞추고 오는 것이 보입니다!"

그러자 하나님께서 말씀하셨다. "바벨론이 함락되었구나, 드디
어 함락되었구나! 바벨론 사람들이 헛되이 만들고 섬겼던 우상들도
다 파괴되어 땅에 처박혔구나!"

10   [하나님의 심판과 말씀에 감동받은] 이사야는 이스라엘 백성들에게 이
렇게 말했다. "내가 전한 메시지 때문에 짓밟힌 나의 겨레여, 내가
전한 메시지로 타작마당의 곡식처럼 으깨어진 나의 동포여, 이스라
엘의 하나님께서 온 세상을 향한 계획과 말씀을 성실하고 진실하게
이렇게 전하니, 시련과 연단 속에 낙심한 나머지 흔들리지 말고 정
신을 차리며 소망을 갖길 바라노라!"

11-12   북아라비아 오아시스 지역에 있는 두마에 대하여 받은 엄중한 심판
메시지는 다음과 같다.

두마 사람들이 세일(에돔 지역)에서 하나님께서 세우신 파수꾼,
나, 이사야에게 하는 말은 참으로 한심하구나. "바벨론의 멸망으로
우리 삶이 너무나 어둡고 깜깜한데, 얼마나 시간이 흘러야 이 밤이
사라지겠느냐?"

그래서 나, 이사야가 그들에게 이렇게 대답했다. "그저 이 시
간, 이 상황만 지나가길 바라느냐? 잠시 반짝하고 아침이 온다고 해

도 너희 영혼에는 끝없이 어두운 밤이 계속될 것이다. 그저 어려운
시간만 지나가길 바라면서 불평만 하겠다면, 얼마든지 또 나에게
와서 물어보아라. 너희 영혼이 영적인 잠에서 깨어 일어나지 않으
면 영혼의 밤은 끝없이 이어질 것이다."

13-15   아라비아에 대하여 받은 엄중한 심판의 메시지는 다음과 같다.

바벨론의 갑작스러운 멸망과 심판 때문에 경제적인 유익을 잃
어버렸을 뿐만 아니라 적군들의 추격으로 놀란 드단의 상인들아,
너희는 아라비아의 수풀 지역으로 도망가서 거기서 숨을 돌려라.

〔그곳에 거주하는〕 데마 사람들아, 도망쳐온 드단의 상인들이 목
마르고 배고파하니, 너희가 물도 주고 먹을 것도 좀 나눠 주어 돌보
아라. 그 사람들이 바벨론에 장사하러 갔다가 갑작스러운 침략과
전쟁으로 모든 것을 잃고 난민이 되었기 때문이다.

16   하나님께서 말씀하시기를 "바벨론이 멸망함으로써, 〔품꾼의 정한 기
한처럼〕 분명히 일 년 안에, 드단 상인들도 사라지고 그 드단 상인들
을 돕던 데마 주민들도 연쇄적으로 소멸할 것이다. 드단과 데마를
아우르는 지역, 곧 게달 지역의 모든 영광도 바벨론과 함께 도미노
처럼 쓰러져서 끝장날 것이다.

17   결국 게달 지역의 돈도 사람도 사라지고 기껏해야 아주 적은
수의 활 쏘는 군사만 남게 될 것이다."

이스라엘의 하나님, 여호와의 말씀이니라!

Mountain's Insight ─────────────

이사야 21장의 주된 이미지는 "희미함과 혼란함"으로 보인다. 먼저 바
벨론이라고 정확한 나라 이름을 부르면 되는데, 성경은 그 심판 대상을

의도적으로 불분명하게 부른다. 이사야가 받은 환상의 모습도 구체적인 군사 이미지가 아니라 그 느낌만을 희미하게 전한다. 바벨론이 영적으로 혼미한 상태에서 살고 있기 때문이다. 우리는 이런 모습을 나중에 다니엘 5장에서 잘 볼 수 있다. 함께 심판을 당하는 두마나 아라비아 지역도 마찬가지다. 두마 사람들은 이 문제의 본질을 못 본 채 그저 한밤중에 있다. 마치 처음 가는 길에서 아이들이 "아빠 언제 도착해요? 언제 도착해요?"라고 칭얼대기만 하듯이 두마 사람들은 하나님의 큰 그림과 심판의 교훈에는 관심이 없고 그저 어떻게든 이 상황이 끝나기만을 바라며 하염없이 불평한다. 그래서 그들도 혼미함 속에 산다. 아라비아 지역의 드단 그리고 데마 사람 곧 게달 사람도 마찬가지다. 그들은 바벨론 때문에 경제적 손실과 정치적 혼란을 경험하면서도 끝까지 자기 삶을 고치지 않는다.

지금도 대다수 사람이 세상의 흐릿한 정보와 게임과 즐거움에 빠져 혼미한 삶을 살아간다. 더 심각하게는 아예 가상 세계 속에서 사는 이들도 많다. 일부 목회자도 마찬가지다. 세상 정보에는 빠삭하나 하나님의 음성이나 말씀에는 지독히도 희미한 상태다.

그래서 하나님께서는 이사야에게 '파수꾼'처럼 깨어 있기를 도전하신다(6-10절). 오감, 특히 영적 예민함을 날카롭게 하고 군기가 바짝 든 신병이 힘차게 관등성명을 외치듯, 사자처럼 부르짖으며 생생하게 깨어 있기를 바라신다. 시대의 어두움 속에 빠져들지 말고 하나님의 빛 속에서 정신을 차리라고 한다. 그러면 사무엘 3장에 나오듯이, 하나님 말씀이 희귀하여 지독히도 어두웠던 시대 속에서도 선명하고도 강력한 하나님 음성을 들었던 사무엘처럼 우리는 빛나게 타오를 수 있을 것이다.

예루살렘에 대한 심판 메시지

¹ **22** 하나님의 말씀과 시각(비전)을 보기 위해 시온 정상에 있어야 함에도 어두운 아래쪽 골짜기에 내려가 있는 예루살렘에 대하여 받은 엄중한 심판 메시지는 다음과 같다.

하나님의 백성아! 너희가 정말 왜 이렇게 사느냐? 민족적인 위기에 정신을 차리고 금식과 기도를 해도 부족할 판에 옥상에 올라가서 고기 파티를 하다니!

² 많은 사람이 북적거리며 활기찬 소리와 인생의 즐거움이 가득하여 힘 있고 능력 있던 예루살렘아! 그렇게 대단하던 너희가 전쟁다운 전쟁 한번 해보지도 못하고 끝이 왔구나.

³ 나라의 위정자들과 관리들은 갑작스러운 패망에 허겁지겁 도망을 갔으나 적군에게 붙잡혔고, 어쩌다가 조금 더 멀리 피난 간 사람이라도 결국에는 적군의 추격으로 사로잡히고 말았다.

⁴ 손발이 묶여 끌려오던 그들이 나, 이사야를 돌아보며 애처로운 눈으로 도움을 청하겠지만 이미 늦었다. 그때가 되어 내가 할 수 있는 일은 슬픈 통곡뿐이다. 사랑하는 딸 같은 내 백성 이스라엘이 패망하는 날 그 누가 위로해도 해결되지 않는 잔인한 고통에, 나는 애곡할 수밖에 없을 것이다.

⁵ 환상의 골짜기, 하나님 말씀과 음성을 들어야 했던 그곳이 떠들고 방탕한 소리만 들리는 장소로 변질되자, 하나님께서 더는 당신의 말씀과 음성 보내기를 거절하시고 적군의 말발굽 소리와 사람들의 비명으로 예루살렘의 성벽과 산들을 덮으셨도다.

⁶ 엘람 사람들은 화살통을 메고 기마병과 마병을 이끌고 공격해 왔으며 기르 사람들은 방패를 가지고 선발대가 되어 쳐들어온다.

⁷ 적군의 전차부대가 예루살렘 주변 골짜기를 가득히 에워싸고 마병들은 예루살렘 성문을 공격하려고 대열을 맞추어 서 있구나.

8-9 그제야 예루살렘의 군사들은 성을 지키려고 전쟁 준비를 하였다. 솔로몬의 무기고(왕상 7:2-6)에 방치되어 있던 무기들을 찾아내고 예루살렘 다윗 성의 성벽이 무너진 곳도 많다는 것을 알게 되었다. 아울러 공성전에 대비하기 위해 예루살렘 성안으로 들어오는 수로를 정비하고 물을 모아 놓았다.

10 심지어 도성 안의 집들을 헐어서 예루살렘의 무너진 성벽을 보수하기도 하였다.

11 이어서 예루살렘의 이중 성벽 사이에 저수지를 새로 만들어서 장기간의 전쟁을 대비하기 위한 물을 모아두기도 하였다.

그러나 전쟁에서 살아남고자 수많은 인간적인 노력은 하면서도 세상의 모든 전쟁을 주관하시는 하나님께는 아무런 관심조차 없구나! 예루살렘을 공격하여 백성의 방탕한 삶을 바로잡으시려는 하나님의 계획과 의도는 전혀 깨닫지 못하고 있구나!

12 이 모든 위기와 상황을 거치는 과정에서 하나님께서 원하시는 것은 철저한 회개뿐이다.

13 그럼에도 너희는 잔치와 파티를 벌이고 고기를 먹고 술을 따라 마시며 "자, 먹고 죽자!" 하는구나.

14 하나님께서 이사야에게 말씀하셨다. "세상에서 절대 용서받지 못할 죄가 무엇인지 아느냐? 바로 회개하지 않은 죄다. 나는 이 백성의 죄를 그들이 죽기까지 용서하지 않을 것이다!"

15 (한 사람을 예로 들어 예루살렘의 부패한 현실을) 하나님께서 이사야에게 말씀하셨다.

"너는 왕궁의 살림을 책임지고 있는 이방인 총리 셉나를 만나 나의 말을 이렇게 전하라.

16 너는 지금 이 나라의 어려운 상황에서 무엇을 하고 있느냐? 도

대체 무슨 생각으로 사느냐? 나라와 민족을 위해 일해야 할 사람이, 어찌하여 개인의 집과 묘실의 건축 사업만 하고 있느냐?

17-18   그러므로 내가 너를 내 손으로 사로잡은 후, 단단히 공처럼 말아서 강력한 어깨를 가진 프로야구 선수가 던지듯 너를 저 광야로 던져버릴 것이다. 그래서 다시는 예루살렘에 발을 붙일 수 없도록 추방할 것이다. 예루살렘과 다윗의 왕가에 수치만 끼치는 네 인생은 아무도 없는 광야에서 그 어떤 구원의 힘도 없는 너의 탐욕스러운 세상 물건들과 함께 소멸할 것이다.

19-20   내가 너의 직위와 관직을 빼앗아 나의 사명을 감당할 나의 종 엘리아김에게 줄 것이다.

21   직분과 위치를 상징하는 너의 옷과 허리띠를 벗겨 나의 종 엘리아김에게 주어 네가 무책임하게 맡았던 나라의 통치와 책임을 그가 감당하게 하리니 나의 종 엘리아김은 예루살렘과 온 유다 백성에게 아버지와 같은 역할을 할 것이다.

22   또한 내가 나의 종 엘리아김에게 다윗의 열쇠, 곧 이스라엘 왕가에 허락된 위대한 권위와 결정권을 주리니 그가 하는 모든 결정은 무엇이든 그대로 시행되리라. 〔마 16:19, 계 3:7〕

23   나의 종 엘리아김의 위치와 능력은 마치 못이 단단한 곳에 잘 박혀 있는 상태처럼 견고하고 든든하여서 자기 가문의 영광이 되고 유다 백성의 자랑이 될 것이다.

24   그래서 엘리아김 가문의 모든 기대와 소망이 엘리아김에게 걸리고 그의 후손뿐 아니라 유다 백성의 모든 미래도 그에게 걸릴 것이다. 한 나라의 중대한 일부터 개인의 아주 사소한 일까지 전부 다 엘리아김의 어깨와 손에 달릴 것이다.

25   〔그러나 출애굽기 18장에서 홀로 백성의 모든 일을 감당하던 모세가 그랬던 것처럼〕 그 날이 되면, 그 단단히 박혔던 못도 녹슬고 약해지다가 결국에는 부러져 떨어질 것이다. 그래서 그 위에 걸어 두었던 모든 것도 떨어져 부서질 것이다. 나 여호와 하나님의 말씀이니라."

Mountain's Insight ────────────────────────

비극적인 이스라엘의 현실은 지금 우리와 크게 다르지 않다. 심판이 다가오고 있음을 인식하지 못하고 이 모든 문제의 근본이 하나님께 대한 우리의 태도라는 것을 직시하지 못하고 있다. 더 심각한 것은 이런 어려운 상황을 함께 회개하고 바꾸려고 노력하지 않고, 또 한 사람의 희생양 같은 대리적 존재만 내세우고 있다는 것이다. 대통령 한 사람 바꾼다고 모든 것이 달라질 수 없고, 목사 한 사람이 애쓴다고 완전히 새로워질 수 없다. 그 누구도 이 땅의 진정한 메시아가 아니기 때문이다. 구약성경의 위대한 인물로 등장하는 다윗도 그랬고, 이후에 보게 될 히스기야도 그랬다. 그러므로 우리는 함께 죄로 인한 고통을 껴안고 함께 모여서 함께 기도해야 한다. 하나님의 백성에게 주신 말씀은 지금 바로 여기 우리를 위한 말씀이다. 우리 함께 찬양하고 간절히 기도하자.

　　우리 함께 기도해, 주 앞에 나와, 무릎 꿇고.
　　긍휼 베푸시는 주, 하늘을 향해, 두 손 들고.
　　하늘 문이 열리고 은혜의 빗줄기, 우리 위에 부으시도록.
　　마침내 주 오셔서 의의 빗줄기, 우리 위에 부으시도록.

두로와 시돈에 대한 심판

1 **23** 두로에 대하여 받은 엄중한 심판의 메시지는 다음과 같다. 바다를 돌아다니며 무역을 하는 다시스의 배와 선원들아! 너희는 슬프게 울어라. 너희가 여러 나라를 두루 다니며 얻은 물건들을 두로와 거래하려고 가던 중, 깃딤(구브로섬)에 도착했을 때 두로가 멸망당했다는 소식을 들을 것이기 때문이다. 이제 너희의 많은 물건을 사고팔 시장이었던 두로에 들어갈 수 없게 되었다.

2 두로와 함께 경제적 동맹국이었던 (두로 바로 위쪽에 자리 잡은) 시돈도 멸망하게 되었으니, 그 두 도시의 물건으로 부유해진 섬들과 해변 도시들아, 너희도 충격을 받아 어안이 벙벙할 것이다.

3 애굽의 시홀과 나일강 주변에서 수확한 곡식을 세계 여러 지역에 배로 실어 나르며 중계무역을 하던 두로와 시돈의 사업도 이제는 끝났다.

4 무엇보다 시돈 사람은 큰 수치를 당할 것이다. 너희가 '바다의 요새'라고 믿고 섬겼던 소위 '바다의 신'이 너희에게 다가오는 멸망과 심판을 막지도 못하고, 기껏 "나는 산통이 없기에 아이도 낳지 못하는 여자와 같고, 그래서 멋진 청년이나 아름다운 처녀도 만들지 못한 무능한 존재다"라는 말밖에는 들을 수 없기 때문이다. 다시 말해 너희가 그토록 많은 제사로 섬겼던 바다의 신은 위기의 순간에 아무 도움도 주지 못했다.

5 두로와 시돈이 멸망한 소식을 애굽 사람이 들으면 마치 기대했던 큰 사업에서 부도 맞은 자들처럼 고통스러워할 것이다.

6 너희가 할 만한 일이라고는 이 고통스러운 소식을 섬들과 해변 도시들을 지나, 세상 끝에 있는 다시스까지 전하는 것뿐이다.

7-8 두로라는 도시가 얼마나 대단한 도시였던가! 유구한 역사를 가진 도시요, 물건과 사람이 넘쳐나서 인간의 기쁨이 가득 찼고 수많은 사람이 그 도시에 찾아와서 즐겼으며, 또한 아주 먼 지역까지도

식민지로 삼지 않았던가! 또한, 한 지역을 점령하면 그곳에 새로운 지도자를 세우기도 했고 두로의 일개 상인은 다른 나라의 고위 관직과 비슷한 위상을 가졌으며 두로의 무역상은 다른 나라의 높은 신분과 동일한 대접을 받지 않았던가! 그런데 이렇게 대단한 나라가 어떻게 멸망했단 말인가?

9 　세상 주권자이신 하나님께서 그렇게 정하셨기 때문이다. 하나님께서는 당신 없이 쌓아 올린 물질과 영광을 수치스럽게 만드시고, 하나님보다 높아진 모든 교만을 낮추어 멸시를 당하게 하시는 역전의 하나님이시다.

10 　두로의 식민지화로 노예처럼 구속당했던 가녀린 다시스야! 애굽에서 나일강이 자유롭고 충만하게 흘러가듯, 너의 땅에서 자유롭고 충만하게 살아라.

11 　하나님께서 두로를 심판하시니, 바다를 자기 것인 양 주무르던 두로의 동맹 세력들도 흔들리며, 두로의 물질과 향락의 영향력으로 이방인의 땅(가나안)처럼 변질된 이스라엘의 견고한 성들도 무너지게 하실 것이다. 오로지 물질로 연결된 모든 관계는 하나님 앞에서 끝장날 수밖에 없다.

12 　두로와 함께 동업하던 시돈에게 하나님께서 말씀하신다. "두로의 멸망으로 함께 고통을 당하는 시돈아! 다시는 예전의 향락과 쾌락이 돌아오지 않으리니 어서 삶을 정리하라. 깃딤으로 이주하더라도 아무 소용없을 것이다. 하나님 안에만 있는 참 평안을 다른 어디서나 다른 무엇으로도 얻을 수 없을 것이다."

13 두로야! 시돈아! 너희에게는 절대로 그런 심판과 멸망이 없으리라 자부하느냐? 그렇다면 갈대아 사람이 살던 바벨론을 보아라! 그들은 자기 나라가 절대 제국이라고 자부했으나, 하나님께서 앗수르 사람을 보내 바벨론의 탑과 궁전을 헐어버리고 들짐승만 살 수 있는 폐허로 만들어버렸다. [너희도 마찬가지다!]

14   한번 더 반복한다. 바다를 돌아다니며 무역을 하는 다시스의
배와 선원들아! 너희는 슬프게 울어라. 견고한 성이라고 믿었던 너
희 삶의 터전을 하나님께서 심판하고 멸망시키시기 때문이다.

15   두로가 심판받아 멸망당함이 얼마나 철저하게 진행되었던지, 매우
능력 있는 왕이 장수하며 다스리는 70년 정도의 상당한 시간, 곧 역
사의 흐름이 완전히 달라지는 시간 동안 두로는 세상 사람의 기억
에서 완전히 사라질 것이다. 그 70년이 마무리된 후에야, 두로는 창
녀들이 술집에서나 부르는 노래 가사로 기억될 것이다.

16   그 노래 가사는 이렇다. "음란한 여자처럼 화려하고 자극적이
었던 두로야! 이제 너는 세상 역사 속에서 완전히 사라져버렸으니
악기들을 가지고 여러 도시를 돌아다니며 특이한 곡에 많은 가사를
붙여 어떻게든 사람들이 너를 기억할 수 있도록 최선을 다해봐라!"
〔하지만 아무 소용없을 것이다. 누가 창녀들의 노래를 진짜 역사적인 사실
로 받아들이겠느냐!〕

17   그렇게 70년 정도 상당한 시간이 흐르고 나면, 여호와께서 두로를
회복시켜주실 것이다. 그러면 두로는 자기 몸을 파는 창녀처럼, 이
일 저일 가리지 않고 돈 되는 일이라면 다 할 것이다.

18   하지만 두로는 악착같이 돈은 벌면서도 자신을 회복시켜 두 번
째 기회를 주신 하나님을 경외하거나 그분께 예물조차 드리지 않으
니, 결국 그들이 피땀 흘려서 번 모든 것이 하나님 앞에 바로 살아
가는 사람들이 배불리 먹을 양식과 잘 입을 옷이 될 것이다.

Mountain's Insight ─────────────

열방 심판(이사야 13장에서 23장의 내용)에서 마지막으로 등장하는 두로

는 돈에 대한 메시지와 직결된다. 정말 이 시대 마지막 영적 대결은 돈
과 어떠한 관계를 맺고 있느냐로 귀결되는 것 같다. 지금 이 시대는 하
나님보다 돈을 사랑하고, 돈을 주인 삼아 모두가 비참한 상황에 빠져
있다. 돈에 대한 구구절절한 신학적, 목회적 입장을 나열하는 것보다는
아래에 정리한 하나님의 말씀을 읽어보는 것이 더 좋겠다. 돈 없이 살
수 없는 세상이지만 돈의 노예가 아니라 하나님께 영광 돌리는 도구로
귀하게 사용할 수 있기를 도전한다.

"부하려 하는 자들은 시험과 올무와 여러 가지 어리석고 해로운 욕
심에 떨어지나니 곧 사람으로 파멸과 멸망에 빠지게 하는 것이라.
돈을 사랑함이 일만 악의 뿌리가 되나니 이것을 탐내는 자들은 미혹
을 받아 믿음에서 떠나 많은 근심으로써 자기를 찔렀도다" 디모데전
서 6:9-10.

"돈을 사랑하지 말고 있는 바를 족한 줄로 알라. 그가 친히 말씀하시
기를 내가 결코 너희를 버리지 아니하고 너희를 떠나지 아니하리라
하셨느니라" 히브리서 13:5.

"네가 이 세대에서 부한 자들을 명하여 마음을 높이지 말고 정함이
없는 재물에 소망을 두지 말고 오직 우리에게 모든 것을 후히 주사
누리게 하시는 하나님께 두며" 디모데전서 6:17.

"들으라. 부한 자들아 너희에게 임할 고생으로 말미암아 울고 통곡
하라. 너희 재물은 썩었고 너희 옷은 좀먹었으며 너희 금과 은은 녹
이 슬었으니 이 녹이 너희에게 증거가 되며 불같이 너희 살을 먹으리
라. 너희가 말세에 재물을 쌓았도다. 보라 너희 밭에서 추수한 품꾼
에게 주지 아니한 삯이 소리 지르며 그 추수한 자의 우는 소리가 만
군의 주의 귀에 들렸느니라. 너희가 땅에서 사치하고 방종하여 살육

의 날에 너희 마음을 살찌게 하였도다" 야고보서 5:1-5.

"너희를 위하여 보물을 땅에 쌓아두지 말라. 거기는 좀과 동록이 해하며 도둑이 구멍을 뚫고 도둑질하느니라. 오직 너희를 위하여 보물을 하늘에 쌓아두라. 거기는 좀이나 동록이 해하지 못하며 도둑이 구멍을 뚫지도 못하고 도둑질도 못하느니라. 네 보물 있는 그곳에는 네 마음도 있느니라" 마태복음 6:19-21.

"너희 소유를 팔아 구제하여 낡아지지 아니하는 배낭을 만들라. 곧 하늘에 둔 바 다함이 없는 보물이니 거기는 도둑도 가까이하는 일이 없고 좀도 먹는 일이 없느니라. 너희 보물 있는 곳에는 너희 마음도 있으리라" 누가복음 12:33-34.

"선을 행하고 선한 사업을 많이 하고 나누어 주기를 좋아하며 너그러운 자가 되게 하라. 이것이 장래에 자기를 위하여 좋은 터를 쌓아 참된 생명을 취하는 것이니라" 디모데전서 6:18-19

"범사에 여러분에게 모본을 보여준 바와 같이 수고하여 약한 사람들을 돕고 또 주 예수께서 친히 말씀하신 바 주는 것이 받는 것보다 복이 있다 하심을 기억하여야 할지니라" 사도행전 20:35

"누가 이 세상의 재물을 가지고 형제의 궁핍함을 보고도 도와 줄 마음을 닫으면 하나님의 사랑이 어찌 그 속에 거하겠느냐. 자녀들아 우리가 말과 혀로만 사랑하지 말고 행함과 진실함으로 하자" 요한일서 3:17-18.

"만군의 여호와가 이르노라. 너희의 온전한 십일조를 창고에 들여 나의 집에 양식이 있게 하고 그것으로 나를 시험하여 내가 하늘 문을

열고 너희에게 복을 쌓을 곳이 없도록 붓지 아니하나 보라" 말라기
3:10.

"각각 그 마음에 정한 대로 할 것이요 인색함으로나 억지로 하지 말
지니 하나님은 즐겨 내는 자를 사랑하시느니라" 고린도후서 9:7.

"예수께서 제자들에게 이르시되 내가 진실로 너희에게 이르노니 부
자는 천국에 들어가기가 어려우니라. 다시 너희에게 말하노니 낙타
가 바늘귀로 들어가는 것이 부자가 하나님의 나라에 들어가는 것보
다 쉬우니라 하시니" 마태복음 19:23-24.

"그 부자의 상에서 떨어지는 것으로 배불리려 하매 심지어 개들이
와서 그 헌데를 핥더라. 이에 그 거지가 죽어 천사들에게 받들려 아
브라함의 품에 들어가고 부자도 죽어 장사되매 그가 음부에서 고통
중에 눈을 들어 멀리 아브라함과 그의 품에 있는 나사로를 보고 불
러 이르되 아버지 아브라함이여 나를 긍휼히 여기사 나사로를 보내
어 그 손가락 끝에 물을 찍어 내 혀를 서늘하게 하소서. 내가 이 불꽃
가운데서 괴로워하나이다. 아브라함이 이르되 얘 너는 살았을 때에
좋은 것을 받았고 나사로는 고난을 받았으니 이것을 기억하라. 이제
그는 여기서 위로를 받고 너는 괴로움을 받느니라" 누가복음 16:21-
25.

"여호와는 가난하게도 하시고 부하게도 하시며 낮추기도 하시고 높
이기도 하시는도다" 사무엘상 2:7.

"곧 헛된 것과 거짓말을 내게서 멀리 하옵시며 나를 가난하게도 마
옵시고 부하게도 마옵시고 오직 필요한 양식으로 나를 먹이시옵소
서. 혹 내가 배불러서 하나님을 모른다 여호와가 누구냐 할까 하오

며 혹 내가 가난하여 도둑질하고 내 하나님의 이름을 욕되게 할까 두
려워함이니이다" 잠언 30:8-9.

"내가 궁핍하므로 말하는 것이 아니니라. 어떠한 형편에든지 나는
자족하기를 배웠노니 나는 비천에 처할 줄도 알고 풍부에 처할 줄도
알아 모든 일 곧 배부름과 배고픔과 풍부와 궁핍에도 처할 줄 아는
일체의 비결을 배웠노라. 내게 능력 주시는 자 안에서 내가 모든 것
을 할 수 있느니라" 빌립보서 4:11-13.

"그러므로 염려하여 이르기를 무엇을 먹을까 무엇을 마실까 무엇을
입을까 하지 말라. 이는 다 이방인들이 구하는 것이라. 너희 하늘 아
버지께서 이 모든 것이 너희에게 있어야 할 줄을 아시느니라. 그런
즉 너희는 먼저 그의 나라와 그의 의를 구하라. 그리하면 이 모든 것
을 너희에게 더하시리라" 마태복음 6:31-33.

"나의 하나님이 그리스도 예수 안에서 영광 가운데 그 풍성한 대로
너희 모든 쓸 것을 채우시리라" 빌립보서 4:19.

Mountain's Personal Translation on Isaiah

제3부

온 우주에 대한 하나님의 심판과 메시아를 통한 회복

(24~27장)

장면 1

1 **24** 자, 보아라! 하나님께서 온 우주를 심판하신다. 온 세상의 상태를 완전히 바꾸신다. 채워져 있던 것들을 비우시고, 건설된 것들을 무너뜨리시며, 정돈된 것을 뒤집으시고, 모인 사람들을 흩으실 것이다.

2 세상 안에 있는 다양한 사람들의 종교적, 신분적, 경제적 위치 또한 하나님께서 완전히 바꾸신다. 종교적으로 특권을 누리던 성직자나 일반 평신도가 같아지고, 신분적으로 높은 위치에 있던 사람이 낮은 위치의 사람과 같아지며, 경제적으로 '갑'에 위치에 있던 사람이 '을'의 위치에 있던 사람과 같아질 것이다.

3 이것은 부분적이고 일시적인 사고나 사건이 아니다. 온 우주적인 하나님의 심판이다. 다시는 돌이킬 수 없는 인류 역사의 마지막 시간이 펼쳐질 것이다. 세상의 모든 것들이 완벽하게 정리되고 완전하게 마침표를 찍을 것이다. 하나님께서 말씀하셨고 그분께서 직접 그렇게 하실 것이다.

4 이 세상에서 사람들이 만들고 쌓아 올리며 개발하여 스스로 높아진 인생의 모든 것이 그 가치를 철저하게 잃어버릴 것이다.

5 이 세상과 사람들이 하나님을 대신하여 그것들을 신으로 섬겼기 때문이다. 삶을 편리하고 신속하게 바꾸며 존귀하게 해주리라 여겼던 것이 실제로는 더럽게 만들었기 때문이다. 하나님의 말씀, 하나님과의 관계를 파괴해버렸기 때문이다.

6 생명의 근원 되시는 하나님을 떠났기 때문에, 온 세상에는 사

망의 저주만 남았다. 하나님 없이 열심히 산 삶은 죄라고 판결 났고, 하나님을 무시하고 높아진 사람은 불에 탈 대상이 되었다.

7 원래 하나님을 경외하는 인생에게 약속된 음식과 노래와 삶의 기쁨은 모두 사라지고 말았다. 사람들이 하나님을 경외하지 않았기 때문이다. 사람들이 즐겁게 마시며 행복을 느꼈던 포도즙과 포도나무가 사라지고, 슬픔과 탄식만 남게 되었다.

8-9 좋은 악기와 노래로 만들어진 음악이 주는 기쁨은 사라지고, 그 음악과 함께 즐기던 음식과 음료도 모두 사라져버렸다. 겨우 남은 음식과 음료는 삶의 누림이 아니라 사형 직전, 사형수에게 주어지는 고통스러운 마지막 선물과 같을 뿐이다.

10-11 소유한 모든 것은 빼앗기고 지어놓은 건물에는 들어갈 수도 없을 것이다. 보금자리는 파괴되고 삶은 철저히 망가진다. 마지막 고통을 맞이하며 한 모금 포도주를 기대했지만, 그마저도 얻을 수 없어서 거리를 방황하며 울부짖을 것이다. 이 세상에서 누릴 만한 기쁨이라곤 조금도 남아 있지 않으리라.

12-13 화려했던 도시는 사라지고 위대했던 역사의 흔적도 파괴된다. 온 세상에 하나님의 대심판이 일어날 것이다. 하나님이 집행하시는 대추수의 시간이 올 것이다!
〔바로 그때, 전혀 다른 장면이 펼쳐진다.〕

장면 2

14 〔악한 세상의 흐름과는 다르게 오직 하나님만 바라보며 시련과 고통을 견디고, 믿음을 지켜 신실하게 남은 자의〕 무리가 큰 소리로 하나님께서 행하신 온 우주의 심판과 추수에 대해 찬양한다.

15 그들은 동쪽과 서쪽 그리고 바다와 섬들, 세상 곳곳에서 믿음을 지키고 있다가 하나님의 심판과 추수에 감격하며 자신이 아니라, 오직 하나님께만 영광을 돌리는 찬양을 할 것이다.

16   그들이 땅끝에서부터 "정의롭고 공평하신 하나님께 영광과 찬
양을 돌립니다"라고 말하는 소리가 들린다.

장면 3

하지만 동시에 나, 이사야는 그 감격스럽고 영광스러운 시간에 탄
식한다. "고통스럽고 아프도다!" 마지막 순간까지 하나님께로 돌아
오지 않고 고집스럽게 하나님을 배신하며 삶을 고치지 않는 사람들
때문이다.

17   나, 이사야가 이러한 사람들을 위해 지금까지 사명을 감당하지
않았던가! 이 세상 사람들아, 하나님 심판의 시간이 두렵고도 무섭
게 다가오는데, 너희는 삶을 바꾸지 않는구나!

18   어떻게든 자기 힘으로 살아보려고 발버둥 쳐보지만 두려움에
떨면서 도망가다가 함정에 빠질 뿐이고, 그 함정에서 어떻게든 올
라오더라도 죽음의 덫에 걸려 결국은 끝장나고 말 것이다. 하나님
의 마지막 심판은 하늘과 땅을 모두 뒤엎는 피할 수 없는 역사이기
때문이다.

19-20   온 세상이 흔들리고 파괴되며 갈라지는 대변혁이 일어나는 그 시간
이 하나님 심판의 시간이다. 누가 그 시간에 자기 힘과 능력으로 심
판을 막거나 멈출 수 있겠는가? 다시 말하지만 온 세상에 이러한 심
판이 임하는 이유는 하나님께서 사람을 미워하시기 때문이 아니라,
인류가 지은 죄 때문이다. 그 죄가 독한 술처럼 사람들 속에 들어가
서 비틀거리게 하며, 그 죄가 무거운 바위처럼 떨어져 덮칠 것이다.
죄인은 그 누구도 피할 수 없다.

장면 4

21   바로 그 심판의 날에, 하나님께서는 죄지은 사람만이 아니라, 더 근
본적으로 하나님 나라를 대적하도록 사람을 유혹하고 속인 사탄의

세력을 벌하시고 그들과 연합하여 죄를 범한 세상 지도자들도 벌하
실 것이다. 〔엡 2:2〕

22   그들은 마지막 심판의 형벌이 떨어지기 전에 죄수들처럼 깊은
감옥에 함께 갇혀 있을 것이며 그 후에 영원한 사망의 형벌을 받을
것이다.

23   바로 그 심판의 날, 세상 죄가 사라지고 하나님의 공의로운 심
판이 이루어지는 그 날이 오면, 하나님 영광의 빛이 너무나 밝아 달
의 빛이나 태양의 빛 따위는 아무것도 아닐 것이다. 바로 그때에 하
나님께서 이스라엘과 온 세상의 주인이시오, 왕이 되시는 하나님
나라와 영광이 모든 사람에게 온전히 임할 것이다.

Mountain's Insight ────────────────

이사야 1-12장에 이스라엘에 대한 하나님의 심판 메시지를 중심으로
회복의 예언이 간간이 담겨 있다면, 13-23장에는 (이스라엘을 간접적으
로 포함하는) 이스라엘 주변 열방에 대한 하나님의 심판 메시지를 중심
으로 회복의 예언을 담았다. 다음으로 24-27장은 소위 '이사야 묵시록'
이라고 불리는데, 그 범위가 더 확대되어 온 우주에 대한 하나님 심판
의 메시지와 회복이 담겨 있다. 이렇게 이사야서는 '이스라엘'(1-12장),
'열방'(13-23장), 그다음으로 '온 우주와 세계'(24-27장)를 대상으로 점층
적인 내용 전개를 이루어간다.

    이사야 24-27장의 문을 여는 24장에는 강렬한 네 장면이 함께 쏟아
지고 있다. 단도직입적으로 이사야서는 묻는다. 그대는 4개의 장면 중
어디에 참여하게 될까?

하나님의 잔치에 초대받은 사람들

1 **25** [24장의 장면을 본 이사야는 이렇게 고백하고 찬송한다.]
"하나님! 하나님은 참으로 저의 주인이시며, 저의 하
나님이십니다. 제가 주님을 높이며 주님의 이름을 찬송합니다. 하나
님께서 결정하신 계획과 뜻대로 놀라운 일들[기묘]을 행하셨습니다.
처음부터 지금까지 언제나 신실하고 진실하게 행하셨습니다.

2   위대한 도시라도, 높은 성이라도, 매우 이국적이고 아름다운
건물이라도, 하나님을 무시하고 쌓아 올리고 건축한 모든 것을 하
나님께서 무너뜨리셨습니다. 하나님을 인정하지 않는 자들의 모든
유형무형의 결과물은 잠시 화려하게 보였지만, 결국 그들은 멸망하
고 말았습니다.

3   이렇게 온 우주를 향한 하나님의 심판은 먼저 강한 자들에게
영향력을 미쳤습니다. 하나님께서 심판하시는 것을 보고 정신을 차
린 강한 자들이 주님께 돌아와서 영광을 돌리며, 한때 포악했던 나
라도 회개하고 돌아와서 주님을 경외하며 예배를 드립니다.

4   또한 동시에 약한 자들에게도 영향력을 미쳤습니다. 하나님을
무시하고 자신의 힘만 의지하며 날뛰던 포학자들은 마치 폭풍우가
내리치듯이 약한 자들을 괴롭혔으나, 하나님께서는 그 약하고 가난
한 자들이 피할 피난처와 요새가 되어주셨습니다. 또한, 타는 듯한
더위에서 시원한 그늘이 되어주셨습니다.

5   메마른 땅에 고통스럽게 내리쬐는 폭염을 구름이 덮어 막아주
는 것처럼, 하나님께서는 이방인의 잔인한 말과 고통을 제거하시고
그들의 교만하고 악랄한 목소리(노래)도 없애주셨습니다. [그래서 주
님을 찬양합니다!]"

6 (그 때에) 온 세상을 심판하시는 하나님께서는 하나님의 산(시온)에
서 온 세상 사람을 위하여 최고의 음식과 최고의 음료로 잔치를 베
푸실 것이다.

7　　(그 때에) 하나님께서는 하나님의 산, 바로 그 잔치 자리에서 모든 민족의 얼굴과 눈을 가리고 있던 무지의 수건을 제거하셔서 하나님을 바로 보고 알게 하실 것이다.

8　　또한 죄로 인해 죽을 수밖에 없는 인생의 운명을 역전시키신다. 하나님께서는 단순히 죄인을 구원만 하시는 것이 아니라 그들의 죄로 인해 두려움과 운명처럼 다가왔던 '죽음' 그 자체를 멸망시키실 것이다. 하나님께서는 죄의 억압과 고통 속에서 흘렸던 눈물을 닦아주시고 자기 백성이 믿음을 지키느라 감당해야 했던 수치들까지 모두 벗겨주실 것이다. 하나님의 말씀이다!

9　하나님께서 온 세상을 심판하셔서서 모든 것을 바로잡는 그 날이 되면, 하나님의 백성은 이렇게 고백할 것이다. "우리가 하나님을 기다렸더니 그분께서 우리를 구원하셨도다! 하나님은 참으로 하나님이시도다! 우리가 끝까지 소망을 품고 신실하게 그분을 기다린 보람이 있도다! 우리는 [사람이 인위적으로 만든 구원이 아니라] 하나님의 구원을 기뻐하고 즐거워하리라!"

10　　하나님의 능력과 심판의 손길이 하나님의 산에 나타날 것이다. 그러면 이 하나님의 산과 하나님의 백성을 억압하고 괴롭혔던 대적, 대표적으로 모압이 거름더미 속에 파묻히는 풀처럼 삶의 자리에서 망할 것이다.

11　　대적들이 그 심판에서 빠져나가려고 아무리 발버둥 쳐봐도 불가능하다. 깊은 물에 빠진 사람이 아무리 탁월한 수영선수라 해도 무거운 쇳덩이를 목에 달고 있으면 절대로 그 물에서 나올 수 없듯이, 하나님을 대적하고 하나님의 백성을 괴롭혔던 원수들은 자신의 교만 때문에 절대로 심판을 피할 수 없을 것이다.

12　　그들의 교만을 상징하는 성벽과 요새가 아무리 높고 강할지라도 하나님께서는 철저하게 헐어 진흙 속에 파묻으실 것이다.

Mountain's Insight ───────────────────────

이사야 24장부터 시작되는, 온 우주에 대한 하나님의 심판 메시지에 대해 이사야와 하나님의 백성은 이사야 25장을 통해 다양한 반응을 보인다. 찬양(1-5절), 잔치와 그 잔치를 통한 억울함 해소와 회복(6-8절), 고백 및 간증(9절) 그리고 선포로 이어진다(10-12절). 마지막 날의 심판 앞에서 이루어질 하나님 백성의 다양한 반응은 꼭 마지막 순간에만 드러나는 것은 아니다. 이미 도래한 하나님 나라의 백성으로서 아직 완전하게 오지 않은 하나님 나라를 소망하며 지금부터라도 누릴 수 있다. 복음을 받아들였으나 시련과 고통에 처한 성도들에게 바울이 전한, "항상 기뻐하라, 쉬지 말고 기도하라, 범사에 감사하라"(살전 5:16-18)와 같은 말씀은 미래의 하나님 나라 소망을 현재의 삶에 선취하는 것이 아니겠는가! 그대는 지금 어떤 반응을 보이고 있는가?

26 ¹⁻² 하나님께서 온 세상을 심판하시는 그 날에 하나님의 백성이 모인 유다 땅에서는 이러한 노래를 부르리라.

"하나님만이 유일한 구원이시다! 하나님께 신실한 자만이 그 구원을 얻는다.

³ 하나님께서는 중심이 견고한 사람을 세상이 줄 수 없는 놀라운 평안으로 지키신다. 그들은 어떤 상황에서도 흔들리지 않고 오직 하나님만 신실하게 믿고 따랐기 때문이다.

⁴ 그러므로 너희는 하나님만 영원히 신뢰하라! 오직 하나님만이 우리의 구원이시니, 흔들리지 않는 바위이신 그분 위에 서라!

⁵⁻⁶ 만약 너희가 그렇게 하지 않고, 하나님 외에 다른 것을 구원의 대상으로 여겨 스스로 만든 높은 곳 위에서 교만하게 산다면, 하나님은 그 높은 자리를 무너뜨리시고 진흙 속에 떨어지게 하실 것이며, 교만한 자에게 짓밟혔던 가난한 자와 착취당한 자들이 오히려 그들을 짓밟도록 하시리라.

⁷ 그러나 오직 하나님만을 구원으로 삼고 그분을 신뢰하는 자들의 삶은 상황과 환경이 아무리 바뀌어도 하나님의 올바른 길로만 걸어가니, 온 우주에서 가장 올바르신 하나님께서 그런 사람, 곧 의로운 자들의 길을 평탄하게 열어주실 것이다."

이사야가 드리는 기도와 고백

⁸ 하나님, 온 세상의 주인이요 온 우주를 심판하러 오시는 당신의 그 길과 방식을 인정하며, 바로 서서 하나님을 기다립니다. 하나님의 이름이 거룩히 여김 받으시며 하나님의 뜻이 이루어지기를 기억하고 기도하면서 우리의 가장 깊은 곳, 우리의 영혼이 당신을 사모합니다.

⁹ 이따금 우리 삶에 어두운 밤이 찾아와 힘들고 어려울 때도, 오직 하나님만을 사모하며 간절히 기도하였습니다. 오직 하나님께서 온 세상을 향한 구원과 심판을 가져오실 것이며, 그렇게 하심으로

온 세상 사람이 하나님께서 바로잡으시는 계획과 방식을 배우게 되기 때문입니다.

10   그러나 악한 자들은 우리처럼 당신의 길과 방식을 인정하지 않습니다. 공평하신 하나님께서는 의인과 악인에게 동일하게 비를 내리시듯, 그들에게도 은혜를 주시고 감동과 찔림을 주시지만 그들은 하나님의 길과 방식을 배우지 않습니다. 하나님께서 기대하시는 정직한 삶의 자리에서 또다시 악한 일을 행하며, 하나님을 경외하지 않습니다.

11   〔오래전 애굽의 바로에게 재앙을 내리실 때처럼〕 하나님의 손길이 악한 자들의 삶에 영향을 미쳐도 그들은 깨닫지 못하고 삶의 방식을 바꾸지 않습니다. 〔출애굽하던 그때에 홍해 사건처럼〕 하나님께서 베푸시는 열정적인 구원을 보는 순간 그 악한 자들은 수치를 당하며, 〔그때는 물로 심판을 받았으나 마지막 순간에는〕 불로 심판을 받을 것입니다.

12   이렇게 하나님께서는 우리를 위하여 세상을 바로잡으시고 우리에게 평안을 주실 것입니다. 하나님께서는 언제나 하나님의 사람을 위해 모든 위대한 일을 행하시고 온전히 이루십니다.

13   하나님, 우리 하나님! 하나님이 아닌 다른 신들이 우리 주인인 양 행세하며, 억압적인 남편처럼 우리를 주관하려 합니다. 하지만 우리는 주님만을 기억하고 주님만을 예배하겠습니다!

14   하나님이 아닌 다른 신들은 원래 죽은 존재이기 때문에 생명이 없습니다. 하나님께서는 그런 가짜 신들과 함께 우상을 섬기던 자들을 심판하셔서 끝장내실 것입니다. 심지어 그들에 대한 모든 기억까지 제거하실 것입니다.

15   그러나 하나님을 유일한 주인으로 섬기고 예배하던 하나님의 백성은 점점 더 커질 것입니다. 하나님께서 온 세상의 주인이 되시기에

하나님만을 유일한 주인으로 섬기는 나라를 온 세상 끝까지 확장하실 것입니다. 〔합 2:14〕

16   하나님 나라가 세상 끝까지 확장되는 동안, 하나님의 백성은 시련과 고난을 감당해야 합니다. 하나님께서 그들을 진정한 백성답게 만드시고자 훈련하고 단련하는 과정에서 어려움이 오더라도 그들은 주님만을 찾아가며 주님께 간절하게 기도할 것입니다.

17-18   하지만 그들이 그렇게 주님을 찾아가서 간절하게 기도를 쏟아도 그 기도에 대한 응답은 바로 일어나지 않습니다. 마치 임신한 여자가 출산 예정이 되어 산통을 겪는 것처럼 슬프고 아프게 하나님 앞에 기도하지만, 그 수많은 기도와 시련이 지나가도 응답이나 변화는 쉽게 일어나지 않습니다. 오랜 시간 산통을 겪으며 힘을 주었음에도 출산하지 못한 임신부처럼 우리가 중보한 사람들이 모두 구원받는 것은 아니며 믿음의 자녀도 기대한 만큼 얻지 못할 것입니다.

이사야가 드린 예언적 기도와 찬양에 응답하시는 하나님

19 그러나 끝까지 믿음을 지키며 시련을 이긴 하나님의 사람들은 죽음을 당해도 부활할 것이다. 하나님께서 그들을 죽음에서 일으키실 것이다. 흙 속에 묻혀 끝이라고 생각했던 그들이 일어나 노래하리라. 하나님께서는 죽음에 갇힌 땅 위에 생명의 이슬을 내리시겠고, 겨우내 죽은 것처럼 보였던 땅에 봄비가 내려 새 생명이 움터오듯, 그 죽음의 땅에 묻혔던 하나님의 사람들은 부활하여 일어나리라!

20   그러므로 하나님의 사람들아! 하나님 나라가 온 세상에 임하는 과정에서 겪을 시련과 고통의 시간을 잘 견디어라.

21   그 시련과 고통의 시간이 마무리되면, 하나님께서 하늘에서 이 땅에 오셔서 온 세상 사람의 죄악을 심판하실 것이다. 인류 역사 속에 있었던 모든 죽음을 밝혀내시고 모든 감추어진 죽음을 올바로 판결하실 것이다.

Mountain's Insight _____

이사야 26-27장은 앞에서 살펴본 이사야 24-25장을 반복하면서도 그 의미를 더 깊게 확장하는 내용으로 채워진다. 이사야 24-25장은 하나님께서 행하시는 온 우주적 심판과 바로잡으시는 내용, 그리고 거기에 따른 반응(찬양과 끝까지 거절)을 소개하고 있는데, 이어지는 26-27장은 그 내용을 더 깊게 파고들어서 하나님께서 행하시는 온 우주적 심판과 바로잡으심에 대한 의미와 가치를 발견하고 해석해서 믿음의 사람들에게 교훈과 도전을 준다.

하나님 나라가 도래하는 과정에서 믿음의 사람이 감당해야 할 시련이 있다. 우리는 그것을 이겨내야 한다. 다니엘서와 요한계시록 및 신약의 많은 내용이 선명하게 말하는 것처럼, 죽더라도 우리는 부활할 것이기 때문이다.

마지막 날의 두 모습

1 **27** 온 세상이 심판받는 그 날에, 모든 악의 근원이 되는 존재를 하나님께서 찾아내 끝장내실 것이다. 바로 에덴동산에서 첫 인류를 유혹하던 교활한 뱀, 인류 역사의 수많은 어두운 시간에 사람들에게 교묘하게 꼬리치며 속이던 리워야단, 사망을 상징하는 바다의 서식자 용을 하나님께서는 심판의 크고 강한 칼로 죽이실 것이다.

2-4 동시에 온 세상이 심판받는 그 날에, 하나님의 백성은 회복의 노래, 곧 아름다운 포도원에 대한 노래를 부를 것이다[이사야 5장의 역전이다].

"하나님께서는 포도원의 주인이시며 관리자가 되셔서 수시로 물을 주고 밤낮으로 지키신다. 그래서 누구도 포도원을 해치지 못하게 하신다. 포도원의 주인 되신 하나님은 포도나무인 자기 백성을 아끼고 사랑하시며 [마치 부부처럼] 그들과 하나로 연합되어 있어서, 혹시라도 찔레나 가시 같은 것이 포도나무를 공격하면 그것들을 사로잡고 불태우실 것이다."

5 [하나님의 백성을 공격하던 찔레나 가시 같은 이방 나라를 향하여 하는 말이다.] 너희가 멸망당하고 싶지 않다면 다른 선택지가 있다. 너희가 하나님의 백성을 공격하는 일을 그만두고 하나님을 신뢰하고 화목하여 하나님의 백성처럼 삶의 방식을 바꾸는 것이다. 하나님은 이스라엘만의 하나님이 아니라 온 우주의 하나님이시기 때문이다.

6 결국 하나님 백성의 삶은 온전히 회복된다. 뿌리가 깊게 들어가서 싹이 나오고 가지가 펼쳐진 후에 꽃이 피고, 그 꽃이 핀 자리마다 열매가 열리는 건강하고 아름다운 나무처럼 될 것이다.

심판의 과정에서 우리는 무엇을 배우는가?

7-8 하나님께서는 자신이 사랑하는 백성을 하나님 백성답게 다듬고자

징계하신다. 하지만 자기 백성을 연단하려고 징계하신 내용과 그 강도는 이방 백성들을 심판하실 때 사용한 것과는 달랐다.

하나님의 백성을 징계하려고 도구로 사용된 이방 백성은 매우 심각하고 무서운 심판을 받았지만, 하나님의 백성은 아무리 아프고 고통스러운 징계를 받았다고 해도 하나님께서 적당하게 다루셨다. 그들을 죽여서 끝장내는 데 목적이 있지 않고 시련을 통해 변화시키는 것이 목적이었기 때문이다.

9   하나님께서 자기 백성에게 행하신 징계의 결과, 그들 안에 있던 불의가 용서받고 죄가 씻음 받게 되었다. 하나님의 백성이 섬겼던 모든 우상이 무가치한 것임을 깨닫게 된 것이다.

10-11   하지만 이러한 하나님의 징계를 받으면서도 깨닫지 못하는 사람은 아무리 견고한 성에 살더라도 모든 삶의 자리가 파괴되어 황폐해질 것이다. 하나님께서는 그 교만하고 회개하지 않는 사람의 땅을 철저하게 심판하실 것이다. 버림받은 땅이 되어 풀과 나무들이 마구 자라나고, 동물들이 와서 그 풀과 나무를 먹어치울 것이다.

꺾인 가지는 마르고, 마른 가지는 불쏘시개로 사용될 뿐이다. 하나님이 징계하심에도 회개하지 않았기 때문이다. 결국, 이 모든 것을 창조하신 하나님께서 그들을 더 이상 불쌍히 여기지도, 은혜를 베풀지도 않으실 것이다.

12-13   이스라엘 사람들아! 하나님께서 이 모든 일을 못하실 것 같으냐? 하나님께서는 반드시 심판하시고 또 반드시 회복시키실 것이다. 너희가 세상 끝에 있다 해도 하나님께서는 애굽에서 앗수르까지 하나님의 백성을 한 명도 빼놓지 않고 모두 찾아내셔서 하나님의 땅으로 돌아오게 하시리라. 그들은 돌아와서 하나님의 거룩한 산에서 감격스러운 예배를 드릴 것이다.

Mountain's Insight ————————————————————

단순히 주님이 오신다는 사실을 아는 것보다 더 중요한 것은 주님께서 온 세상을 향해 하시려는 큰 계획과 방향이 무엇인지를 아는 일이다. 이것이 무슨 뜻일까?

첫째, 온 세상을 향해 하나님께서 세우신 계획은 단순히 죄인의 구원만이 아니라 악한 세력에 대한 완전한 심판이다. 둘째, 하나님과 하나님의 백성은 운명 공동체로 이어져 있다. 셋째, 하나님께서 사탄은 반드시 멸망시키실 것이지만, 하나님의 백성은 비록 악한 삶의 도구가 되었다 할지라도 구원하기를 간절히 바라시며, 그들과 평화의 관계를 맺길 갈망하신다. 넷째, 우리를 향한 하나님의 생각은 근본적으로 평안이며 회복이고 축복임을 알아야 한다. 우리는 이러한 성경적인 진리를 분명히 알고 하나님을 향한 우리의 태도를 바로잡아야 한다.

제4부

이스라엘의
역사적 현실

(28~39장)

1   **28** 화로다! 에브라임(북이스라엘)의 지도자들이여! 너희에게
는 풍요롭고 영광스러운 지위와 기회가 있었지만 교만함
과 방탕함의 술에 취해 모든 것을 망쳐버렸다. 한때는 높은 곳의 성
과 같고 좋은 땅에 아름답게 핀 꽃과 같았지만, 이제는 무너지는 성
과 말라가는 꽃이 되고 말았다.

2-4   하나님의 손(능력)이 힘세고 강한 앗수르를 이용하여 심판하실
것이다. 그 심판은 마치 우박과 광풍과 홍수처럼 닥쳐와 피할 수 없
을 것이다. 그러면 에브라임의 교만한 면류관 곧 수도 사마리아가
땅에 처박힐 것이고 북이스라엘의 부귀영화도 사라져 버릴 것이다.
마치 무화과나무의 첫 열매(파게)가 열리면 먼저 보는 사람이 얼른
따먹어버리듯, 그렇게 순식간에 사라질 것이다.

5   [이렇게 교만한 북이스라엘과 그 지도자들이 멸망하는] 그 날이 오면, 하
나님께서 자기 백성의 남겨진 자들에게 영광스러운 지도자가 되시
고 아름다운 영광이 되실 것이다.

6   재판하는 자들에게는 지혜롭게 분별할 수 있는 영이 되시고 성
문에서 적군을 막고 전쟁하는 자들에게는 강력한 힘이 되신다.

7   하지만 문제는 이렇게 하나님께서 북이스라엘에게 하신 일을 보고
도, 그 형제 국가인 남유다가 깨닫지 못했다는 것이다. 남유다 지도
자들 역시 술에 취하여 방탕한 삶을 살며 영적인 지도자인 제사장
과 선지자도 똑같이 술 취하여 그들이 마땅히 해야 할 일을 그르치
고 있다. 하나님께서 주신 환상을 바르게 해석하지 못하며 하나님

께서 맡기신 백성의 재판도 왜곡시킨다.

8   그들의 삶의 자리는 술에 취해 토한 것들로 더럽기만 하며, 어디 하나도 깨끗하거나 거룩하거나 의미 있는 영역이 없도다.

9-10 〔선지자 이사야는 바로 그런 남유다의 방탕한 지도자들을 바로잡고자 가장 기본적인 하나님의 말씀을 선포하지만〕 그들은 교만한 태도로 이사야에게 이렇게 말한다.

"야! 이사야! 우리가 누군 줄 알고 무례하게 지식을 알려주며 진리를 가르치겠다는 것이냐? 우리가 유치원생인 줄 아느냐? 우리는 위대한 백성의 지도자이고 선지자들이다. 그런데 글을 처음 배우는 아이들에게 하듯이 '가갸 거겨 고교 구규'하는 식으로 초등학문을 가르친다는 것이냐? 웃기는구나!"

11   교만한 남유다의 지도자들과 선지자들이 이사야 선지자를 통해 자기 언어〔히브리어〕로 하나님의 말씀과 교훈을 쉽게 배울 기회를 우습게 여기며 조롱했으니, 결국 그들은 이방인의 땅에 포로로 끌려가 그 이방 사람의 알아듣기 어려운 외국어와 채찍으로 하나님 말씀과 진리를 배우게 될 것이다.

12   이전에 하나님께서 말씀을 바로 알고 그 말씀대로 순종하며 사는 삶이 평안의 삶이며 행복함과 성취감을 누리는 삶이라고 알려주셨고, 그 말씀대로 백성을 다스리고 재판해서 고통스러운 자들에게 평안을 주고 온 세상을 평화롭게 만들라고 하셨지만, 방탕하고 교만하여 그 말씀대로 하지 않았도다.

13   그래서 남유다의 지도자들과 선지자들은 이방인의 땅에 포로로 끌려가 거기서 이방인의 입에서 나오는 알아듣기 힘든 언어로 채찍질을 당하며 하나님의 진리를 어렵고 고통스럽게 배울 것이다. 마치 유치원 아이들이 더듬더듬 글을 배우듯이 '가갸 거겨 고교 구규'하

는 식으로 배울 것이다. 참으로 안타깝구나!

14 그러므로 예루살렘에서 남유다 백성을 다스리는 교만한 지도자들
아! 하나님의 말씀을 들으라!

15   너희는 북이스라엘이 앗수르에게 침략당하는 것을 보고 〔하나
님을 의지하는 것이 아니라〕 앗수르를 막고자 애굽과 동맹을 맺으며
자랑스럽게 말하기를 "애굽과 동맹을 맺었으니 염려 없다. 애굽의
신들, 즉 죽음의 신 '오시리스'와 사망의 신 '모트'와 맹약을 맺고 그
들을 피난처로 삼았기 때문에 어떤 재앙이 몰려와도 염려 없다"라
고 떠드는구나. 하지만 너희는 실제로 헛된 구원을 약속한 가짜 신
들의 보호 아래로 들어간 것이다.

16 그래서 하나님께서는 진정한 구원의 길을 이렇게 선포하신다.
보라! 내가 한 돌을 시온에 두어 기초석으로 삼았다. 그 돌은
혹독한 시험을 통과한 돌이며 귀하고 견고한 기초석이다. 그 돌을
믿는 사람은 위급하지 않고 안전한 삶을 누릴 것이다.

17-19   나는 견고한 기초석인 그 돌 위에 공의와 정의를 기준으로 구
원이라는 집을 지을 것이다. 하지만 이 견고한 기초석 위에 세운 구
원의 집으로 오지 않고 애굽을 의지하고, 사망과 죽음의 신들을 의
지하여 맹약을 맺은 자들은 〔하나님께서 보내시는〕 우박과 홍수라는
심판이 임하는 날이 오면 비참한 결과를 맞을 것이다. 심판을 막을
수 없을 뿐만 아니라 철저하게 당할 것이기 때문이다. 어떤 지역에
살면서 한 해 동안 그 나라를 지나간 모든 재해에 무방비로 당하는
불운을 겪듯이, 하나님을 의지하지 않고 다른 것을 의지하는 너희
는 계절과 주야를 가리지 않고 재난이라는 재난은 전부 당하리라.
나중에는 재해가 온다는 소식만 들어도 신경쇠약에 걸릴 것이다.

20   마치 자기 몸보다 심히 작은 침대를 사용하다 보니 어떻게 누워
도 불편한 상황이 되고, 자기 몸보다 작은 이불을 덮으니 어떻게 감싸

도 몸을 가릴 수 없는 상황처럼 불안하고 불편한 인생이 될 것이다.

21 　　　하지만 가장 큰 문제는 너희를 구원하실 하나님께서 너희 대적
자가 되신다는 것이다. 마치 그 옛날 브라심산에서 다윗의 하나님
께서 블레셋을 파괴하시고[사무엘하 5장], 기브온 골짜기에서 여호
수아의 하나님께서 아말렉을 정복하시던 것처럼[여호수아 10장] 너
희를 공격하실 것이다. 하나님께서 자기 백성을 대적자로 취급하시
니, 이 얼마나 낯선 장면이며 이 얼마나 이상한 일인가?

22 이런 낯설고 이상하며 비극적인 운명을 맞이하고 싶지 않다면, 하
나님을 무시하고 인간적인 계획과 오만한 태도로 구원을 이루려는
방식을 버려라! 너희가 인간적인 방법으로 발버둥 칠수록 더 깊은
수렁에 빠질 뿐이다. 나, 이사야는 이러한 하나님의 큰 계획을 들었
고 너희에게 분명히 전달하였다.

23 그러므로 너희는 하나님의 말씀에 귀를 기울여 그분 말씀을 자세히
들어라!

24-26 　　　농사꾼은 그저 땅을 갈아서 부드럽게 한 후에 평평하게 하면
할 일이 다 끝나는 것인가? 땅을 잘 갈고 평평하게 했으면 그곳에
다양한 종의 씨를 특성에 따라 적당한 장소와 방법으로 뿌리는 것
이 마땅하지 않겠는가? 농사 하나를 짓는데도 하나님께서는 합당
한 방법을 정해 우리에게 가르쳐주셨다.

27 추수도 마찬가지다. 작고 약한 곡식(소회향, 대회향)을 탈곡할 때는
강한 도구를 사용하지 않고 부드러운 도구(작대기, 막대기)를 사용하
며, 그보다 조금 더 크고 강한 곡식은 좀 더 강한 도구를 사용해 탈
곡한다. 심지어 수레바퀴 밑을 지나가게도 하고 말굽으로 탈곡하기
도 한다. 하지만 그렇다고 부서지지는 않는다.

28-29 　　　이 모든 것이 하나님께서 가르쳐주신 방식이며 지혜다. 씨앗

을 뿌리고 곡식을 탈곡하는 방법도 하나님께서 정하신 합당한 방법대로 하는 것이 마땅한데, 인생의 구원을 이루는 길은 그분이 보이신 합당한 방법대로 하는 것이 더 마땅하지 않겠느냐? 그러므로 애굽을 의지하여 인간적인 방법으로 가짜 구원을 이루려고 하지 말고 하나님을 의지하여 진짜 구원을 이루도록 하여라. 인류를 구원하시려는 하나님의 거대한 계획과 지혜는 참으로 위대하시도다!

Mountain's Insight ─────────

이사야 1-12장은 이스라엘에 대한 심판, 13-23장은 열방(이방)에 대한 심판, 24-27장은 온 우주를 향한 하나님의 심판이라면, 이사야의 전반부를 마무리하는 28-39장은 바로 이런 메시지가 적용되는 역사적 현실(이사야의 시대)에 초점을 맞추고 있다.

10절에서 "대저 경계에 경계를 더하며 경계에 경계를 더하며 교훈에 교훈을 더하며 교훈에 교훈을 더하되 여기서도 조금, 저기서도 조금 하는구나"(개역개정)로 번역된 말은 히브리어로 "차브 라차브, 차브 라차브, 카브 라카브, 카브 라카브, 제에르샴, 제에스샴"으로 발음되는 히브리어 표현을 의역한 것인데 히브리 아이들이 처음 언어를 배우는 모습을 의성어로 묘사한 것이다.

우리도 지금 하나님의 진리를 쉽게 배울 수 있을 때 그 기회를 놓친다면 나중에 눈물을 흘리며 배워야 하는 시간이 올 것이다. 그리고 눈물을 흘려서라도 배울 기회를 놓친다면 마지막에 피눈물을 흘려도 배울 수 없는, 더 이상 기회가 없는 시간이 온다.

1 **29** 화로다! 남유다의 예루살렘, 곧 아리엘이여! 아리엘이여! 한때, 위대한 왕 다윗이 머물렀던 성이여, 매년 하나님의 절기마다 불타는 제단에서 제사를 드리던 아리엘[제단, 화로: 겔 43:15] 이건만,

2 하나님께서 그 아리엘을 괴롭게 하고 고통스럽게 하실 것이다. 예루살렘은 슬퍼하고 비탄에 빠지리니, 그 도시 자체가 하나님 앞에서 불타는 화로(아리엘)와 같은 운명을 맞이하리라.

3 하나님께서 예루살렘에 적군을 보내셔서 포위 공격을 하게 하는데 공격용 보루와 공성전 기계를 이용해서 그리할 것이다.

4 그러면 너는 적군의 발아래에 목이 눌린 상태가 되겠고, 그 상태로 적들의 질문에 어렵게 대답할 것이다. 마치 무당들이 속삭일 때 나오는 소리처럼 아주 미세한 목소리로 힘겹게 목구멍을 통해 대답해야 할 것이다. 입술이 땅에 붙어 있기에 말을 할 때마다 흙먼지를 마시면서 말이다.

5 위대한 성, 난공불락의 성 예루살렘을 정복한 적군이 대단하다고 생각하느냐? 사실, 너를 침략한 그 적들은 네가 적군의 발아래에서 말할 때 일어나는 흙먼지보다 더 미미한 티끌일 뿐이다. 그들이 아무리 강력하고 무섭다고 해도 바람에 날려가는 티끌처럼 사라질 것이다. 정말 그 일이 순식간에 또 갑자기 일어날 것이다.

6 온 세상 군대의 주인이신 하나님께서 천둥과 같은 큰 소리와 지진이나 폭풍 같은 무서운 재앙으로 그들을 심판하시기 때문이다.

7 예루살렘을 공격하는 이방 적군은 예루살렘을 포위 공격하는 것에 성공했고 조만간 정복해 불태울 수 있다고 기대했지만, 갑작스럽게 그들은 실패할 것이다. 마치 어떤 사람이 꿈속에서 모든 것이 다 이루어지기 직전에 꿈에서 깨어나듯이, 그 기대가 신기루처럼 사라져버릴 것이다.

8 꿈에서 아무리 많이 먹은들 무슨 소용이 있겠는가? 깨고 나면

배가 더 고플 뿐이다. 꿈에서 아무리 많이 마신들 무슨 소용이 있
겠는가? 깨고 나면 여전히 목마를 뿐이다. 시온산, 곧 예루살렘을
공격하는 이방 적군의 운명이 이와 같다.

하지만 너희의 영적인 상태는 이러한 하나님의 도우심을 받기
가 어렵겠구나! 하나님의 도우심을 받을 준비가 전혀 되어 있지 않
구나!

9 너희는 지금 영적으로 시각 장애인처럼 어둡고, 술 취한 사람처럼
비틀거리니, 온전히 정신 차린 상태가 아니구나.

10-12   너희가 이 세상에 너무 취해 하나님의 마음과 그 영에는 관심
이 없기 때문이다. 결과적으로 하나님께서 너희에게 무지한 영과
어두운 영을 부어주신 꼴이 되고 말았다. 무엇보다 하나님의 말씀
과 예언을 감당해야 할 선지자들이 영적인 시각 장애인이 되었고
술에 취한 사람처럼 되어 버렸다.

그래서 글을 아는 백성의 지도자들에게 가서 하나님 말씀을 읽
고 가르쳐달라고 했더니 그 책이 자기 눈에는 닫힌 책과 동일하게
느껴져서 도저히 읽을 수가 없다고 말하고, 글을 모르는 일반 백성
에게 가서 하나님 말씀을 읽고 가르쳐달라고 했더니 그들은 글 자
체를 몰라서 읽을 수가 없다고 하는구나!

13 하나님께서 말씀하시기를 "이 백성이 형식적으로 예배를 드리고 외
형적인 종교 언어는 사용하지만, 그 마음과 중심이 진정으로 나를
사랑하지 않는구나. 그저 교리 몇 줄과 종교 용어 몇 개만 알고 있
을 뿐이다."

14   그러므로 하나님께서 당신의 백성에게 기묘한 일[사 9:6, 25:1],
이 세상에서 가장 기묘한 일을 한 번 더 행하실 것이다. [이 일이 기
묘한 이유는 심판이면서 동시에 구원이기 때문이다. 남유다 백성을 심판하
셔서 바벨론 포로로 끌려가게 하신 후에 70년 만에 본토로 돌아오게 하실

것이다. 오래전 애굽에서 포로로 살던 이스라엘 백성을 놀라운 이적으로 출애굽하게 하여 약속의 땅으로 돌아오게 하신 것처럼, 하나님께서는 이번에 한 번 더 그런 일을 하실 것이다. 그러나 그 과정은 단순하지 않다. 적군의 공격과 포위, 예루살렘의 멸망과 파괴를 견디고 오랜 세월의 포로생활을 감당한 후에 이방 나라 왕의 기적적인 포로귀환 선포까지 이어져야 하기 때문이다.] 이 모든 과정은 인간이 가진 그 어떤 지혜와 총명으로도 이해할 수 없고 예측조차 할 수 없는 일이 될 것이다.

그래서 하나님께서는 경고하신다.

15-16 화로다! [하나님의 이러한 기묘한 계획이 아닌] 자기가 세운 계획이 옳다고 착각하고, 심지어 그러한 계획으로 하나님을 속일 수 있다고 생각하는 자들이여! 너희가 감히 자신을 신(神)이라고 생각하느냐? 어찌하여 너희를 창조하신 하나님을 무시하고 너희에 대해 그분이 두신 가장 좋은 계획을 어리석다고 함부로 말하느냐?

17 하나님이 얼마나 강하고 위대하신 분인지 모르는구나! 하나님께서는 나무로 우거진 레바논 숲을 하루아침에 농사를 지을 기름진 땅으로 바꾸시고, 또한 바로 그 땅을 다시 하루아침에 숲으로 바꾸실 수 있는 분이다.

18 그 하나님은 당신께서 원하시는 시간에, 듣지 못하는 사람이 하나님 말씀을 들을 수 있게 하시고, 앞을 보지 못해 어둡고 캄캄하게 사는 사람의 눈을 뜨게 하시는 분이다.

19 또한 겸손한 자는 하나님에게서 오는 기쁨을 크게 누리겠고, 가난한 사람이라도 거룩하신 하나님 덕분에 참된 행복을 얻을 것이다.

20-21 그 이유는 하나님께서 무자비한 압제자를 심판하셨기 때문이고 교만한 자들을 낮추셨기 때문이며 죄지을 기회만 엿보던 자들, 즉 억울한 누명을 씌우고 부당한 재판을 통해 힘없고 약한 사람들을 사냥하듯 착취하고 합당한 이유 없이 의로운 자들을 고통받게

했던 자들을 하나님께서 끝장내실 것이기 때문이다.

22-23 그러므로 죽은 사람과 다를 바 없었던 아브라함을 부르셔서 자손을 주시고 축복하신 바로 그 위대한 역전과 구원의 하나님께서 이제 실패하고 범죄한 야곱 족속, 곧 이스라엘 백성에게 놀라운 역전과 회복을 이루시고자 이렇게 말씀하신다.

"나의 백성이 한때는 범죄하여 고통을 당하고 수치스럽게 되었지만, 이제 그런 부끄러움과 수치가 사라질 것이다. 그들은 놀라운 능력, 즉 나의 손으로 하는 모든 일[그들이 포로된 상태에서 돌아오는 것]을 보고는 내가 얼마나 거룩한 자인지, 즉 자신보다 얼마나 높고 높은 수준인지를 알게 되어 나를 경외할 것이다.

24 [마치, 탕자가 모든 것을 잃어버린 후에야 아버지의 놀라운 사랑과 능력과 수준에 감동하여 정신을 차리고 그저 종으로 받아주시기를 바란 것처럼] 세상 가치에 취하여 방탕하던 자들도 총명한 사람으로 변화되고 늘 상황과 형편에만 사로잡혀 원망 불평하던 자들도 왜 하나님께서 이러한 여러 상황과 사건을 펼치셨는지를 깨달아 그 의미를 발견하고 진리를 얻을 것이다."

Mountain's Insight

지금 자신에게 주어진 하나님의 은혜와 섭리를 깨닫지 못하고 자기 계획과 감정만 주장하는 사람이 얼마나 많은가? 기도하고 결정했다고 하고 하나님의 감동으로 하는 일이라고 말하지만, 사실은 자기 생각이며 자기 자존심으로 모든 일을 밀어붙인다. 하나님은 그런 것을 모르신다고 착각한다. 그래서 하나님께서 우리 삶에 부어주시는 기회와 선물을 받아 누리지 못하고 끊임없이 남 탓을 하고 상황 탓을 한다. 하지만 우리는 하나님이 누구시며, 그분의 계획이 얼마나 놀라우신지를 신뢰해

야 한다. 그분은 창조주이시고 한순간에 자연의 상황을 바꾸실 수 있
는 분이고 우리의 육체와 영혼을 새롭게 하시며 우리의 숨은 죄까지 심
판하시는 분이다. 무엇보다 그분은 죽은 자와 같았던 아브라함을 통해
바다의 모래알같이 허다하고 하늘의 별처럼 많은 후손을 보게 하시며
거역하고 범죄한 야곱이라도 다시 이스라엘로 회복되기를 기대하시는
분이다.

그러므로 우리는 하나님께로 돌아가야 한다. 나의 교만과 오해와
불평과 계획을 포기하고, 단순히 지적으로 하나님을 이해하는 것에서
그치지 않고 나보다 더 놀랍고 기묘하신 분이신 것을 믿고 회개해야
한다. 그러면 우리는 자신과 비교할 수 없이 크고 위대하신 사랑과 구
원의 하나님을 발견할 것이다. 마치 탕자가 아버지를 만났을 때처럼
말이다.

1 **30** 하나님께서 남유다를 향하여 이렇게 말씀하신다.
"화로다! 고집스럽게 배신하는 남유다 백성이여! 너
희가 대단한 계획을 세웠지만 나에게서 나온 것이 아니고, 애굽과
든든한 동맹을 맺었다고 생각하겠지만 나의 뜻(영, Spirit)에 합당한
것이 아니구나. 너희는 나를 버리고 애굽을 의지하고 있으니, 계속
죄만 짓고 있구나.

2   너희가 애굽 왕 바로의 힘을 의지하면 강해질 것 같고, 애굽의
도움을 받으면 앗수르의 위험에서 구원을 얻을 거라 생각하여 애굽
으로 내려갔지만, 이 모든 과정에서 나에게 기도하지도, 물어보지
도 않고 그렇게 하고 있으니 그것 자체가 이미 죄다.

3   그러므로 너희가 기대한 애굽 왕 바로는 너희에게 아무 도움도
주지 못하고, 애굽은 전혀 피난처가 될 수 없을 것이다. 오히려 그
들이 너희에게 수치와 모욕만 안겨줄 것이다.

4-5   애굽의 도움을 구하려고 남유다의 관리들은 애굽에 있는 소안
[나일 델타 지역]에도 가보고 하네스[카이로에서 남쪽으로 100킬로미터
정도 떨어진 지금의 헤라클레오 폴리스 마그나]까지 가보겠지만, 애굽
은 너희에게 단 하나의 도움도 주지 못하고 오히려 고통과 처절한
부끄러움만 안길 것이다.

6-7   너희를 따라 그 먼 곳까지 간 동물들이 불쌍하구나! 애굽 왕과
고관들에게 주려고 준비한 선물을 나귀와 낙타의 등에 무겁게 지고
사자와 독사와 불뱀이 있는 험한 길을 지나 애굽까지 갔지만, 결국
애굽이라는 나라와 그 왕은 너희에게 아무런 도움도 주지 못할 것이
다. 이 무슨 헛되고 헛된 일이냐! 그래서 내가 애굽은 그저 빛 좋
은 개살구요 종이호랑이일 뿐이라고 하지 않았느냐!"

8 이사야야! 너는 이제 남유다가 왜 이런 삶을 살게 되었는지 그 이유
를 모든 후대 사람이 영원하고 분명하게 알 수 있도록 서판에 기록
해 남겨라.

9   참으로 남유다 백성은 반항적인 인간들이고 불신실한 자식들이로구나! 그들이 하나님 말씀을 듣기 싫어하기 때문이다!

10   남유다 백성은 하나님 말씀을 전하는 선지자들에게 "우리에게 하나님의 말씀을 말하지 말라! 올바른 것에 대해 말하지 말라. 거짓된 것도 괜찮으니 듣기 좋은 부드러운 내용만 말하라"고 하는구나!

11   결국 그들이 듣길 원하는 내용은 어떻게 하면 하나님께서 원하시는 바른길을 버릴 수 있는지, 하나님께서 인도하시는 생명의 길에서 돌이킬 수 있는지, 이스라엘의 거룩하신 분을 떠날 수 있는지 알려달라는 것이다.

12-13 그래서 하나님께서는 이렇게 대답하신다.

"너희는 나의 말, 곧 안전과 진실 어린 말을 업신여기고 강탈과 일탈이 가득한 말을 원하고 기대하니, 너희가 원하는 그것이 무서운 죄가 되어 너희를 삼킬 것이다. 마치 부실공사로 세워진 건물이 어느 날 갑작스럽게 무너져 그 건물을 믿고 안에 있던 사람들을 잔인하게 죽이는 것처럼 말이다.

14   애굽은 너희를 도와주기는커녕 너희, 유다를 파괴할 것이다. 마치 토기장이가 마음에 안 드는 토기들을 부서뜨리는 것처럼 철저하게 파괴할 것이다. 그 파괴가 얼마나 철저한지, 부서진 조각 중에서 작은 물을 담을 만한 모양조차 남아 있지 않을 만큼 파괴될 것이다."

15-17 [이제 어떻게 하면 좋을까?] 하나님께서는 이렇게 말씀하신다.

"남유다 백성아, 세상적인 도움을 구하려고 이 나라 저 나라에 가고, 인간적인 생각으로 이 방법 저 방법을 찾지 말고 잠잠하게 나만 바라보아라! 너희 죄를 철저하게 회개하고 오직 나만 의지하라! 그러면 내가 너희를 구원할 것이다.

하지만 너희는 그렇게 하지 않는구나! 오히려 끝까지 살아보려고 말 타고 도망가고, 빠른 짐승을 준비해서 도망가려 하는구나. 그

러나 너희를 추격하는 적군의 말과 짐승이 훨씬 더 빠르니, 너희 운
명은 어떻게 되겠느냐?

원래 내 백성은 세상에 두려움이 되는 존재인데〔레 26:8, 수
23:10〕 오히려 이제 너희는 세상을 보며 철저한 두려움에 사로잡힌
존재가 되어 남은 인생을 보내야 할 것이다. 잔인한 살육과 약탈이
지나가고 나면 극소수의 남유다 백성만 남아 구차한 삶을 연명할
것이다."

18 그럼에도 하나님은 간절히 기다리신다. 하나님은 너희에게 은혜
를 베풀기 원하신다. 하나님의 목적은 너희를 파괴하는 것이 아니
라 구원하시는 것이기 때문이다. 또한 하나님께서는 행동을 취하실
것이다. 그분이 너희를 불쌍히 여기시기 때문이다. 참으로 하나님
께서는 정의의 하나님이시다. 그분께서 모든 것을 바로잡으실 것이
다. 그러므로 그분을 소망하고 기다리는 사람은 복된 삶을 얻는다.

19 〔애굽의 도움을 구하려고 가지 않고 남아〕 예루살렘, 곧 시온 땅에
서 하나님께 예배하며 그분을 기다리는 남유다 백성에게 하나님께
서 주시는 첫 번째 복은 그들이 더 이상 슬퍼하거나 애통해하지 않
는 것이다. 하나님께서 그들의 부르짖는 기도를 들으시고 은혜롭게
응답하실 것이기 때문이다.

20-21 하나님께서 주시는 두 번째 복은 하나님의 백성에게 시련과 고
난이 있을지라도 인도자를 늘 보내주셔서 그들을 인도하신다는 것
이다. 아무리 어렵고 힘든 시간이 온다 해도 하나님께서 보내시는
인도자(스승)가 항상 옆에 있어서, 그들이 걸어가는 걸음이 오른쪽
으로도 왼쪽으로도 치우치지 않도록 가르치고 이끌어줄 것이다.

22 하나님께서 주시는 세 번째 복은 그들이 지금까지 하나님이라
고 착각하면서 만들고 섬기던 우상들이 기껏해야 조각한 나무에 은
과 금을 부어 만든 무가치한 실체임을 깨닫고 혐오하면서 더러운
물건을 쓰레기통에 버리듯, 모든 악한 것과 거짓된 것을 분별하고

거절할 힘을 지니는 것이다.

23-24   마지막으로 하나님께서 주시는 네 번째 복은 육신적으로든 영
적으로든 모든 것이 풍요롭고 건강하게 회복되는 것이다. 그들이
씨를 뿌리면 하나님께서 비를 내리셔서 풍성한 추수를 얻게 되고
가축들도 넓은 목장에서 풍성하게 먹을 것이다. 얼마나 풍성한지,
집에서 일하는 가축들에게도 싸구려 사료가 아니라 맛있는 최고급
곡식을 먹일 것이다.

25-26   〔지난날〕 남유다가 교만하여 적군의 공격을 받았고 그로 인해
많은 사람이 죽고 성들이 파괴되었으나, 하나님께서는 그 상처 입
은 사람들의 영혼과 폐허가 된 땅에 회복의 물을 흐르게 하실 것이
다. 상처받은 백성의 영혼과 땅을 치유하실 것이다. 그 회복과 치
유는 이전 상태를 훨씬 능가하여 달빛 같았던 삶이 햇빛 같은 삶이
될 것이다. 이전보다 일곱 배의 축복으로 덮으시리라.

27   보라! 하나님께서 직접 오신다. 우리가 전혀 예상치 못한 시간과 방
식으로, 그분께서 심판을 행하실 것이다. 하나님을 무시하는 적들
에게, 그분은 뜨거운 불과 같고 매우 두려운 연기와 같다. 적들은
그분의 입에서 나오는 말씀을 추상적일 뿐이라고 생각했으나, 그분
의 말씀은 실제 화재 현장에서 느껴지는 공포와 뜨거움처럼 확실한
충격이요 실제적인 재앙으로 닥칠 것이다.

28   하나님의 입에서 나오는 작은 호흡 하나로 와디〔비가 올 때만 물
이 흐르는 마른 계곡〕에는 갑작스레 많은 물이 넘쳐 목까지 차오르는
홍수처럼 다가올 것이며, 하나님의 손으로 하는 작은 행동 하나는
추수 때에 알곡과 쭉정이를 구분하듯 선과 악을 선명하게 구분하는
결정적인 심판과 같아 세상 모든 민족이 한마디 변명도 할 수 없을
것이다.

29   그 때에, 하나님의 백성은 하나님의 절기〔유월절, 오순절, 장막절〕의
밤에 하나님께 노래 부르던 것처럼, 하나님의 산, 즉 예배의 자리로

가면서 하나님께 찬양과 연주를 올려드릴 것이다. 그들은 하나님이 이스라엘의 반석, 곧 유일한 구원자가 되심을 고백하고 즐거워할 것이다.

30   하지만 하나님을 거역한 앗수르 같은 이방인에게는, 하나님의 무서운 목소리와 선명한 진노에 따른 결과가 그들의 살과 뼈에 느껴지게 하리라. 오래전 애굽 땅에 재앙을 내리셨던 것처럼, 하나님께서는 그들을 무서운 불과 폭풍, 홍수와 우박으로 심판하신다.

31   심판을 선포하시는 하나님의 목소리에 앗수르는 이미 사기가 꺾인 군사들처럼 마음이 죽을 것이고, 하나님의 실제적인 심판 행동에 앗수르는 막대기로 매를 맞는 사람들처럼 육체가 죽을 것이다.

32   하나님께서 오래전부터 준비하신 심판을 행하실 때, 곧 죄악된 앗수르를 몽둥이로 때리는 소리가 날 때마다, 하나님의 백성은 하나님을 찬양하면서 북과 수금을 치는 소리가 날 것이다. 하나님의 강하신 능력의 팔이 들어 올려지는(행동하시는) 그때에, 이렇게 두 개의 소리가 함께 들릴 것이다.

33   앗수르의 왕을 처벌하기 위해서 도벳, 곧 남유다 남쪽에 사형을 집행할 화장터가 이미 마련되었다. 땅을 깊게 파 두었고 나무와 불도 충분히 준비했다. 앗수르 왕을 그곳에 던진 후에 하나님께서 용의 입처럼 입김을 불어 넣으시면 그 장소가 유황으로 가득 찬 개천처럼 무섭게 타올라서 앗수르 왕을 죽이실 것이다.

Mountain's Insight

이사야 30장에서는 28장부터 시작된, 더 정확하게 말하면 이사야 1장부터 시작된 백성의 패역(1:23, 30:1, 65:2)의 실체와 그에 대한 하나님의 분노가 드러난다. 즉, 남유다 백성이 앗수르의 공격에 위협을 느끼고 그들의 하나님이 아니라, 애굽에 도움을 청하러 간 것이다.

누가 나의 진정한 하나님인가? 내가 진실로 신뢰하는 것은 무엇인가? 평상시에는 얼마든지 하나님을 신뢰한다고 떠들 수 있다. 그러나 그 실체가 드러나는 시간이 있다. 바로 고난과 시련의 시간이다. 나의 허물과 자아가 폭로되는 시간이다. 바로 그때, 내가 주인 삼고 의지하고 결정의 중심으로 삼는 것이 나의 신이요 하나님이다. 많은 사람이 바로 그때, 자신의 감정을 주인 삼고, 물질을 우상 삼으며, 경험을 하나님 삼는다.

건강한 말씀이 선포되는 교회에 오면 자신의 자아가 꼭 드러난다. 그때 우리는 인간적인 감정으로 반응하지 말고, 겸손히 하나님 앞에 나아가 내가 변화되도록 엎드려야 한다. 바로 그때 위대한 복(복음)을 받는다. 제발 내가 하고 싶은 대로 하지 말고 하나님께서 하시고 싶은 일들이 이루어지도록 자신을 낮추자. 그것이 진정으로 하나님을 믿는 것이다.

1 **31** 〔그러므로〕 화로다! 기어이 애굽으로 도움을 구하러 가는 사람들이여! 너희는 현상만 보는구나! 애굽에 있는 말과 마병과 전차부대가 대단하다고 생각하면서, 그 육신적인 힘만 믿고 신뢰하는구나! 하지만 진정한 힘을 지닌 분은 하나님이시다! 너희는 그 하나님을 바라보지도 않고 추구하지도 않는구나!

2   하나님도 섬기고 앗수르도 신뢰하는, 이중적인 삶의 방식을 너희는 스스로 지혜로운 삶이라고 착각하는구나! 하지만 하나님은 너희보다 훨씬 지혜로우며 진정한 지혜를 갖고 계신다. 그 지혜는 상황과 형편이 바뀌어도 절대로 속이거나 이중적으로 행하지 않는 능력이다. 그러므로 하나님께서는 언제나 자신의 말씀대로 하신다. 하나님을 믿지 않고 그분을 대적하는 사람이나 그런 악한 행동을 돕는 자들은 누구든지 심판을 받는다.

3   너희가 애굽 사람을 대단하다고 생각하고 도움을 청하지만, 애굽은 육체를 입고 있는 인간일 뿐이다. 애굽이 자랑하는 말〔馬〕들도 마찬가지다. 하나님께서 손가락 하나만 움직이시면 애굽도 그 애굽을 믿는 유다도 함께 멸망할 것이다.

4 그래서 하나님께서는 이렇게 말씀하신다.
   "큰 수사자와 젊은 사자가 먹잇감을 붙잡고 포효하는데, 목자 몇 명이 나와서 뭘 어떻게 할 수 있겠느냐? 목자들이 아무리 소리질러도 사자들은 눈 하나 깜짝하지 않을 것이고 그 어떤 위협을 가한다 해도 물러나지 않을 것이다. 하물며 그 무서운 사자를 만드신 이, 그 사자와는 비교할 수 없을 만큼 두려운 나, 하나님을 너희의 알량한 계획과 지혜로 물리칠 수 있다고 생각하느냐? 내가 직접 와서 내 나라와 땅을 위해 싸울 것이다.

5   또한 나, 하나님은 어미 새가 아기 새를 보호하듯이 자기 백성을 보호하는 존재이다. 그 어떤 상황과 형편에서도 예루살렘을 보호할 능력이 나에게 있다. 나의 백성이 나, 하나님만 의지하고 신뢰

한다면 나는 모든 어려움과 장애를 넘어 내 백성을 감싸서 지키고 구원할 것이다."

6 그러므로 이스라엘 백성아! 너희가 심각하게 배신했던 하나님께로 돌아오라!

7 　너희가 하나님께로 돌아오려면(돌아오는 날에는), 먼저 너희 손으로 직접 만들었던 금과 은으로 된 우상들을 버려라!

8 너희가 무서워하던 앗수르는 멸망할 것이다. 인간의 무력이나 전쟁으로가 아니라, 전능하신 하나님의 능력으로 말미암아 끝장날 것이다. 그들은 칼 한번 휘두르지 못하고 패할 것이고 남은 자들은 전쟁 포로와 노예가 될 것이다.

9 　앗수르가 견고한 돌(반석)처럼 믿고 신뢰하던 자기 왕은 두려움에 사로잡혀 도망갈 것이고, 지휘관들은 하나님의 깃발(하나님 군대의 능력)을 보고 깜짝 놀랄 것이다. 이 모든 것을 하나님께서 말씀하셨다. 하나님의 불은 아직 시온산에서 타오르고 있으며 하나님의 제단은 아직 예루살렘에 있다. 다시 말해 하나님께서는 아직도 남유다 편에 서 계신다. [너희는 이제 어떻게 할 것이냐?]

Mountain's Insight ─────────────────────

하나님의 백성을 위협하는 앗수르에게는 심판이 있고, 하나님을 믿고 기다린 이스라엘에게는 찬양이 있을 것이다. 그 대조적인 상황이 교차적으로 일어난다. 이렇게 분명한 두 개의 운명, 즉 하나님을 거역한 앗수르는 심판을 받고 하나님을 기다린 백성에게는 구원의 찬양이 주어지는 미래가 기다리는데 남유다 백성은 어떻게 하는 것이 좋겠는가?

　하나님께서는 시작부터 "화로다!"(31:1)와 같은 강한 표현을 던지시며, 무서운 사자와 같은 심판의 모습(아버지, 공의, 심판)과 어미 새와 같은 긍휼의 모습(어머니, 사랑, 긍휼)을 모두 보여주신다. 유다 사람들은 앗수르의 세력을 막기 위해 하나님께 제사하면서도 애굽도 신뢰하는 이중적인 태도를 버리지 않았다. 하지만 하나님께서는 앗수르는 분명 멸망할 것이고 애굽은 아무 도움을 줄 수 없음을 강조한다. 오히려 유다 백성이 하나님을 신뢰하지 않고 애굽을 의지하면서 앗수르를 무서워하는 병든 삶을 지속한다면 그들의 운명이 이방인과 동일하게 끝날 수 있음을 경고한다.

우리는 이번 장에서 하나님의 공의와 긍휼이라는 두 모습을 함께 본다. 이제 중요한 것은 "남유다 백성이 이러한 하나님 앞에 어떤 태도로 서 있는가?"이다. 우리 역시 마찬가지다. 우리는 하나님 앞에 어떤 자녀로, 어떤 성도로 서 있는가? 바울이 고린도 교회를 향해 외쳤던 말씀 속에는 본문에서 이사야에게 입혀 주신 하나님의 마음이 들어 있다.

"너희가 무엇을 원하느냐? 내가 매를 가지고 너희에게 나아가랴? 사랑과 온유한 마음으로 나아가랴?"(고전 4:21)

진정한 왕 그리고 그분의 영

32 ¹ 보라! 우리가 진실로 믿고 따라야 할 왕이 오신다. 그분은 공평하고 정의롭게 나라를 다스리실 것이며, 그 왕이 세우신 지도자들도 같은 정신과 태도로 나라를 이끌 것이다.

² 그 왕만이 진정한 구원자이시다. 거센 바람이 불 때 대피소와 같은 분이요, 비와 홍수가 일어날 때 피난처 같은 분이요, 메마른 사막에서 샘물 같은 분이요, 타는 듯한 사막의 태양 아래서 큰 바위가 주는 그늘 같은 분이시다.

³ 그 구원의 왕은 문제 해결만이 아니라 존재의 변화, 곧 삶의 방식까지 변화시키실 것이다. 나라의 관리들은 정신 차리고 깨어서 백성을 살필 것이고, 백성들도 삶을 살아가는 태도가 변화되어 눈과 귀가 열려서 보아야 할 것을 바로 보고 들어야 할 것을 바로 들으며 살 것이다.

⁴ 항상 급하게 살아가면서 쓸데없는 정보에 휩쓸리던 사람조차 마음이 차분해져 진리를 알게 되므로 중요한 것을 먼저 하고, 생각과 표현이 정리되지 못해 이런저런 말을 성급하고 두서없이 내뱉던 사람이 선명하고 가치 있게 말할 것이다.

⁵ 어리석은 사람을 존귀한 사람이라고 부르고 인색한 사람을 관대한 사람으로 추켜세우던 모든 가식적이고 거짓된 아첨과 조작은 사라질 것이다.

⁶ 어리석은 자들이 어리석은 말을 하고, 인색한 사람들이 그 마음속에 품은 악한 일을 성사시키려고 온갖 편법과 불법을 통해 말하고 행동한 모든 것이 우리의 진정한 왕 하나님을 거역한 것이기 때문이다. 또한 그 왕이 최우선으로 관심을 두고 보호하시는 가난한 사람과 어려운 사람들을 저들이 착취하고 이용했기 때문이다.

⁷ 결국 이 왕 앞에서 세상의 모든 사람은 알곡과 쭉정이로 드러나 분리될 것이다. 먼저 쭉정이와 같은 악한 자들은 그 존재 자체가 악하기에 마음속에 품는 생각도 악하고 말도 거짓되며, 자신보

다 약하고 없는 사람을 학대한다. 힘없는 사람의 바른말도 그들은 들으려고 하지 않는다. 〔그래서 그들은 쭉정이로 분리되고 심판받는 것이다.〕

8 　하지만 선한 사람은 좋은 밭처럼 부드럽고 관대하여 하나님의 말씀을 따라 언제나 좋은 일을 계획하고 진행하니, 결국 그들의 삶에는 좋은 열매가 맺힐 것이다. 〔그래서 그들은 알곡으로 모아져 보호받는다.〕

9 그러므로 남유다의 딸들아! 무감각하고 안일한 삶을 대표하는 인간들아! 정신 차리고 하나님의 말씀을 집중해 들어라!

10 　지금 육신적으로 먹을 것이 있고 입을 것이 있다고 위안을 삼으면서 영적인 현실은 어떻게 흘러가고 있는지 모르는 자들아! 이제 1년 정도만 지나면 너희가 전혀 준비하지 못한 위기와 어려움이 닥쳐올 것이다. 추수 때가 되었으나 마땅히 기대했던 농작물을 하나도 얻지 못할 것이다.

11 　물질적인 피해가 전부는 아니다. 예상하지 못한 공포와 두려움이 닥쳐서 수치스럽고 모욕적인 상황도 감당해야 한다. 옷을 벗고 몸을 드러내며 슬픔과 죽음을 상징하는 베로 허리띠를 대신해야 할 것이다.

12 　영원히 자기 소유가 되리라고 믿었던 이 땅의 모든 것을 빼앗기고 잃어버릴 것이다. 그 소중했던 밭을 빼앗기고 많은 열매를 맺던 과실수를 잃어버릴 때 가슴을 치며 아파할 것이다.

13 　하나님 백성이 되었다고 영원히 백성의 축복을 받는 것이 아니다. 그들이 하나님 백성답게 살지 못하면 그들이 사는 땅이 도리어 저주를 받아 가시와 찔레가 나올 것이고 행복과 기쁨이 넘치던 도시와 삶의 공간에도 저주가 임할 것이다. 〔창 3:18〕

14 　그중에서도 특히 화려했던 궁전이 무너질 것이고 사람이 많이 모여 살던 번화한 도시도 많은 사람이 죽어서 횡할 것이다. 화려한

도시를 세웠던 언덕과 그 도시를 지키던 망대들은 철저히 파괴되어 다시는 회복이 불가능한 상태로 변하고 동물과 짐승의 거처만 되리라.

15 하지만 그것이 끝이 아니다. 인간의 모든 계획과 기대가 사라지는 그 순간에 하나님의 영이 위에서부터 우리에게 부어질 것이다. 그러면 놀라운 역전과 전복이 일어나리라. 바로 그 영으로 사막 같던 곳이 아름다운 땅으로 변화되고 아름다운 땅처럼 보였던 곳이 빽빽한(험한) 숲으로 바뀔 것이다.

16-17 그 때가 되면, 메마른 땅에도 정의가 있고 아름다운 땅에도 공의가 있을 것이다. 그 정의와 공의로 인하여 평화가 올 것이니, 그 평화는 영원한 평화와 안전이다.

18-19 하나님의 백성은 평화의 집에서, 안전한 장소에서 안식을 누릴 것이다. 하지만 완고하고 빽빽한 숲과 같이 완고한 존재들은 우박으로 파괴되고, 높은 건물들로 화려하게 우뚝 솟은 도시처럼 교만한 존재들은 내려앉을 것이다.

20 결국 왕 되신 하나님과 그분께서 보내시는 영의 인도를 따라 순종하는 사람들은 모든 물이 있는 곳에 씨를 뿌리며 가축을 그곳으로 이끌어오는 사람처럼 복된 삶을 누릴 것이다.

Mountain's Insight

남유다의 역사적 현실만 놓고 보자면 참으로 어려웠다. 북이스라엘을 멸망시키고 시시각각 다가오는 앗수르 제국의 위협에 굴복할 것인가? 힘도 없는 애굽에게 계속 도움을 구할 것인가? 아니면 이러한 상황이 어렵더라도 남유다 지도자들을 끝까지 믿고 기다릴 것인가? 결국 이 문제는 궁극적으로 어떤 왕을 믿고 신뢰할 것인지에 대한 선택이다. 앗수르 왕인가? 애굽 왕인가? 아니면 유다 왕인가? 바로 그때 이사야는 말한다. 이 모든 상황을 바로잡을 수 있는 진정한 왕은 오직 하나님뿐이라고!

하나님께서는 왕으로 오실 것이며, 그분의 영으로 오실 것이다. 이 모든 예언의 말씀은 신약 시대에 메시아 예수님과 성령님의 오심으로 증명되었다. 이 역사적인 하나님의 도래는 몇몇 사람에게 구원과 회복을 줄 것이다. 하지만 그것은 동시에 심판이 된다. 마치 솔로몬 앞에 두 여자가 와서 자기 억울함을 호소했을 때, 하나님의 영으로 충만한 솔로몬이 바르게 판결하자, 한 사람에게는 구원과 회복이 일어나고 또 한 사람에게는 심판이 일어나는 것과 같다.

이미 그 시간은 시작되었고 조만간 그 완성을 볼 것이다. 그러므로 메시아 예수님과 성령님이 오시면 한 개인과 민족과 온 세상에 구원과 회복이 임할 뿐 아니라 심판도 함께 도래함을 명심해야 한다. 하나님께서 주신 단 한 줄의 감동도 마찬가지다. 그것에 순종할 때 우리 삶은 구원받고 회복되겠지만, 거역할 때 우리는 이미 심판을 받은 것이다. 예수님과 성령님의 모든 역사는 이렇게 구원과 심판이 동시에 일어나는 동전의 양면과 같다.

"하나님이 세상을 이처럼 사랑하사 독생자를 주셨으니 이는 그를 믿는 자마다 멸망하지 않고 영생을 얻게 하려 하심이라. 하나님이 그 아들을 세상에 보내신 것은 세상을 심판하려 하심이 아니요 그로 말미암아 세상이 구원을 받게 하려 하심이라. 그를 믿는 자는 심판을 받지 아니하는 것이요 믿지 아니하는 자는 하나님의 독생자의 이름을 믿지 아니하므로 벌써 심판을 받은 것이니라" 요한복음 3:16-18.

강력한 현실 앞에서

A. 이사야의 탄식과 선포를 포함한 기도

1 **33** 화로다! 너, 앗수르여! 학대를 당하는 것이 얼마나 고통스러운지 모르면서 다른 이들을 학대하는 놈아! 속임 당하는 것이 얼마나 눈물 나는 것인지 모르면서도 다른 이들을 속이는 놈아! 너 역시 조만간 남을 학대하던 짓을 멈추고 학대를 당할 것이며, 남을 속이던 짓을 멈추고 속임 당하게 되리라.

2 하나님! 우리에게 은혜를 베풀어주소서. 우리는 주님만 기다리며 기도합니다. 긴 밤이 지나고 아침이 오듯이, 당신의 강한 팔로 우리를 도와주소서. 시련의 어두운 밤에 빛 같은 구원이 되어주소서.

3 하나님의 강력한 목소리로 우리를 위협하던 적들이 도망가고, 하나님께서 힘차게 일어나사 움직이는 모습으로 우리를 괴롭히던 적들이 흩어집니다.

4 그 적들[앗수르]을 멸망시킬 심판이 마치 무서운 메뚜기 떼처럼 달려와서 모든 것을 빼앗아갈 것이며, 강력한 메뚜기 떼처럼 그들[앗수르] 위를 덮을 것이다.

5 [이러한 놀라운 일이 가능한 이유는] 하나님께서 높은 곳에 계시면서 세상 모든 일을 바르게 심판하시기 때문이다. 하나님은 온 세상을 바로잡는 위대한 분이시기에 이 땅에 공의와 정의를 베푸실 것이며, 특히 하나님의 백성에게 더욱 그렇게 하실 것이다.

6 이러한 하나님의 역사는 먼 훗날이 아니라, 바로 지금 여기서 일어날 것이다. 하나님께서 자기 백성을 구원하심으로써 그분의 지혜와 지식을 세상에 널리 알리실 것이다. 그러므로 그 하나님을 경외함이 세상에서 가장 귀한 일인 것이다.

B. 현실

7 그러나 현실을 보라! 성 밖에서 앗수르 군사들이 위협하는 소리가 들리는 중에, 유다의 사신들은 화친하려고 최선을 다했지만 실패하여 애통해한다.

8 무서운 적들 때문에 길에는 사람이 없고 겨우 맺었던 조약마저 파기하고 남유다의 성과 사람들을 유린하는구나.

9 이것으로 하늘도 땅도 곤란하고 고통스러워하는 상황이 되고 말았다.

C. 곧 다가올 미래

10 바로 그때, 하나님께서 이렇게 말씀하신다.

"이제는 내가 일어나, 내가 누구인지를 보여주어야겠다! 유다의 하나님이 얼마나 위대한 존재인지를 알려주어야겠다!

11 너희, 앗수르는 대단한 승리와 결과를 누리리라 착각하는구나. 하지만 그들이 얻을 것은 지푸라기뿐이다. 그들이 가득 얻은 지푸라기에 내 입김을 불처럼 불어주리니, 모두 탈 것이라.

12 하나님을 인정하지 않는 이방 민족은 불에 구워지는 석회처럼 되고, 불에 살라지는 가시나무와 같은 운명을 맞이하리라.

13 저 멀리 사는 인간들아! 나, 하나님이 행한 것을 들어라! 여기 가까이 사는 인간들아! 나, 하나님이 행한 놀라운 능력을 보아라!

14 그러면 나의 백성 중에서 나를 경외하지 않고 형식적인 종교인으로 살던 자들이 '하나님은 불같은 분이시다. 영원히 타는 심판의 불처럼 거룩하고 무서운 영원한 불이시다. 누가 그분과 함께 살 수 있겠느냐!' 하면서 정신을 차릴 것이다.

15 그렇다! 어느 누가 나와 함께 살 수 있겠느냐? 오직 내 말대로 정의롭게 살고, 정직하게 말하며, 남의 것을 훔치거나 빼앗는 삶을

철저히 거부하고, 누가 뇌물을 주려고 하면 손사래를 쳐서 거절하고, 남에게 피해가 되는 일은 듣지도 말고, 조금이라도 불법적인 일은 보지도 않는 사람이다.

16   그런 사람은 나와 함께 높고 안전한 곳에서 살리라. 내가 그런 사람들에게 영원한 보험이 되고 도움이 될 것이기 때문이다. 그런 사람에게는 영원히 먹을 것과 마실 것을 제공하리라."

D. 더 나중에 다가올 미래

17 그리고 너희는 왕이신 하나님을 볼 것이다. 하나님께서 왕이 되셔서 다스리시는 그 넓고 거대한 온 세상을 볼 것이다.

18-19   바로 그때, 너희가 그동안 두려워했던 것들이 주마등처럼 지나가며 생각나리라. 너희 머릿수를 세서 무거운 세금을 물리고 너희 삶에 들어와서 감시하고 조종하던 자들이 기억나리라. 하지만 이제는 더 이상 그런 자들이 보이지 않으리라. 너희가 잘 알아듣지 못하는 언어로 지껄이며 농락하던 이방 적들의 두려운 말소리도 더 이상 들리지 않을 것이다.

20 더 이상 볼 필요도 없고 들을 필요도 없는 무가치한 두려움이 사라지면, 진정 보아야 할 것이 보이고 마음을 다해 들어야 할 것이 들리리라. 그것은 바로 하나님이며, 하나님을 향해 예배하던 시간과 장소다. 하나님께서 계신 시온 성과 예루살렘이 튼튼하고 견고한 건물처럼 우리 앞에 나타나리라.

21   바로 그곳에서 영광과 권능이 충만하신 하나님과 우리는 영원히 함께 있으리라. 그곳에는 생명을 상징하는 풍성한 물과 강이 있겠고, 그 물과 강으로 위협적인 적들의 배나 상업적인 탐욕의 배는 들어오지 못하리라.

22   이는 하나님께서 우리의 지도자가 되시기 때문이다. 그분께서 우리 왕이 되시며 그분이 하시는 말씀이 우리 법이 될 것이기 때문

이다. 그분이 우리의 구원자가 되시기 때문이다.

23-24 그 때, 그분 아래에서 우리 삶은 역전될 것이다. 이전에 우리 삶은
돛대도 없고 밑창도 없는 배처럼 아무 힘이 없어서 온통 빼앗기기
만 하는 모습이었지만 이제는 하나님께서 우리의 강력한 배가 되
심으로 우리는 어디로든 가서 무엇이든지 빼앗아올 수 있는 강력
한 존재가 되리라. 아무리 약한 사람도 새 힘을 얻을 것이며 심지
어 몸에 장애가 있는 사람도 온전한 사람 이상의 삶을 누릴 것이
다. 그분과 함께 사는 사람은 아픈 이가 없을 것이고 그 어떤 죄라
도 용서받을 것이다.

Mountain's Insight

이등병 때, 참 무섭고 악랄한 일병 선임자가 있었다. 대대장도 나를 좋
아했고 중대장이나 소대의 병장도 나를 아껴서, 그들은 "힘든 것 있으
면 언제든 말하라" 했지만 실제로 나와 가장 가까이 있는 것은 그 일병
이었다. 법은 멀고 주먹은 가깝다는 말처럼, 그는 나와 가장 오랫동안
군 생활을 해야 했기에 가장 가까운 어려움이었다. 남유다 백성들에게
앗수르가 그랬을 것이다.

바로 코앞까지 닥쳐온 무서운 적군인 앗수르와 그 위협 속에서 염려
하는 백성을 향해, 이사야는 선포와 같은 기도를 쏟아 낸다. 그래서 앗
수르와 유다 백성 모두에게 강력한 메시지가 된다.

우리는 진공 속에서 말씀을 읽는 것이 아니다. 하나님의 말씀은 철
저하게 삶이라는 현실에 뿌려진 씨앗이다. 하지만 이 씨앗이 자라나 열
매 맺기에는 현실이라는 토양이 매우 척박하다. 남유다도 이사야의 말
씀을 들었지만, 앗수르라는 강력한 적군의 세력에 위협당하고 고통당
하는 현실을 무시하기가 어렵다.

그래서 이사야는 그들에게 금방 다가올 미래와 조금 더 먼 미래를 보여준다. 32장에서 이미 언급했듯, 왕이신 하나님이 이 위기를 해결하시고 더 나아가 그분이 온전히 왕이 되셔서 놀라운 회복과 역전을 맛보게 하시는 미래를 말한다. 그렇다면 오늘이라는 현실에서 바로 그 하나님께서 펼치시려는 가까운 미래와 먼 미래를 누리려면 어떻게 해야 하는가? 바로 기도해야 한다! 이 기도는 선포적인 기도이며, 또한 삶의 기도이다. 하나님께서 이루실 미래를 기대하며 선포하는 기도이며, 내가 그 다가올 미래를 누릴 존재가 되고자 거룩함과 바른 삶을 살아가며 드리는 기도다.

바로 그때 우리는 지금 이루어지는 하나님 나라 그리고 결국에 이루어질 하나님 나라를 바로 여기서 누리게 된다. 우리는 그 하나님 나라가 예수 그리스도를 통해 역전과 치유와 죄 사함으로 이미 시작되었고 지금도 진행 중이라는 사실을 알고 있다. 중요한 것은 "바로 내가 그 하나님 나라에 참여하고 있는가?"이다.

잘못된 영적 현실을 살아가는 이방 나라에 대한 판결

1 **34** 이방 나라들아! 너희는 지금 나와서 하나님 말씀, 그분의 목소리를 들어라! 이 세상의 여러 땅과 지역에 사는 모든 존재들아! 너희를 창조하신 분 그리고 동시에 너희를 심판하시는 그분의 판결을 들어라!

2   참으로 하나님께서는 잘못된 영적 현실 속에서 사는 이방 나라들을 향하여 화를 내시고 분노하신다. 그분의 분노는 단순한 감정으로 끝나지 않고 이방 나라를 완전히 멸망시키는 처벌로 집행될 것이다.

3   하나님을 무시하고 자기 마음대로 살던 이방 나라들은 철저히 죽임당할 것이다. 사형당하는 것으로 끝나지 않고 그 시체까지 땅에 묻히지 못한 채 버려지겠고, 비참하게 버려진 시체에서 나오는 악취가 공기 중에 넘쳐나며 시체에서 나오는 피가 온 산에 넘쳐날 것이다.

4   이러한 하나님의 판결과 심판은 한 개인이나 한 나라에 국한하지 않고 온 세상과 온 우주에 미칠 사건으로서, 하나님을 경외하지 않는 이방 나라들이 신처럼 받들던 태양과 달과 천체까지도 그 영향을 받을 것이다. 곧 하늘과 땅이 흔들리고 온 세상이 뒤집히는 사건이 되리라.

5 하나님의 이러한 심판은 가장 먼저 이방 나라의 영혼을 사로잡고 있던 영적인 영역, 곧 하늘의 영역에서 충분히 이루어지고 그다음으로는 육적인 영역, 곧 이 땅에서도 완전히 이루어질 것이다. 하나님의 주권과 다스림을 거역한 이 땅의 영역에서 대표적인 나라인 에돔에 하나님의 심판, 곧 하나님의 칼이 닥칠 것이다.

6   제사 드릴 때 칼을 사용하여 어린양과 염소 같은 제물을 완전히 죽여 피를 내고 숫양의 콩팥에 있는 기름을 도려내듯이, 하나님의 심판을 수행하는 칼이 하나님을 거역하는 대표적인 나라인 에돔을 죽이

고, 그 에돔의 기름 같은 수도 보스라를 철저하게 도려낼 것이다.

7 들소와 송아지와 수소가 함께 도살장으로 끌려가듯이, 에돔 땅
의 지도자로부터 일반 백성까지 모두 죽임을 당할 것이다. 땅이 그
들의 피로 물들고 흙은 그들의 기름으로 가득 찰 것이다.

8 에돔으로 대표되는 세상 나라가 이렇게 심판받는 이유가 있다. 그
들은 하나님의 백성을 잔인하게 학대했다. 핍박과 고통을 받으면서
도 대갚음할 힘이 없는 그 백성은 오직 하나님께 기도하고 탄원하
였다. 그래서 하나님께서는 자기 백성의 기도와 탄원을 들으시고
그들을 대신하여 악한 나라들에 복수하시는 것이다.

9-11 악한 나라의 강물은 역청(타르)으로 바뀌고 흙은 유황이 되며
땅에는 불타는 용암이 흐를 것이다. 그 심판의 불이 낮에도 밤에도
꺼지지 않고 독하고 검은 연기만 끊임없이 솟아오를 것이다. 그들
삶의 자리는 영원히 폐허가 되어 어떤 사람도 살 수 없을 것이다.
야생동물만 그 땅에 가득하며 부정한 짐승만 득시글거릴 것이다.
〔그 옛날 하나님께서 여호수아를 통해 여리고를 파괴하고 다시 세울 수 없
도록 저주하셨듯〕 하나님께서 그곳을 저주하셔서 무엇도 다시 세울
수 없도록 '파괴의 건축'(혼란의 줄)을 통해 '공허와 혼란의 건물'(공
허의 추)을 세우실 것이다.

12 〔하나님께서 여호수아를 통해 저주하신 여리고를 훗날에 히엘이 두
아들을 잃어가면서 재건축했지만, 왕상 16:34〕 그곳은 심판과 저주가
얼마나 강력한지, 후손들이 나라를 재건하려고 해도 그럴 만한 인
재가 없을 것이며 그럴 만한 사람이 없을 것이다.

13 그들의 옛 궁궐터에는 가시나무가 자라고 옛 성터에는 잡초와
가시덤불만 가득하여 도저히 사람은 살 수 없고 야생동물만 살게
되리라.

14 〔한 나라의 궁궐과 성을 쌓은 곳이 얼마나 좋은 땅이겠는가? 당연히
그다음 세대의 누군가가 그 땅에 사람들을 모으고 새롭게 건축하여 나라를

일으키려 하지 않겠는가? 하지만 그런 일은 절대 일어나지 않는다.] 사람을 모아 그 땅을 회복하려는 시도는 철저히 실패하며 절대 가능하지 않을 것이다. 그곳은 완전히 들짐승의 소굴이 될 것이기 때문이다. 한 종류의 들짐승이 다른 종류의 들짐승을 부르고 한 종류의 부정한 동물이 또 한 종류의 부정한 동물을 부를 것이다.

15   그 짐승들은 잠시 살고 떠나지 않고, 그곳에 살 집을 만들고 짝짓기를 하여 알을 낳고 번성할 것이다. 여러 부정한 동물이 자기의 짝을 거기서 부르고 찾고 만나서 살게 되리라.

16   [하나님께서 말씀하신 이런 철저한 심판이 일어나지 않을 것 같으냐? 그렇다면] 하나님의 말씀이 담긴 책을 구해 읽어보아라! 그 책에 나오는 부정한 동물들이 하나도 빠짐없이 그 땅에 사는 것을 보리라. 그 부정한 동물은 그 땅에서 모두 짝을 짓고 살 것이다[동물들이 짝을 이루고 번성한다는 것은 사람이 살 수 없는 동물의 땅이 된다는 말이다]. 이 심판을 하나님께서 선포하셨기 때문이다. 그래서 하나님의 영께서 이 부정한 짐승들을 모두 모아서 그곳에 살게 하신 것이다.

17   원래 하나님께서 사람들에게 주신 땅이었지만, 그들이 하나님을 거역하고 하나님 백성을 괴롭히며 하나님의 뜻을 거역했기 때문에 하나님도 이제 그들을 심판하고 그들에게 준 그 땅을 짐승들에게 준 것이다. 마치 출애굽한 이스라엘 백성이 약속의 땅에서 여호수아를 통해 제비 뽑아서 땅을 나눠 가졌듯, 하나님께서는 동물들과 짐승들에게 그 땅을 제비 뽑아서 나누어 주고 그 땅을 영원히 차지하게 하심으로 더 이상 죄악 된 민족과 백성들이 그 땅에 살지 못하도록 만드실 것이다.

Mountain's Insight ———————————————

지금까지의 이사야서를 간략하게 정리하자면, 1-12장이 남유다를 비롯한 하나님 백성에 대한 심판 메시지이고, 13-23장은 하나님의 백성을 심판하는 도구로 쓰임받지만 하나님을 경외하지 않는 이방 백성에 대한 심판 메시지이며, 24-27장은 소위 '이사야 묵시록'이라고 하여 온 세상과 우주에 대한 심판 메시지를 전한다. (물론 그 안에는 회복의 메시지와 구원의 메시지도 간간이 들어 있다.)

그러고서 이사야의 전반부를 마무리하는 28장부터 39장에서는 현실로 돌아온다. 즉, 1-27장이 '예언'이라면 28-39장은 '현실'이다. 그리고 다시 40장부터는 예언으로 넘어간다.

그 현실을 이야기하는 28-39장도 세분하면 이렇게 정리할 수 있다. 28-33장은 북이스라엘, 남유다의 영적 현실을 말하고, 36-39장은 역사적 현실을 말한다. 바로 그 가운데 있는 34-35장은 영적 현실과 역사적 현실을 연결하는 내용으로 두 가지 분명한 결과를 선포한다. 악한 이방 나라의 처벌과 의로운 하나님 백성의 구원 및 회복이다. 그래서 34-35장은 재판장에서 재판관이 어떤 사건에 대해 판결을 내리는 순간과 비견된다. 그것은 법정에 선 사람들의 영적인 상태가 역사적으로 효력을 발휘하기 전에 내려지는 선포이며 결정이다. 그래서 나는 그것을 '현실에 온 미래'라고 부르고 싶다.

영적 현실과 역사적 현실 사이에서 하나님은 당신을 거역하고 당신의 백성을 괴롭히던 이방 나라에 대한 심판을 선언하신다. 에돔은 바로 그 나라들의 대표이다. 마치 베드로 한 사람이 신앙을 고백함으로써 제자 전체에 교회라는 계시와 선물이 주어졌듯, 여기서는 반대로 에돔 한 나라가 그들의 패역과 죄악으로 심판을 언도받는 대표로 선다. 이 심판은 하나님의 복수로서 그 영향이 영원하다는 특징이 있다. 특히 주목할 만한 내용은 이방 나라 백성에게 주어진 땅이 짐승의 땅으로 바뀐다는 것이다.

11절에 등장하는 '줄'과 '추'는 원래 건물을 건축하고 세워 올릴 때 사용하는 도구인데, 하나님께서 '혼란의 줄'과 '공허의 추'를 사용하신다고 함은 그분이 이제 건축을 하실 것인데 그것이 태초의 공허와 (그 무엇도 올릴 수 없는) 혼란을 세우신다는 의미이니, 이것은 역설적인 표현으로 '파괴를 건축한다'는 의미가 된다.

　본문에는 한국에서 전통적으로 잘못 해석하는 부분도 나온다(34:16). 여기서 나오는 짝은 신구약 성경의 짝이 아니라 동물의 짝으로, 그들이 짝짓기하며 산다는 것은 영원히 짐승의 땅이 되고 사람의 땅이 되지 못한다는 사실을 매우 생생하고 확실하게 묘사하는 구절이다. 하나님은 세상 모든 사람에게 땅을 선물로 주셨다. 그것은 그들이 살아갈 삶의 자리요 분복이다. 그러나 그들이 이를 잘 관리하지 못하면 빼앗기는 날이 온다. 우리는 한 달란트 받은 자의 비극을 기억하며 우리 역시 그런 운명이 되지 않도록 마지막 심판 앞에서 항상 깨어 있어야 한다(마 25:28).

하나님만 바라며 고난당하는 백성의 회복을 선포하다

1 **35** 광야처럼 메말라 아무것도 없던 땅이 회복되어 기쁨으로 가득해진다. 모든 것의 끝이라 여겼던 죽음 같은 사막에 들꽃들이 피어올라 생명의 즐거움이 시작된다.

2 한두 개의 꽃이 아니라 엄청나게 많은 들꽃이 피어오르니, 기쁨의 노래와 행복한 몸짓이 넘친다. 전쟁과 심판으로 사막처럼 폐허가 된 이스라엘 땅과 백성의 마음이 [이사야 시대에 가장 아름다운 장소인] 레바논 산맥의 푸르름, 갈멜과 샤론의 기막힌 풍경처럼 역전되고 회복된다. 이 모든 것이 하나님의 능력이며 하나님의 기적이다. 오직 하나님만 바라보며 고난의 현실을 견딘 백성은 이토록 놀라운 하나님의 역사와 아름다운 영광을 보게 되리라.

3 그러므로 지금 고통스럽고 어려운 현실로 마음이 약해지고 삶의 소망을 잃은 하나님의 사람들아! 하나님을 신뢰하여 힘을 내라!

4 불안하여 조급해진 동역자에게 "두려워하지 말고 마음을 강하게 하라!" 하고 말해주라! "이제 곧 우리 하나님께서 오셔서 악한 자를 물리치시고 하나님의 백성을 구원하실 것이다!"라고 말해주라! [히 12:12]

5 하나님께서 오시면 육신적인 또한 영적인 시각 장애인의 눈이 열리고, 청각 장애인의 귀가 뚫릴 것이다. [마 11:4-6, 눅 4:18-19]

6 하나님께서 오시면 육신적으로 또한 영적으로 걷지 못했던 사람이 사슴처럼 뛸 것이고, 한 마디도 말할 수 없던 사람이 하나님을 찬양할 것이다. 인생의 작은 개선이 아니라, 거대하고 완전한 회복을 말하는 것이다. 마치 물 한 방울 없는 광야에 지하수가 솟아나는 것과 같고 온통 죽음만 있는 사막에서 생명의 강들이 흘러넘치는 것과 같다.

7 오로지 태양의 뜨거움으로 모래만 가득하던 사막이 변화되어

물과 생명이 넘치는 비옥한 땅이 되겠고 아무 쓸모 없는 땅이라고 포기했던 곳이 변화되어 무엇이든 시작하게 하는 가능성의 땅이 되리라. 온갖 부정하고 악한 짐승들만 가득하던 곳이 변화되어 어떤 사람이든 와서 살고 싶은 자연과 환경이 될 것이다.

8   바로 그 놀라운 변화의 땅에는 큰 길이 하나 있는데, 그 길의 이름은 '거룩한 길'이다. 즉 이 놀라운 변화의 땅에 들어가 살 수 있는 사람은 오직 거룩한 사람뿐이기 때문이다. 하나님의 성품인 거룩함과 반대되는 사람, 곧 부정한 사람은 그 땅에 들어갈 수 없고 성령님의 지혜와 반대되는 사람, 곧 어리석은 사람도 그곳에 갈 수 없다. 오직 거룩하고 지혜로운 사람, 곧 〔메시아 예수님의〕 구원의 은혜를 받은 사람, 곧 자신의 죄를 회개하고 삶을 방식을 바꾸어 구원받은 사람만이 그 길을 통해 변화의 땅을 누릴 수 있다.

9   그 변화의 땅〔하나님의 나라〕에는 사자같이 사납고 악한 짐승이 살 수 없고 또한 접근할 수도 없다. 그곳에는 구원받은 하나님의 백성만이 자리 잡고 생명의 삶을 누린다.

10   하나님께서 자기 백성을 위해 거대한 대가를 지불하고 베푸신 구원을 받아들인 사람은 누구나 이 놀라운 회복을 누릴 수 있다. 변화의 땅, 시온에 오면 찬양의 삶, 기쁨의 삶, 참된 행복의 삶을 영원히 누린다. 죄와 사망으로 하나님의 백성을 괴롭히던 슬픔과 눈물과 한숨은 이제 모두 사라질 것이다.

Mountain's Insight ————————————————

오늘날 평범한 한 사람으로서 제 몫을 다하고 살아간다고 것도 매우 힘든 일이다. 더욱이 하나님의 뜻대로 그 말씀대로 살려면 그 시련과 고통이 이루 말할 수 없다. 우리 마음은 흔들리고 조급해지며 마지막 남

은 소망조차 보이지 않을 때가 많다. 하지만 우리는 물어야 한다. 내 현
실을 믿는가? 아니면 하나님을 믿는가? 그 어떤 상황에서도 하나님께
서 모두 바꾸실 수 있음을 믿는가? 심지어 내가 이렇게 살다가 죽어도
주님께서 다시 살리실 것을 믿는가? 다니엘과 세 친구는 믿었다. 12년
간 혈루증을 앓았던 여자는 예수님의 옷깃만 만져도 회복되리라 믿었
다. 나의 상황과 형편이 아니라 하나님의 놀라운 능력을 믿었다.

　내가 저 멀리서 오면, 딸 다연이는 나를 향해 뛴다. 나를 사십 대 중
반의 허리 아픈 아저씨로 보기보다는 사랑하는 아버지로 믿기 때문이
다. 나는 그렇게 하나님을 믿는가? 그리고 그곳으로 연결된 유일한 길,
곧 거룩한 길로 가는가? 우리는 이 질문에 날마다 응답해야 한다.

　"왕이여 우리가 섬기는 하나님이 계시다면 우리를 맹렬히 타는 풀무
불 가운데에서 능히 건져내시겠고 왕의 손에서도 건져내시리이다.
그렇게 하지 아니하실지라도 왕이여 우리가 왕의 신들을 섬기지도
아니하고 왕이 세우신 금 신상에게 절하지도 아니할 줄을 아옵소서"
다니엘 3:17-18.

참담한 역사적 현실

1 **36** 남유다의 히스기야왕이 나라를 다스린 지 14년째 되던 때에, 앗수르 왕 산헤립이 남유다를 공격했다. 남유다 지역의 대다수 성을 점령했고 수도인 예루살렘만 남았다.

2   산헤립은 예루살렘에서 남서쪽으로 50킬로미터 정도 떨어진 라기스에 머물면서 히스기야왕을 위협하기 위해 군대장관 랍사게를 상당한 군사들과 함께 예루살렘으로 보냈다. 예루살렘 성을 나가면 위쪽으로 공동 빨래터가 있는데 바로 그곳으로 가는 길 중간에 자리한 저수지 부근의 물길이 나오는 한 지점까지 랍사게가 다가왔다.

3   그러자 남유다의 관리들이 나왔다. 힐기야의 아들로서 국무장관인 엘리아김, 서기관 셉나, 아삽의 아들로서 역사 기록관인 요아가 나와서 랍사게를 만났다.

4-5 앗수르의 군대 장관인 랍사게가 〔히브리말로〕 크게 외쳤다.

    "우리의 앗수르 대왕님께서 너희의 왕 히스기야에게 하시는 말씀을 전하여라! 히스기야왕아! 네가 지금 믿고 있는 것이 어디 믿을 만한 것이냐? 너는 나와 싸워서 이길 수 있는 계획과 용기가 있다고 자랑하지만, 그것은 말뿐이지 않느냐? 도대체 무엇을 믿고 그리 자신만만하여 나를 대적하려고 하는 것이냐?

6   아! 애굽을 믿어 보겠다는 것이냐? 애굽은 한물갔다. 이제는 썩은 갈대 지팡이와 같다. 네가 그 지팡이를 붙잡고 의지했다가는 썩은 갈대 지팡이가 꺾여서 네 손만 찔리고 다칠 뿐이다. 애굽의 바로 왕은 이제 그 누구에게도 도움을 줄 힘이 없다.

7   혹시라도 너희의 신, 여호와 하나님을 의지하겠다는 것이냐? 그런데 어째서 너희의 왕, 히스기야는 그렇게 믿고 의지하는 신에게 제사하는 장소들을 모조리 다 제거해버렸느냐? 우리는 우리 신들의 제단을 여러 산에 만들어두고 섬기는데 너희 왕은 그렇게 대

단하다는 신에게 드리는 제사 장소를 오직 예루살렘 하나만 남겨
놓고 거기서만 예배드리라고 하고, 나머지 모두 제거하지 않았느
냐? 그렇게 무시를 당한 신이 과연 너희를 돕겠느냐?

8 자! 할 수 있으면 나의 주인님이신 앗수르 대왕님과 한번 대결을 해
보거라! 내가 지금 당장이라도 말 2천 마리를 내주면 탈 사람은 있
느냐? 너희의 그 갇힌 성안에는 내가 준 말에 올라 탈 군사도 없다
는 것을 잘 알고 있다!

9   말 2천 마리에 탈 군사도 없는 주제에, 위대한 앗수르 제국과
맞서서 싸우겠다는 말이냐! 우리 주인이신 앗수르 대왕님을 따르는
일개 장군 하나가 이끄는 부대와 싸워도 이길 수 없을 것이다. 그런
데도 항복은커녕, 애굽에 몰래 사절단을 보내 그 힘없는 나라의 병
거와 기병의 도움을 받으려고 한단 말이냐!

10   무엇보다, 앗수르 제국이 남유다를 멸망시키는 것은 너희가 하
나님이라고 믿는 존재의 뜻이다! 너희 하나님이 우리에게 남유다를
쓸어버리라고 하셨다 그 말이다!"

11 그러자 랍사게 장관을 맞으러 나온 유다의 관리들, 곧 엘리아김과
셉나와 요아가 랍사게에게 이렇게 부탁하였다.
    "우리가 앗수르 언어인 아람어를 잘 알고 있으니 아람어로 말하
시오. 우리 뒤쪽에 있는 예루살렘 성 위의 백성이 다 듣고 있으니, 더
이상 지금처럼 유다의 언어인 히브리어로 말하지 말아 주시오."

12 하지만 랍사게는 이렇게 대답했다.
    "나의 주인님이신 앗수르의 대왕님께서 나를 보내신 것은, 단지
너희 유다 왕과 관리들에게만 그분의 말씀을 전하라고 하신 것이 아
니다. 이길 수도 없는 전쟁에 고통당하는 너희 유다 백성, 곧 저 성벽
위에서 먹을 것이 없어 자기 똥을 먹고 마실 것이 없어 자기 오줌을

마시는 사람들에게도 동일하게 그분의 말씀을 전하라고 나를 보내
신 것이다!"

13-15   앗수르의 장관 랍사게는 거기서 멈추지 않고 벌떡 일어나 성벽
을 향해 히브리어로 크게 외쳤다.

"유다 백성아! 앗수르 대왕님의 말씀을 똑똑히 들어라! 너희
왕 히스기야의 말에 속지 마라! 그는 절대로 너희를 도와줄 수 없고
이 상황을 해결할 수도 없다. 그가 너희에게 '하나님을 신뢰하라!'
고 하는 말을 믿지 말고 따르지도 마라! 그가 너희에게 '여호와 하
나님께서 반드시 우리를 구원하실 것이다. 이 성은 절대로 앗수르
왕의 손에 넘어가지 않을 것이다'라고 하는 말을 듣지 마라!

16-17   지금이라도 항복하고 우리 앗수르 대왕님께 나오거라! 그러면
우리 대왕님께서 너희 한 명 한 명에게 포도와 무화과를 주시고 시
원한 우물물도 주실 것이다. 너희의 고향처럼 풍성한 지역으로 이
사 가서 살게 하실 것이며 한 몫씩 단단히 챙겨주실 것이다.

18-20   너희 왕인 히스기야가 너희에게 '여호와 하나님이 우리를 도와
주시고 이 상황에서 구해주신다'라고 하는 말에 속지 마라! 앗수르
의 대왕님께서 이곳까지 그냥 왔는 줄 아느냐? 수많은 나라를 점령
하고 여기까지 왔다. 중간에 하맛과 아르밧이 있었고 스발와임과
사마리아가 있었다. 모두 남유다보다 크고 강한 나라였으며 거기에
도 자기들이 믿고 섬기는 신들이 있었다. 하지만 그 어떤 나라와 어
떤 신도 우리 대왕님과 싸워 이길 수 없었고 자기 나라를 구할 수
없었다. 그런데 그들보다 훨씬 더 작고 보잘것없는 너희 유다와 너
희가 믿는 하나님이 우리를 어떻게 막을 수 있겠느냐! 이 상황에서
어떻게 구할 수 있겠느냐!"

21   이런 처참한 말에도 불구하고, 남유다의 관리와 백성은 아무 대답
도, 반응도 하지 않았다. 이미 히스기야왕이 저들에게 어떤 말을 듣
더라도 절대 대답하지 말라고 명령했기 때문이다.

22   그 후, 앗수르의 장관 랍사게를 만나고 돌아온 남유다의 관리들 곧, 힐기야의 아들로 국무장관인 엘리아김, 서기관 셉나, 아삽의 아들로 역사 기록관인 요아는 비통한 마음으로 자신들의 옷을 찢고 히스기야왕에게 가서 앗수르의 장관 랍사게가 한 말을 모두 전하였다.

Mountain's Insight ────────────────────────

7절에서 앗수르는 히스기야의 종교개혁을 조롱하는 말을 하고 있다. 앗수르는 당시 고대 근동의 다른 이방 신들처럼 자기 신을 섬기기 위해 여러 곳에 혼합적인 형태의 산당과 제단을 만들었다. 그러므로 오직 예루살렘에만 예배 장소를 만들고, 변질되어 가는 지방의 산당과 제단을 모두 제거하는 순수한 형태의 제사 형식을 히스기야가 지켜낸 것을 앗수르는 이해할 수 없었고, 오히려 그것이 신을 모독하고 무시하는 처사라고 오해했다.

남유다의 현실은 실로 참담했다. 말 그대로 풍전등화, 바람 앞의 등불이었다. 그런데 왕은 그들에게 잠잠하라고 한다. 기다리라고 한다. 아무 말도 하지 말라고 한다.

지금도 그렇다. 믿음의 사람들의 삶은 참으로 고통스럽다. 이 글을 쓰면서도 생각나는 성도들이 있다. 그들을 생각하면 마음이 아프고 눈물이 난다. 그들에게 뭔가를 해주고 싶다. 하지만 하나님은 기다리라고 하신다. 살아보면 안다. 세상에 가장 힘든 것이 뭔가 하고 싶은데 아무것도 하지 않는 것이다. 그런데 신앙은 거기서부터 시작이다.

랍사게는 계속 무엇을 믿느냐고 했다. 우리는 믿는 것을 기다리는 법이다. 기다릴 수 없는 것은 믿을 수도 없고 사랑할 수도 없다. 사랑의 첫 번째 덕목이 '오래 참음'이듯, 하나님의 사람이 제대로 배워야 하는 것은 바로 기다릴 줄 아는 지혜이다. 그것이 시작이다. 하나님을 신뢰하고 나의 방법을 포기하고 잠잠히 하나님을 기다려야 한다. 수많은 믿

음의 사람들이 바로 이 기다림의 수업에서 실패했다. 그러므로 오늘 밤
도 나는 기도한다. "주여, 제가 잘 기다리게 하소서. 그리고 그들도 잘
기다리게 하소서!"

1 **37** 이 모든 내용을 다 들은 히스기야왕은 〔슬픔과 회개를 상징하는 유대인의 관습에 따라〕 자신의 옷을 찢고 굵은 베옷을 입은 후에 하나님의 성전에 들어갔다.

2   그때에, 국무장관 엘리아김과 서기관 셉나 및 제사장 중에서 연장자들이 이미 왕처럼 〔슬픔과 회개의 마음으로〕 굵은 베옷을 입고 있었다. 히스기야왕은 하나님의 성전으로 가서 기도하면서 동시에 그들을 선지자 이사야에게 보내 기도를 부탁했다.

3-4 히스기야왕이 신하들을 통해 선지자 이사야에게 전한 말은 다음과 같다.

   "오늘은 참으로 고통스럽고 비참하며 욕된 날입니다. 마치 어떤 여자가 아기를 낳는 순간이 되었는데도 아기를 낳을 힘이 전혀 없는 상황 같습니다. 그대의 하나님께서 이미 앗수르의 군대장관 랍사게가 한 말을 들으셨을 것입니다. 앗수르의 왕이 그의 신하 랍사게를 통하여 살아 계신 하나님을 모욕했던 것 말입니다. 그대의 하나님께서 그런 교만하고 오만한 말을 들으셨을진대 반드시 그 잘못된 말들을 바로잡으실 것입니다. 그러므로 그대는 예루살렘에 마지막으로 남아 있는 하나님의 백성을 위해 기도를 올려주십시오!"

5   히스기야왕의 신하들은 선지자 이사야에게 이렇게 왕의 말을 전했다.

6-7 그러자 이사야는 히스기야왕의 신하들에게 다음과 같이 대답했다.

   "여러분은 돌아가서 하나님께서 이렇게 말씀하셨다고 왕에게 말하십시오.

   '너희가 들은 말, 곧 나에 대해 그들이 모욕적으로 한 말로 인하여 두려워하지 말라. 보라! 내가 앗수르 왕의 마음을 사로잡을 것이다. 그가 어떤 소문을 듣고 갑작스럽게 본국 앗수르로 돌아가겠고, 거기서 칼에 맞아 죽을 것이다.'"

고통스러운 현실

8-9 〔예루살렘에서 온갖 모욕적인 말을 다 하고〕 자신의 왕이 있는 라기스로 돌아온 앗수르의 군대장관 랍사게는, 왕이 이미 라기스를 떠났다는 소식을 듣는다. 당시 에티오피아 왕 디르하가가 싸움을 걸어왔기 때문이다. 앗수르 왕은 에티오피아 왕과 싸우려고 라기스를 떠나 립나에서 전쟁하는 중이었다.

그러나 라기스를 떠나 립나로 가서 전쟁을 하기 전에, 앗수르 왕은 〔자신이 예루살렘에서 멀어지는 것을 보고 혹시라도 유다의 왕과 백성이 상황이 바뀐 것으로 착각하지 않게 하려고〕 위협적인 말로 편지를 써서 자신의 신하를 보내 유다 왕 히스기야에게 전달했다.

10-11 앗수르 왕이 신하들을 통해 전한 편지 내용은 다음과 같다.

"유다의 왕, 히스기야야! 내가 지금 잠시 라기스에서 물러나 립나로 간다고 해서, 너희가 믿는 신, 곧 하나님이 우리 앗수르의 손에서 너희를 보호하고 구원했다고 착각하지 마라!

앗수르 제국이 이곳까지 모든 나라와 땅들을 점령해오면서 우리를 대항하고 막은 나라에 어떤 짓을 했으며 그들을 어떻게 철저히 멸망시켰는지를 너는 들었을 것이다. 그 어떤 나라도 우리를 이길 수 없었다. 그런데 그들보다 더 작고 힘이 없는 유다가 어떻게 살아남을 수 있겠느냐?

12 위대한 앗수르의 왕들인 나의 선조들께서 수많은 나라를 모두 멸망시키셨다. 그중에는 좋은 돌들이 많이 나던 고산(고잔)도 있었고 하란도 있었고 레셉도 있었으며 앗수르에 가까운 들라살 지역에 있던 에덴의 후손들도 있었다. 그런데 그 나라의 신들이 위대한 앗수르의 침략에서 살아남았느냐? 아니다! 모두 끝장났다!

13 하맛 왕과 아르밧 왕과 스발와임 성의 왕들이 어디 있느냐? 〔모두 앗수르의 발아래 무릎을 꿇었고 죽임을 당했다!〕"

히스기야의 기도

14 히스기야는 앗수르 왕의 신하들이 전달한 편지를 받아 읽어본 후, 하나님의 성전에 올라가서 그 편지를 하나님 앞에 펼쳐 놓았다.

15 그리고 하나님 앞에 다음과 같이 기도했다.

16 "천사들 사이에 계신 이스라엘의 하나님! 모든 전쟁을 주관하시는 승리의 하나님! 온 세상을 창조하신 홀로 유일하신 하나님!

17 바로 그 하나님이여! 귀를 기울여 들으소서! 하나님이여! 눈을 떠서 보십시오! 앗수르의 왕 산헤립이 자기 신하들을 보내 살아계신 하나님을 마치 죽은 신처럼 모독한 말들을 들으시고 보시옵소서!

18-19 앗수르 왕의 말처럼, 실제로 앗수르의 왕들과 군대가 온 세상의 강한 나라를 이겨 그들이 살던 땅을 황폐하게 했고, 그들이 섬기던 신들을 불태웠습니다. 하지만 그 신들은 진짜 신이 아니었습니다. 사람들이 손으로 만든 나무와 돌이었습니다. 그러므로 그 가짜 신들이 멸망당하는 것은 당연한 일입니다.

20 하지만 유다의 하나님은 진짜 하나님이 아니십니까! 그러므로 바로 지금 우리를 앗수르의 손에서 구원해주소서! 그래서 오직 하나님만이 진짜 하나님이라는 사실을 온 세상이 알게 하여 주소서!"

하나님의 응답

21 바로 그때, 아모스의 아들 선지자 이사야가 하나님의 응답을 받았다. 그래서 이사야는 한 사람을 히스기야왕에게 보내 이스라엘의 하나님께서 기도 응답으로 주신 내용을 이렇게 전했다.

"[하나님께서 말씀하시길] 히스기야야! 네가 앗수르 왕인 산헤립에 대하여 나에게 한 기도를 내가 들었다.

22 [앗수르 왕이 말한 것과 전혀 다르게 상황이 역전될 것이다. 앗수르 왕이 유다의 왕과 백성을 멸시하고 조소했지만 결과적으로는] 내 딸과 같은

시온의 백성이 앗수르 왕을 멸시하고 조소할 것이다. 내 딸과 같은
예루살렘이 전쟁에서 패배하고 돌아가는 앗수르의 뒷모습을 향해
반드시 혀를 찰 것이다!

23   앗수르 왕, 산헤립아! 네 놈이 지금까지 누구를 향해 수치스러
운 말을 한 줄 아느냐? 네 놈이 지금까지 누구를 향하여 교만한 말을
한 줄 아느냐? 바로 이스라엘의 거룩한 존재인 나, 하나님을 향하여
한 것이다!

24-25   앗수르 왕 산헤립! 네 놈이, 네 신하인 군대장관 랍사게를 통해
바로 나, 하나님을 모독하면서 '내가 전차부대를 이끌고 산들처럼
높고 강한 나라를 모두 정복했고 레바논처럼 아름다운 나라와 가장
아름다운 것들을 빼앗았으며, 그 나라에서 가장 귀하고 좋은 것들을
파괴하고 차지했다. 내가 어떤 땅에 들어가서도 물이 없으면 땅을
파서 물을 내 마셨고, 물이 많은 애굽 같은 곳에는 그 모든 물을 발로
밟아 없애버렸다. 내가 바로 신이다!'라고 교만을 떨었구나!

26-27   네 놈이 스스로 대단하게 생각하면서 신이라고 착각하는 모양
인데, 진짜 신이 할 만한 일은 네 놈이 아니라 바로 내가 한 것이다!
나, 하나님이 세상의 모든 일을 태초부터 계획하고 실행했다. 온 세
상 나라를 점령하고 유다 백성까지 공격할 수 있게 된 것은 앗수르
왕, 네 놈이 잘나서가 아니라 내가 너를 도구로 삼았기 때문이다. 그
래서 네 놈 앞에서 세상 사람이 두려워하고 떨었던 것이다.

28-29   그런데 네 놈이 스스로 분수를 모르고 교만해져서 마땅히 지켜
야 할 선을 넘어버렸구나! 네 놈의 오만방자함이 나, 하나님의 귀에
들렸고 내 눈으로 보았으니 내가 너를 심판할 것이다. 너는 더 이상
사람이 아니라 짐승처럼 취급당해, 내가 갈고리로 네 코를 꿰고 입
에 재갈을 물려서 네 놈이 원래 있어야 할 자리로 돌려보낼 것이다."

30   이어서 이사야는 히스기야왕에게도 다음과 같은 하나님의 응답을
전했다.

"왕이시여! 왕에게 하나님께서 특별한 징조를 주실 것입니다. 그것은 올해에는 앗수르의 침략으로 먹을 것이 없었지만 땅에서 자연적으로 나오는 곡식과 열매를 먹게 될 것이며, 그 다음 해(둘째)에도 그렇게 스스로 나온 곡식과 열매들을 먹을 것입니다. 그리고 세 번째 해에는 정상적인 농업이 이루어져서 심고 거두는 일을 할 수 있으며, 포도나무도 심고 온갖 곡식도 심어서 그 곡식과 열매를 추수할 수 있을 것입니다. 다시 말해서 앗수르 군대의 포위로 올해에 나라가 끝장난다고 생각했겠지만, 유다는 끝나지 않고 계속 이어서 살아갈 것입니다.

31-32 앗수르의 침략으로 많은 사람이 죽었지만, 살아남은 사람들은 예루살렘의 공성전이 풀려서 성 밖으로 나와 다시 새로운 삶을 꿈꿀 것입니다. 이 모든 일은 온 세상의 주인이신 하나님의 열정으로 이루어집니다.

33-34 그러므로 하나님께서는 앗수르 왕이 예루살렘 성에 가까이 오지도 못하게 하시고 화살 하나도 쏘지 못하게 하시며 방패를 가진 앗수르 군사를 단 한 명도 성벽 가까이 접근하지 못하게 하실 것이기에 성을 무너뜨릴 그 어떤 일도 일어나지 않습니다. 결국 앗수르 왕은 본국으로 돌아갈 것입니다. 하나님께서 그렇게 하실 것입니다.

35 하나님께서는 '내가 나를 위하여 그리고 나의 종 다윗을 위하여 (기억하여) 예루살렘 성을 보호하며 구원하리라' 하셨습니다."

36 그리고 바로 그날, 하나님의 천사들이 나가서 앗수르 군대를 공격했다. 그러자 앗수르 군대에 있는 군사 십팔만 오천 명이 죽었고, 사람들이 아침에 일어나 보니 시체만 가득했다.

37 앗수르 왕, 산헤립은 그곳(유다 땅)을 떠나 본국으로 돌아갔고 수도인 니느웨에서 살았다.

38 그러던 어느 날, 산헤립이 자기 신, 니스록에게 제사를 드리고자 그 신전에 들어가서 엎드려 절하고 있었는데 바로 그때에 아들인 아

드람멜렉과 사레셀이 들어와 그를 칼로 찔러 죽이고 아라랏 땅으로 도망가 버렸다. 결국 이렇게 앗수르 왕이었던 산헤립은 비참하게 죽었고 그의 아들 중 한 명인 에살핫돈이 이어서 왕이 되었다.

Mountain's Insight ───────────────────────

무엇보다 교만하지 말자! 교만은 사람을 무시하는 것이 아니라 하나님을 무시하는 것이다.

아울러 기도를 무시하지 말자. 기도를 무시하는 것 역시 하나님을 무시하는 것이다.

기도란 내가 하고 싶은 일을 하나님께 시키는 것이 아니라 하나님께서 마땅히 하시려는 그 일을 하나님께 내어 드리는 것이다. 내가 원하는 시간과 방식과 결과가 아니라 하나님의 시간과 방식을 따르는 것이다. 우리 대부분은 이 본문을 읽으며 자신을 히스기야의 위치에 놓을 것이다. 하지만 실제로는 산헤립에 가깝지 않은가? 만일 자신이 진정 히스기야의 위치에 있다면 그처럼 간절하고 진실하게 기다리며 기도하고 있는가?

1 **38** 그즈음, 유다 왕 히스기야가 심각한 병이 들어 죽을 위기에 처했다. 심지어 하나님의 선지자인, 아모스의 아들 이사야가 와서 이렇게 말할 정도였다.

"하나님께서 히스기야 왕에게 이 병으로 분명히 죽는다고 하십니다. 그러므로 왕께서는 삶을 정리하고 남은 가족에게 유언하라고 말씀하십니다."

2-3 그 말을 듣고 나서, 히스기야는 얼굴을 벽으로 돌린 후에 하나님께 이렇게 기도했다.

"오! 하나님! 기억하여 주소서! 제가 주님 앞에서 진실하게 살아온 것과 온 마음을 다해 걸어왔음을! 주님 보시기에, 주님의 기준에 맞추어 선하게 행동한 것을!"

그리고 눈물을 흘리며 크게 울었다.

4-6 그러자 이사야에게 하나님의 말씀이 임했다. "너는 가서 히스기야에게 내 말을 이렇게 전하라.

'너의 조상 다윗의 하나님께서 말씀하신다. 내가 너의 기도를 들었고, 너의 눈물을 보았다. 너의 끝나버린 수명에 이제 내가 15년의 인생을 더하겠다! 또한 내가 예루살렘 성을 앗수르 왕의 영향력(손바닥)에서 건질 것이며, 이 예루살렘 성을 방어해주겠다.

7-8 아울러 내가 너를 위해 이 모든 기적을 반드시 행할 것이라는 증거로 표적을 하나 보여주겠다. 바로 아하스왕이 만든 해시계에 태양이 만든 그림자를 열 계단 뒤로 물러가게 할 것이다.'"

그러자 정말로 해시계에 태양이 만들어 놓은 그림자가 줄어들어 해시계에서 열 계단 뒤로 물러갔다.

9 남유다 왕 히스기야가 죽을병에 걸렸다가 하나님의 은혜로 기적적인 회복을 경험한 후에 히스기야는 다음과 같은 글을 남겼다.

10-11   내 인생의 중반에, 나는 죽을 수밖에 없는 상황이 되었고, 남은 나의 인생은 빼앗길 수밖에 없었다. 그래서 나는 이제 사람들이 사는 이 땅에서는 더 이상 하나님께 나아와 예배드리며 그분을 만날 수 없게 되었고 이 세상에 사는 사람들도 더 이상 만날 수 없게 되었다.

12-13   유목민이 장막을 치고 잠시 머물렀던 땅에서 그 장막을 걷어 제거하는 것처럼, 천 만드는 사람이 베틀에서 만들던 베를 잘라 말아 버리는 것과 같이, 나의 삶은 그렇게 갑자기 끝나는 줄 알았다.

내 인생을 하루에 비한다면, 아침까지만 살고 나서 점심 즈음에 사자에게 잡아 먹혀 모든 뼈가 부러지고 죽임당해 낮부터 저녁까지의 시간을 모두 빼앗긴 것처럼 되었다.

14   그래서 나는 동물들이 슬프게 울듯이 서럽고 아프게 울었다. 오직 하나님만 바라보며 나의 억울하고 답답한 상황을 하나님께 아뢰었다. 마치 관에 갇혀 무덤으로 들어가는 사람처럼 아무 희망도 없었지만 나는 마지막으로 하나님께 도와달라고 기도했다.

15   하나님께서 이미 나의 죽음을 결정하셨고 그 결정은 집행될 수밖에 없으니, 나는 그분의 결정을 거역할 수 없다. 내가 할 수 있는 일은 고통스럽게 그분의 결정을 받아들이는 것이다.

16   〔하지만 나는 기도했다.〕 하나님! 사람이 살고 죽는 것이 모두 하나님의 뜻과 결정에 달려 있습니다. 저의 영혼이 살고 죽는 것도 마찬가지로 하나님의 뜻과 결정에 달려 있습니다. 그러므로 하나님께서 다시 뜻을 바꾸시고 결정을 바꾸시면 저는 살 수 있습니다. 그러므로 저를 다시 회복시켜주소서! 저를 살려주소서!

17   〔그러자 하나님께서 나를 살려주셨다. 그러나 단순히 내가 병에서 회복된 것보다 더 귀한 깨달음이 있었다.〕 보라! 하나님께서 평안을 주시고자 나에게 쓴 고통을 주신 것이다. 그리고 〔바로 그런 고통의 시간에〕 하나님께서 나와 가장 가까이 계신다는 것을 알게 하시고자 내 영혼

을 멸망의 구덩이에서 건져주셨다. 바로 하나님께서 나의 모든 죄를
사라지게 하신 것이다.

18   죽으면 모든 것이 끝이다. 죽은 사람이 더 이상 무엇을 할 수 있
겠는가! 죽은 사람은 하나님을 찬양할 수도 없고 하나님의 신실하심
을 기대할 수도 없다.

19   오직 살아 있는 자만이 오늘 내가 한 것처럼 하나님께 감사도 하
고 내가 글을 쓴 것처럼 다음 세대에 이러한 메시지를 전달할 수도
있다. 그러므로 살아 있는 동안에 최선을 다하라!

20   하나님께서 나를 구원하셨다. 나는 살 기회를 얻었다. 그러므로
우리가 사는 모든 날 동안 하나님의 성전에서 악기를 연주하며 찬양
하며 노래하자!

21-22 실제로 이사야가 무화과 열매를 왕의 종기 상처에 바르면 나을 것이
라고 해서 그렇게 했더니 히스기야왕은 나았다. 그 과정에서 히스기
야가 '내가 회복되어 하나님의 성전에 올라갈 수 있다는 증거로 무
엇이 없을까?'라고 표적을 구했기에 하나님은 이러한 응답을 이사야
를 통해 주신 것이다.

Mountain's Insight

우리에게는 히스기야의 삶과 히스기야의 기도가 있는가? 히스기야의
삶은 히스기야의 기도를 낳았고 히스기야의 기도는 다시 히스기야의
삶으로 이어졌다. 물론 우리는 자기 공로로 구원받지 않는다. 하나님
앞에 그 무엇도 자랑할 것이 없다. 그러나 예수 그리스도의 보혈로 얻
은 구원의 삶을 지금 어떻게 살아가고 있는가? 어제도 죄를 짓고 오늘
도 죄를 지으면서 악순환이 이어지고 있지는 않은가? 그래서 나의 악
한 삶은 나의 부족한 기도로 이어지고 나의 부족한 기도는 다시 더 부

족한 삶으로 연결되고 있지는 않은가? 히스기야의 기도와 삶에는 겸
손과 담대함이 씨줄과 날줄처럼 연결되어 있고 히스기야의 삶에는 철
저히 그분을 향한 기대와 함께 수고로운 순종이 따르고 있다. 히스기
야는 절대 완전한 삶을 산 것은 아니다. 그러나 그는 불완전한 지식과
시대 속에서도 하나님의 기적을 체험했다. 우리는 히스기야보다 더
귀한 은혜의 시대에 살고 있으면서도 작은 기적 하나 없는 것이 서글
프게 다가온다.

1 **39** 그때에, 발라단의 아들인 바벨론 왕 므로닥발라단〔'마르둑
이 아들을 주었다'〕이 유다 왕 히스기야가 죽을병에 걸렸다
가 기적적으로 살아났다는 소식을 듣고 일부 신하들을 통해 히스기
야에게 편지와 선물을 보냈다.

2 유다 왕, 히스기야는 그 신하들을 기쁘게 맞이하였다. 자신보다 더
크고 강한 바벨론 왕이 작고 약한 나라, 유다의 왕인 자신에게 특별
한 편지와 선물을 보냈기 때문이다. 히스기야는 바벨론의 신하들에
게 왕궁의 보물창고를 열어 금, 은, 향료, 비싼 기름 및 값비싼 그릇
과 특별한 무기들을 보여주었다. 히스기야는 나라의 공적인 것이든
사적인 것이든 귀중한 것은 모두 바벨론의 신하들에게 보여주며 과
시했다.

3 〔바벨론의 신하들이 떠난 후에〕 선지자 이사야가 히스기야왕에게 직접
와서 물었다. "왕이시여! 방금 우리나라에 온 사람들은 어디서 왔
으며, 그들이 무슨 말을 했습니까?"

   히스기야는 이렇게 대답했다. "아주 먼 곳에 있는 바벨론이라
는 나라에서 온 사람들입니다."〔무슨 말을 했는지는 말하지 않았다.〕

4 이어서 선지자 이사야는 히스기야왕에게 물었다. "그 사람들이 유
다의 왕궁에 와서 무엇을 보았습니까?"

   히스기야는 이렇게 답했다. "그들은 왕궁에 있는 것을 다 보았
습니다. 왕궁 보물창고와 개인 보물창고에 있는 모든 귀한 물건을
하나도 빠짐없이 다 보았습니다."

5   그러자 이사야가 히스기야에게 하나님의 말씀을 전했다.

   "왕이시여! 온 세상 군대의 주인이신 하나님의 말씀을 잘 들으
십시오! 하나님께서 이렇게 말씀하십니다.

6   '보라! 한 날이 온다! 그 날에 유다 땅에 있는 모든 보물과 조상

때부터 모아 온 모든 귀한 물건이 전부 다 바벨론으로 옮겨질 것이
다. 그래서 이 유다 땅에는 아무것도 남은 것이 없게 되리라. 이것
은 분명한 하나님의 말씀이다!

7   그리고 너, 히스기야의 후손 중에서 일부 사람은 포로가 되어
바벨론에 끌려갈 것이고 거기서 바벨론 왕궁을 섬기는 내시(환관)
가 될 것이다.'"

8   하나님의 말씀을 전해준 이사야에게 히스기야는 다음과 같이 반응
했다.
      "하나님의 말씀에 만족합니다." 그리고 이어서 이렇게 말했다.
"그래도 내가 살아 있는 동안은 평온하고 안전하겠군요〔그러면 충분
합니다!〕."

Mountain's Insight

지금 당하는 이 고난과 시련만 없다면 주님을 더 잘 섬길 수 있다고 말
하는 성도를 참 많이 만났다. 그러나 그런 일은 결코 일어나지 않음을
역사가 증명한다. 노아는 당대의 유일한 의인이 아니었던가? 그러나
그는 홍수에서 살아남았지만, 방주에서 내린 후 술에 취해 자녀를 저주
하기까지 했다. 다윗도 골리앗 앞에서 그리고 사울의 추격 속에서 얼마
나 순수한 믿음으로 살았던가! 그러나 나라가 안정되고 평안한 시간이
오자, 말로 다 옮길 수 없는 죄를 지었다. 한국 교회의 역사도, 개인의
영적 여정을 보더라도 마찬가지다. 우리 삶에서 문제가 해결되면 누구
나 영적으로 해이해지고 이전의 영적인 간절함을 잃어버린다.
   죽을병에 걸렸고 하나님께서 이미 결정한 판단에 눈물로 기도했던
히스기야는 어째서 나라의 멸망이 정해졌다는 엄청난 소식을 듣고는
애통하고 금식하며 기도하지 못했을까? 참으로 안타깝다. 그러나 그것

이 바로 히스기야의 한계다. 우리가 히스기야를 '메시아'로 착각하지 말아야 할 이유이기도 하다. 히스기야는 다윗의 흐름을 이어간 위대한 왕이었으나 우리가 믿고 따를 수 있는 메시아가 될 수는 없었다.

그래서 감사한 일이다. 모세도 대단했지만 한계가 있었고, 칼빈과 웨슬리를 비롯해서 역사적으로 위대한 하나님의 사람들 역시 모두 시대의 사람이었고 한계가 있었다. 그것을 인정하지 못하고 그것을 넘어가지 못하는 것이 가슴 아플 뿐이다.

우리 시대도 마찬가지다. 아무리 훌륭한 하나님의 사람이 있다 해도 그는 절대 메시아가 아니며, 아무리 탁월한 메시지가 있더라도 그것은 부분적으로만 우리에게 도움이 될 뿐이다. 우리가 그것을 인정할 때 겸손한 성장을, 부족함의 성숙을 이룬다. 유다 왕 히스기야를 향한 낙망이 진정한 왕이신 메시아 예수님을 향한 진정한 소망과 위로를 가져온다. (그래서 이어지는 40장은 "위로하라!"로 시작한다.) 진정으로 실망해야 할 대상에게 실망해야 진정으로 소망해야 할 대상에게 소망할 수 있다. 이러하기에 깊은 시련에 유익이 있고, 철저한 한계를 통해 진정한 소망을 바라볼 수 있다. 그러므로 어찌 보면 이 부족한 세대에 실망하는 것이 오히려 귀한 일이다.

이사야서 흐름 정리

이사야 66장				
전반부 39장(죄에 대한 심판)				
과거의 죄에 대한 심판 예언				
1–12장		12–23장		24–27장
이스라엘의 죄		열방의 죄		온 우주의 죄
1	법정 선포	13	바벨론	24 · 온 우주의 심판 앞에 보인 네 장면
2	여호와의 날	14	바벨론	
3	지도자 부패	15	모압	25 · 온 우주의 심판에 대한 반응: 찬양
4	영적 청소	16	모압	
5	포도원 실패	17	아람	
6	소명	18	구스	
7	아하스의 불신	19	애굽	26 · 온 우주의 심판과 바로잡으심에 대한 의미와 가치 발견: 해석 및 교훈과 도전
8	이사야의 아들	20	블레셋	
9	평강의 왕	21	바벨론	
10	심판의 도구: 앗수르	22	이방인과 같아진 예루살렘	27
11	메시아			
12	감사—인정	23	두로와 시돈	

이사야 66장				
전반부 39장(죄에 대한 심판)				후반부 27장
현실에 대한 고찰과 도전				**미래의 회복에 대한** 예언
28–39장				
28–39장		34–35장	28–39장	40–66장
북이스라엘과 남유다의 영적 현실		판결	역사적 현실	메시아와 하나님 나라
이방 나라의 처벌과 의로운 하나님 백성의 구원 회복				
28	북이스라엘의 영적 현실			
29	남유다의 영적 현실			
30	남유다의 현실적 배신: 애굽에 도움을 청함			
31	앗수르에게 심판이, 유다에 찬양이 있음: 도전			
32	진정한 왕이신 하나님, 그분의 영이 주는 회복			
33	강력한 현실 앞에 이사야의 기도와 선포: 도전			
34	하나님 없는 현실을 사는 이방 나라에 대한 심판 선포			
35	하나님만 바라며 고난당하는 현실을 사는 백성의 회복 선포			
36–39	하나님의 예언과 판결이 역사에서 맛보기로 실현되는 장면			궁극적 실현

제5부

하나님 백성의
구원과 회복

(40~66장)

A. 하나님의 회복과 위로 선포

1 **40** "위로하라! 격려하라! 나의 백성에게 참된 소망, 진짜 소망을 주라!" 너희의 하나님께서 말씀하신다.

2 너희는 예루살렘 사람들, 곧 하나님 백성의 마음에 받아들여지도록 말하며, 그들에게 선포하라! 전쟁으로 인한 시련의 시간이 진정 끝났다고, 죄악이 진정 용서받았다고, 범죄한 것에 대하여 이 백성이 하나님께 충분한 처벌을 받았다고!

3 [이러한 위대한 회복과 소망을 기대하는 백성에게] 한 음성이 소리친다. "우리의 소망이신 하나님께서 오실 길을 광야에 만들어라! 우리의 구원자 되시는 하나님께서 오실 큰길을 사막에 만들어라!

4 그 길이 너무 높다면 낮추고, 너무 낮거나 구덩이가 있다면 높이고 채워서 평탄한 길이 되게 하라. [그래서 우리의 소망이자 구원이신 그분이 오시게 하라.]

5 그러면 하나님의 영광이 나타날 것이며, 온 세상 사람이 하나님의 백성과 함께 볼 것이다."[이 말이 믿어지지 않느냐?] 하나님께서 그분의 입으로 직접 말씀하신 것이다!

6-8 한 음성이 말한다. "너희는 외쳐라! 고백하고 선포하라!"
사람들이 응답하며 물어본다. "뭐라고 외쳐야 할까요?"
한 음성이 대답한다.
"[이렇게 외쳐라!] 모든 육체적인 것들은 풀이며, 이 세상의 육체적인 것들의 유효기간(헤세드)은 들꽃 같다. 풀은 잠시 있다가 마르고 꽃은 금방 시들어버린다. 하나님의 입김 앞에서 이 세상의 것은 일시적이다. 세상의 모든 것은 풀처럼 꽃처럼 사라질 수밖에 없음을 인정하라! 하지만 우리 하나님의 말씀은 영원히 그 영향력을 발휘하리라!"

9 [한 음성은 이어서 이렇게 도전한다.]
"이러한 놀라운 진리를 하나님의 백성에게 전파하라! 높은 산에 있는 예루살렘에 올라가 이 아름다운 소식을 알려라! 두려워하지 말고 큰 소리로 유다의 모든 성읍에 '영원한 말씀을 주시는 너희 하나님을 보라'고 선포하라!"

10-11 보라! 그 하나님께서 이제 곧 힘찬 모습으로 오셔서 그분의 능력으로 온 세상을 다스리실 것이다. 그분만이 온 세상의 주권자이시기에 오직 그분으로부터 상과 벌이 나온다. 하지만 그분은 폭력적인 독재자가 아니시다. 그분은 어린양을 품에 안으시고, 새끼에게 젖을 먹이는 암양들을 부드럽게 보호하며 인도하는 인자한 목자와 같은 분이시다.

B. 백성의 의심과 염려

12 [하나님께서 비극적인 우리의 운명을 바꾸시고 영원히 우리를 이끌어가실 인도자가 되신다는 말이 믿어지지 않느냐? 하나님에게 정말 그럴 능력이 있으신지 의심이 되느냐? 그렇다면 하나님이 얼마나 놀라우신 분인지 잘 들어보아라!]
이 거대한 지구에 있는 바다의 깊이를, 하늘의 높이를, 흙의 양을, 산들의 무게를 그 어떤 사람이 측정할 수 있겠느냐? 대충 어림짐작만 할 뿐이지, 이 지구를 올려놓고 측정할 수 있는 도구조차 만들 수 없다. 하물며 이 지구를 만드신 하나님은 얼마나 대단한 분이시겠느냐?

13-14 하나님께서 만드신 것도 계산과 측정이 불가능한데, 창조주 되

신 하나님 그분을 우리가 계산하고 측정할 수 있겠느냐? 감히 누가 그분의 마음과 계획을 알아서 그분과 상의하거나 '내 생각이 옳고 바르며 정확하다'라고 의견이라도 제시할 수 있겠느냐? 그분은 우리의 지식과 능력을 초월하시는 분이다!

15   이스라엘 사람이 오랫동안 두려워했던 이방 나라들, 강력한 무기와 무서운 전차부대를 가진 자들, 저 멀리 섬에 사는 그 누구라도 하나님 앞에서는 물 한 방울과 같고 저울의 무게로 측정조차 되지 않는 미세한 먼지와 같다.

16-17   레바논의 나무가 아무리 많고 대단하다 해도 하나님께는 성냥개비 하나만도 못하고 그 너른 숲에 사는 무수한 동물을 다 모아도 한 끼 요리 재료로 쓰기에도 부족하다. 이 땅에서 아무리 대단하다고 하는 사람과 나라, 무기와 업적이라도 하나님 앞에서는 아무것도 아니라는 말이다.

18-20   그런데 너희는 어째서 그분께서 이 땅에 만들어놓으신 피조물을 창조주 하나님과 대등하게 여기며 섬기느냐? 너희가 하나님을 대신하여 만든 우상은 하나님과 비교 자체가 되지 않는다. 그것은 사람들이 금이나 은으로 만든 것이 아니냐? 금이나 은을 구할 수 없는 가난한 사람들은 나무로 만든 후에 움직이지 않게 고정해놓지 않았느냐? 움직이지도 못하는 신이 무슨 신이냐!

21   너희는 어째서 이토록 무지하냐? 어째서 이토록 무감각한 것이냐? 온 우주와 자연 만물을 통해서, 태초부터 이 전부가 저절로 나타난 것이 아니라 그 모든 것을 창조하신 하나님이 계신다는 진리가 보이고 들리는데 어째서 그 창조주 하나님을 느끼지 못하고, 혹 알아차렸다면서도 무시하는 것이냐?

22-24   또한 하나님께서는 온 세상을 창조만 하시고 뒷자리로 물러나신 것이 아니라, 하늘 보좌에서 메뚜기같이 하찮은 인생들을 살피고 보호하며 다스려오셨다. 세상 역사에서 아무리 대단하다고 자부

하는 인간도 하나님을 거역하면 이 땅에서 사라지고 정리되었다.

25 그래서 거룩하신 하나님은 말씀하신다.

"이처럼 비교 자체가 불가능한 나, 하나님을 너희는 도대체 어떤 존재와 비슷하게 여기는 것이냐!"

26 이제 너희는 눈을 들어서 위대하신 하나님을 바라보라. 온 우주를 창조하신 하나님께서 하시는 위대한 일들을 보라. 그분께서 온 세상의 모든 것을 당신께서 원하시는 시간에, 원하시는 장소에서, 원하시는 방법으로 운영하신다. 그분의 위대한 권세와 능력과 행동을 누가 막을 수 있겠느냐!

C. 하나님의 열정과 확언

27 [이토록 놀랍고 위대하신 하나님이, 바로 우리 하나님이신데…] 하나님의 백성아! 너희는 어찌하여 "하나님께서는 내가 가는 길에 관심도 없으시고, 내가 당하는 억울한 상황을 바로잡아주지도 않으신다" 하며 원망하고 불평하느냐?

28 너는 어째서 모른 척하느냐? 너는 어째서 들은 적 없는 척하느냐? 우리 하나님은 영원한 하나님이시고, 온 우주 전부를 창조하신 능력의 하나님이시며, 절대로 피곤하거나 지치지 않고, 지혜와 명철이 무한한 분이시다.

29-31 그분은 지친 사람에게 새 힘을 주는 분이시고, 무능한 자에게 능력을 주는 분이시다. 젊은 사람도 지칠 수밖에 없고 강한 사람도 비틀거리다가 넘어질 수밖에 없지만, 오직 하나님을 바라는 사람은 날마다 새 힘을 얻을 것이다. 마치 독수리가 넓게 날개를 펼쳐서 바람만으로 하늘을 유유히 날아가는 것처럼, 달려도 숨이 차지 않고 걸어도 지치지 않을 것이다. 하나님을 의지하고 살아가는 사람은 그 어떤 시련과 고통이 올지라도 승리할 것이다.

Mountain's Insight ————————————————————

이번 장은 히스기야를 메시아로 바라보다가 낙망한 하나님의 백성에게, 이 세상의 헛된 소망으로 희망고문만 당하다가 더 큰 상처를 받는 하나님의 사람들에게 전하는 메시지이다.

우리는 하나님이 누구신지, 얼마나 대단하신 분이신지, 얼마나 엄청난 일을 하는 분이신지 잘 모르는 것 같다. 그래서 조급해하고 원망하고 인간적인 수단과 방법을 구하며, 심지어 우상을 만들어 위안을 삼는다. 날마다 쏟아지는 정보와 현실을 파악하는 데에는 엄청난 시간과 에너지를 쏟으면서도 하나님을 만나고 그분에게 배우며 그분을 따르는 데 필요한 수고와 헌신은 부담스러워한다. 스스로 그리스도인이라고 하는 사람들조차 그렇다는 현실이 마음 아프다.

하나님은 손을 내미신다. 소리치신다. 간절하게 우리를 부르신다. 하나님 없이 하나님 믿는 척하며 살기를 그만두고, 참으로 하나님을 만나 그분의 능력으로 살라고 하신다. 바로 그때 우리에게 참된 위로와 평안이 있으며 소망과 힘이 있다.

오! 하나님! 그 무엇보다 당신을 알게 하소서. 만나게 하소서. 광야의 소리가 되게 하소서. 위대한 역사의 동역자가 되게 하소서. 죽을 힘을 다해 펄럭거려도 조금도 달라지지 않는 나의 비참한 날갯짓을 거두고 성령님의 바람에 거대한 날개를 펴고 유유히 하나님 나라를 누리도록, 바로 그 거대한 흐름에 나의 모든 생애를 걸게 해주소서!

하나님의 하나님 되심

1 **41** 하나님께서 말씀하신다.
"세상 끝에 있는 섬들아, 너희는 할 말이 없을 것이다. 〔내가 온 세상을 창조했고 온 세상 역사를 이끌어간다는 것에 대해 반박할 수 있다면 어디 해보아라!〕 세상 가운데 있는 모든 이방 나라들아, 너희는 할 말이 있느냐? 그렇다면 힘을 내서 내 앞에 가까이 나오너라! 논쟁 한번 해보자!

2-4 누가 동방의 강력한 제국들을 일으켜서 인류 역사의 흐름을 이끌어 왔느냐? 누가 한 왕〔고레스〕을 하나님의 기준(공의)에 맞게 불러서 움직일 수 있겠느냐? 누가 여러 나라를 한 왕에게 굴복시키며 그 왕이 전쟁에서 승리할 수 있게 한 줄 아느냐? 그 왕이 가본 적도 없는 땅을 정복하여 신속하고 안전하게 지나갈 수 있도록 누가 만들었느냐? 바로 나, 하나님이 그렇게 계획하고 실행한 것이다. 바로 나, 하나님이 온 인류의 역사적 세대와 흐름을 이끌어 온 것이다. 바로 내가 모든 것의 처음이요 마지막이다.

5 〔그렇다면 온 세상이 나, 하나님에게 할 일은 딱 하나, 나를 경외하고 예배하며 섬기는 것인데, 그렇게 하지 않고 나를 대적하려고만 하는구나. 그래서〕 세상 끝에 있는 이방 나라들과 섬들이 겁을 먹고 함께 모여 결국 한다는 짓이 하나님을 대적할 또 다른 신, 가짜 신, 우상을 만들고 있다.

6-7 그들은 서로 힘을 모아 하나님을 대적할 우상을 만든다고 최선을 다하는구나. 먼저 목수가 대략적인 형태를 만들고 주형공에게 도금을 하게 하며, 제련공에게 망치로 마무리하게 하고 메질꾼에게 땜질을 시켜 우상을 튼튼하게 잘도 고정시키는구나. 참 꼴값을 떠는구나!

8 그러나 너! 나의 종 이스라엘아! 〔헛된 우상이 아니라, 참된 하나님을

믿고 따르는 자들아!) 내가 선택한 야곱아! 내가 사랑하는 아브라함
의 후손아!

9   너희가 [가장 험한] 세상 끝에 있다 할지라도 붙잡아주며, 세상
에서 가장 먼 곳에 있다 할지라도 불러서 구원할 것이다. 나는 너를
나의 종 곧 나의 사명을 감당할 대리적 존재로 부를 것이며, 너를
선택하고 포기하지 않을 것이다.

10   그러므로 이 세상과 그들이 만든 헛된 우상들(돈, 명예, 성공) 때
문에 두려워하지 말라! 내가 너희와 함께하고 있다. 걱정하지 말라!
나는 너희의 하나님이다. 내가 너희의 힘이 되어주겠다. 진정으로
너희를 도와줄 것이다. 진정으로 나의 의롭고 강한 손으로 너희를
붙들겠다!

11-12 보라! 너희를 위협하던 자들이 오히려 수치와 모욕을 당할 것이다.
너희를 대적하던 적들이 대단해 보이지만 실제로는 허깨비에 불과
하며 곧 소멸될 존재다. 아무리 찾아봐도, 너희와 싸우려 하고 너희
를 공격하려던 자들은 흔적도 없이 사라지고 없으리라.

13   나, 하나님이 너의 능력이 되고 "두려워하지 말라! 내가 너를
도와주리라!" 하고 말했기 때문이다.

14 벌레처럼 연약한 야곱아! 이스라엘 백성아, 두려워하지 말라! 내가
너를 도와주리라. 나는 고귀한 기준(거룩함)과 위대한 능력을 지닌
구원자이다.

15-16 보라! 내가 너를 더 이상 연약한 상태로 두지 않고, 강력한 존재
가 되게 하리라. 다른 나라에 위협을 당하는 상태로 두지 않고, 온 세
상을 추수하는 작업에 너를 동역자 삼을 것이다. 상상을 초월하는 성
능의 신형 타작기가 산을 부서뜨리고 언덕을 갈아엎는다고 해보라.
너희가 하나님을 대적하는 자에게 그런 능력과 사역을 행하리라. 이
러한 영적 추수의 작업에 동참하는 너희는 하나님과 함께 기뻐하고

하나님의 고귀한 기준(거룩함)에 걸맞은 자부심을 얻게 되리라.

17-20 아울러 너희 중에서 힘없고 가난한 사람들이 먹을 것과 마실 것이 없어 나에게 기도하면, 반드시 응답할 것이다. 아무리 메마른 땅에 있더라도 나 하나님이 샘물을 솟아나게 하고 강을 흐르게 하여 마실 수 있는 물을 줄 것이며, 아무리 척박한 땅에 있더라도 온갖 종류의 아름다운 나무와 과실수를 나게 하여 너희가 먹고 누리게 할 것이다. 그러면 온 세상 사람이 이 놀라운 기적을 보고, 하나님께서 자기 백성을 위해 행하신 일임을 깨닫고 하나님을 인정할 것이다."

21 하나님께서 이어서 말씀하신다.

"〔세상의 유일한 하나님을 대적하면서 만든 우상들이 진짜 신이라면,〕 너희가 만든 그 우상에게 나와 대결해보자고 말해라! 야곱의 하나님, 야곱의 주권자, 야곱의 왕이신 하나님이 말한다. 너희 우상이 진짜 신이라는 증거를 제시해보아라.

22-23 너희 우상이 진짜 신이라면, 앞으로 어떤 일이 일어날지 말해보거라. 또한 전에 일어난 일도, 왜 그런 일이 일어났는지 납득이 가게 설명해보아라. 앞으로 일어날 일들도 미리 알게 해보거라. 만약 앞으로 일어날 일들을 바르게 말할 수 있다면 그 우상들을 진짜 신으로 인정해주겠다. 또한 너희가 만든 우상이 진짜 신이라면 이 세상에 좋은 일이든, 나쁜 일이든 주권적으로 큰일을 행하여 보거라, 그러면 우리가 놀랍게 여기리라.

24 하지만 봐라! 너희가 만든 우상은 아무것도 할 수 없다. 너희가 만든 우상은 아무것도 아니며, 그 우상이 할 수 있는 일은 아무것도 없다. 그러므로 그런 우상을 만들고 신이라고 받들며 섬기는 자들이야말로 비참하고 구역질 나는 인간들이다!

25 〔너희 우상들에게 먼저 기회를 주었는데 앞으로 올 일도 말하지 못하고 능력

도 행하지 못했으니, 이제부터 진짜 신인 나, 하나님이 하는 일을 보거라.]

　　내가 한 사람[고레스]을 저 북방 땅, 해 돋는 땅에서부터 불러서 오게 할 것이다. 그는 나의 이름을 부르는 자로서[스 1:2], 내가 그에게 힘과 능력을 주어 여러 나라와 민족의 영웅들과 싸워 이기게 할 것이다. 마치 사람이 흙이나 진흙을 밟는 것처럼 그렇게 쉽게 이기게 할 것이다.

26-27　　[앞으로 약 160년 후에 일어날 일] 너희가 만든 우상 중에서 누가 말했느냐? 너희 우상 중에는 그 누구도 없었다. 오직 나, 하나님만이 처음으로 이런 일이 일어난다고 알려주는 것이다. 그 사람은 [포로된 이스라엘 백성을 돌아오게 함으로써] 예루살렘에 기쁜 소식을 전할 것이다. 내가 바로 이 놀라운 일들을 나의 선지자들을 통해 확증할 것이다.

28　　나, 하나님의 놀라운 계획과 역사에 너희 중에서 함께할 사람은 없다. 내가 만약 인류의 역사에 대해 "어떻게 하면 좋겠느냐"라고 물어본다고 해도 의견을 제시하거나 조언조차 할 자도 없다.

29　　그러므로 하나님을 대신해서, 우상을 만들려고 하지 말고 그런 우상들을 섬기려고 하지 말라! 오직 하나님만 섬기고 그분만을 신뢰하라! 그렇지 않고 우상을 만들고 우상을 섬기는 인생으로 산다면 허무하고 공허한 우상과 함께, 너희 인생도 허무하고 공허해질 것이다!"

Mountain's Insight ─────────────────────

이따금 자신은 아무것도 믿지 않는다는 사람이 있다. 그러나 모든 사람은 무엇인가를 믿는다. 중요한 부분은 "그것이 정말 믿을 만한가"이다. 사람들은 하나님의 말씀이 싫어 싸구려 정보와 지식으로 진리를 대신해버리고, 거룩한 삶을 사는 것이 싫어 관용과 자유라는 허울 뒤에 감춘 욕망의 삶을 추구한다. 이처럼 모두에게는 각자의 우상이 있다. 그런데 자세히 보면 그 신들은 자신이 믿고 의지하는 신이 아니라 자신을 위해 조종하고 이용할 도구에 불과하다. 결국 그들의 신은 자기 자신이다. 자기 자신을 위해서 신을 만든다. 그것이 바로 우상이다.

　문제는 그리스도인에게도 우상이 있다는 것이다. 우리의 물질, 명예, 성공, 축복, 지식, 경험 및 심지어 목회와 교리도 우상이 된다. 이것도 결국 자기 자신이다. 이 부분을 스스로 점검하고 회개해야 한다. 내가 하나님인지, 하나님이 하나님이신지를. 내가 정말 하나님을 믿고 있는지, 하나님을 하나님으로 인정하고 있는지, 그분의 종으로 그분의 뜻을 이루는 동역자로 살고 있는지, 하나님이 운행하시는 위대한 역사적 흐름에 함께하고 있는지를 말이다. 헛된 우상의 노예로 산다면 우상과 동일한 운명에 처할 것이고, 위대하신 하나님과 함께 살아간다면 영광의 자리에서 함께 누릴 것이다.

A. 하나님의 계획과 실행

1 **42** 하나님께서 말씀하신다.
"보라! 나의 위대한 회복의 역사를 성취할 존재를!
내가 선택하고 기대하며 기뻐하는 나의 종을! 내가 나의 영(마음과
능력)을 그에게 부어주었고, 그는 모든 민족에게 '하나님께서 주인
이시며 옳으시다'고 하시는 기준이 될 말씀을 나타내 보이리라.

2-3 나의 종은 이 세상의 방식으로 하나님의 일을 하지 않을 것이
다. 그는 요란하고 소란스럽게 광고하고, 장사하듯이 떠벌리지 않
을 것이다. 오히려 그는 부드럽고 온유한 태도로, 상한 갈대 같고
꺼져가는 불꽃 같은 사람들을 만날 것이다. 그는 진실하고 성실하
게 '하나님께서 주인이시며 옳으시다'고 하시는 말씀을 삶으로 보
여줄 것이다.

4 나의 종은 힘들게 하나님의 일을 하면서도 절대 지치거나 낙망
하지 않을 것이다. '하나님께서 주인이시며 옳다'는 진리를 온 세상
에 펼칠 것이다. 그래서 세상 끝에 있는 사람들까지 이 진리만을 바
라고 소망할 것이다."

5 온 우주를 만드신 창조주 하나님, 온 땅의 모든 것을 보살피시고,
온 세상의 모든 사람을 살리시며 특히 하나님의 사람들에게 하나님
의 영(마음과 능력)을 주시는 바로 그 하나님께서 당신의 종에게 이
어서 말씀하신다.

6 "나, 하나님이 온 세상을 바로잡으려고 너를 불렀다. 내가 너의
손을 잡아서 능력 있게 하고 너를 보호할 것이다. 그래서 너를 통해
하나님의 백성과 새로운 관계를 맺고 이 세상의 모든 이방 사람들
에게 빛이 되게 할 것이다.

7 너는 이러한 일을 할 것이다. 곧 참된 것을 보지 못하는 자들의
눈을 열어서 보게 하고, 억압되고 중독되어 노예처럼 사는 사람들
에게 참된 자유를 주며, 죄와 사망의 어두움 속에 사로잡힌 자들에

게 해방을 주는 것이다.

8   너의 이러한 사역을 통해서, 모든 존재가 바로 나, 하나님에게 찬송과 영광과 경배를 돌리게 할 것이다. 이것이 바로 온 세상이 참된 하나님께 마땅히 해야 할 일이다. 그래서 나에게 드려야 할 예배가 더 이상 우상에게 돌아가지 않도록 할 것이다.

9   보라! 내가 이전에 내 선지자들을 통해 예언한 일들은 다 이루어졌다. 그러므로 지금 내가 나의 종을 통해 하겠다고 말하는 내용도 당연히 이루어질 것이다. 지금 그 일들을 시작하기 전에 나의 종을 통해 할 일을 너희에게 미리 알려주는 것이다."

10-12 이와 같이 하나님께서 당신의 종을 통해 온 세상을 바로잡고 구원하고 새롭게 할 '위대한 회복 이야기'를 기대하고 여기에 동참하라! 이 확실한 역사에 관해 믿음과 소망을 품고 찬양하라! 섬들 곧 바다 가운데 사는 사람들도 하나님을 인정하고 찬양하는 새 노래를 만들어 불러라! 아라비아 사막에 있는 게달 사람과 광야에 있는 사람도, 산꼭대기에 거주하는 셀라(페트라-에돔) 사람도 찬양하라! 땅 끝까지 하나님의 영광을 돌리며 그분을 찬송하라!

13   하나님께서 이루실 위대한 회복 이야기는 강력한 군대가 적진을 향해 달려가는 모습처럼 지치지 않고 진행되겠고, 반대하는 적들을 물리치고 반드시 승리하는 전쟁처럼 기필코 성취되리라.

14   "내가 그동안 참 오랫동안 기다리고 참았다. 하지만 이제는 일어나 움직일 것이다. 마치 해산하기 직전의 여자처럼 급하게 숨을 쉬고 적극 움직일 것이다.

15   산과 언덕이 폭풍에 휩쓸리고, 푸른 풀과 나무가 광풍에 사라지듯이, 내가 강력하게 활동할 것이다. 흐르던 강이 멈추면 다 마르고 모였던 물도 사라져버리듯, 내가 엄청난 변화를 가져오고 역전할 것이다."

16-17　〔이 놀라운 하나님의 역사에는 두 가지 방향과 결과가 있다.〕 먼저 앞을
　　　보지 못하던 사람들, 하나님의 구원이 필요한 연약하고 힘없는 사
　　　람들에게는, 하나님께서 눈이 되시고 빛이 되어주신다. 하나님께서
　　　는 그들을 가로막고 있는 굽은 길을 평탄하게 하여 인도하시고 그
　　　들을 끝까지 포기하지 않으실 것이다. 하지만 조각한 우상을 자기
　　　신이라고 고백하면서 숭배하는 자들은, 하나님께서 배척하시고 수
　　　치를 당하게 하신다.

B. 하나님 백성의 현실

18　〔그러나 하나님의 백성은 심각한 상태로다! '하나님의 위대한 회복 이야
　　기'가 진행 중임에도, 하나님과 동역해야 할 하나님의 종들, 곧 하나님의
　　백성은 무감각하고 무지하다.〕
　　　　"〔나, 하나님이 나의 종을 세우기 전에, 온 세상을 회복할 구원의 역사
　　를 이루려고 먼저 세웠던 종이 이스라엘이었다. 그들은 하나님의 큰 계획
　　과 역사를 듣고 보았기에 마땅히 동역해야 했지만〕 너희는 못 듣는구나!
　　너희는 못 보는구나!
19　　　너희는 원래 나의 위대한 구원 이야기를 세상에서 이루어야 할
　　나의 종이었다. 그런데 너희는 전혀 보지도 못하고 전혀 듣지도 못
　　하는구나. 너희는 원래 평화의 언약과 사명을 충성스럽게 감당해야
　　할 백성이었지만, 나의 계획과 열정에 무지하고 무관심하구나!
20　　　너희가 정말 보지 못하고 듣지 못해서가 아니라, 많은 것을 보
　　았음에도 주목하지 않았기 때문이며, 많은 것을 들었음에도 집중하
　　지 않았기 때문이다."

21-22　하나님께서는 너희를 통해 이 세상을 바로잡으려고 하셨고, 너희를
　　　통해 온 세상에 하나님 말씀을 전하고, 너희를 통해 온 세상 사람이
　　　하나님을 인정하고 영광을 돌리도록 하고자 했지만, 오히려 하나님
　　　백성인 너희가 걸림돌이 되고 말았다. 너희가 간직했던 소중한 진

리와 거룩한 삶의 방식을 세상에 다 빼앗겨 잃어버렸고, 그것을 다시 찾고자 수고하고 노력하는 자도 없는 상황이 되었다.

23   다시 말해 하나님의 백성, 원래 하나님의 종이었던 너희 중에서 누가 하나님의 일에 관심을 두고 하나님께서 앞으로 하시려는 일에 귀를 기울여 자기 삶을 헌신하고 있느냐? 〔아무도 없다는 말이다!〕

24   〔하나님과 언약을 맺고, 하나님의 사명을 감당할 종이 된〕 야곱의 후손인 이스라엘 백성이 지금 어렵고 힘든 삶을 살아가는 이유를 정녕 모르느냐? 세상이 바뀌고 강력한 제국들이 일어나서 그런 줄 아느냐? 사실은 하나님께서 너희 소유물을 빼앗기도록 했고 너희를 이방 제국들의 노예가 되게 하셨다. 왜 그렇게 하셨느냐? 너희가 하나님께 죄를 지었기 때문이다. 단순히 나쁜 일을 한 것이 아니라, 하나님께서 너희에게 주신 위대한 회복의 사명, 곧 하나님의 종으로서 온 세상을 바로잡으라고 하신 그 길로 가지 않았기 때문이다. 하나님께서 주신 말씀에 순종하지 않았기 때문이다.

25   그래서 하나님께서 불처럼 뜨거운 분노를 쏟아부으신 것이다. 바로 이방 나라를 일으켜 이스라엘 백성을 공격하게 하여 정신 차리게 하시려고 하셨다. 하지만 정신을 차리지 못하는구나! 마치 온몸에 불이 붙어 살이 타고 있는데도 느끼지 못하고 깨닫지 못하는 사람처럼, 하나님의 백성이 영적으로 무감각해졌구나!

Mountain's Insight ─────────────────────

이사야 40장과 41장에서는 '하나님의 위대한 회복'이 선포되었다. 이제 중요한 것은 그 위대한 회복 이야기가 누구를 통해 이루어지며, 하나님의 백성은 어떻게 반응할 것인가에 있다. 그 이어지는 흐름을 기대감으로 열어본다.

하나님께서 이스라엘을 구원하여 자신의 백성 삼으신 것은 애굽에서 나와 자유를 얻고 약속의 땅에서 마음껏 살라고만 하신 것이 아니다. 그보다 더 큰 목적이 있었다. 바로 세상에서 가장 약하고 작은 민족을 하나님의 종, 곧 하나님의 사역자로 삼아 온 세상을 구원할 하나님의 빛이 되게 하시려고 부르신 것이다. 그런데 이스라엘은 그것을 몰랐다. 아니, 알았지만 무시했다. 그저 선민의식에 사로잡혀 하나님께서 하시려는 큰 계획과 목적에 등을 돌렸다. 그래서 하나님은 메시아를 보내신다. 이스라엘을 통해서 원래 하려고 하셨던 그 일을 대신해서 할 존재를 보내시는 것이다. 하지만 하나님은 이스라엘을 포기하지 않으신다. 그들을 정신 차리게 하려고 이방 나라들을 통해 전쟁을 일으키신다. 하지만 이스라엘은 그 문제만 해결받기를 바라고 자신이 존재하는 더 큰 목적에는 관심이 없었다. 이는 그들이 하나님과 하나님의 말씀, 하나님의 사명에 관심이 없었기 때문이다.

오늘날 그리스도인도 마찬가지다. 처음부터 신학이 잘못되었다. 성경을 바로 읽지 못했다. 그저 예수 믿고 복 받고 천국 가는 것이 전부다. 하나님께서 우리를 구원하신 목적은 우리만 잘 먹고 잘살고 좋은 곳으로 가라는 것이 아니라 이 세상의 빛이 되어 다른 모든 사람에게 복음을 전하고 하나님의 백성으로서 이 땅에서 사명을 감당하라고 하신 것인데 그리스도인은 그것을 모른다. 그저 개인 구원이 전부다. 놀라운 사실은 하나님의 큰 목적을 무시하자, 우리가 이루고자 하는 작은 목적, 곧 축복받고 천국 가는 것에도 문제가 생긴 것이다.

이사야가 예언한 주님의 종, 메시아는 결국 예수님으로 이 세상에 오셨다. 그분 역시 우리를 구원하려고만 오신 것이 아니다. 온 세상을 회복하려고, 바로잡으려고 오셨다. 이제 우리 그리스도인은 자문해야 한다. 나는 하나님의 사람으로서 하나님의 위대한 회복 이야기에 관심이 있는지를 그리고 나는 거기서 어떤 역할을 감당하고 있는지를!

A. 하나님의 열정

43 ¹ 그러나 이제 너를 창조하신 하나님께서 (다시) 말씀하신다. "야곱아!" 너를 빚으신 하나님께서 부르신다.

"이스라엘아! 너는 두려워하지 마라! 내가 너를 구속(값을 치르고 구원)하였고, 내가 너의 이름을 불렀고, 너는 내 것이기 때문이다.

² 〔과거 너희가 출애굽 할 때를 기억하라.〕 네가 엄청난 물을 지나갈 때 내가 너와 함께 있었기 때문이다. 바로 홍해를 건너갈 때 물이 너를 삼키지 못하도록 내가 지켜주었기 때문이다. 또한 불타는 사막을 지나갈 때도 너희가 그 뜨거움과 목마름으로 죽지 않도록 보호해주었기 때문이다.

³ 나는 너의 하나님이요, 이스라엘의 거룩한 존재이며, 너의 구원자이기 때문이다. 〔너희가 아무리 신실하지 않아도 나는 영원히 신실하다.〕 너희를 대신해서 나는 애굽, 구스, 스바와 같은 이방 민족을 희생시켰다.

⁴ 너의 존재 가치 자체가 귀하기 때문이 아니라, 내가 너를 존귀하게 여겼기 때문이다. 너에게 사랑받을 만한 자격이 있어서가 아니라, 내가 너를 사랑하기로 정했기 때문이다. 그래서 너를 대신하여 이방 민족들을 희생한 것이다.

⁵⁻⁶ 〔그러므로 지금 당하는 시련과 고통으로〕 두려워하지 말라! 내가 너와 함께할 것이다. 너에게 불행한 일이 닥쳐서 후손이 사방으로 흩어진다고 해도 나는 그들을 찾아서 돌아오게 할 것이다. 동서남북, 그 어디에 있든지, 세상 끝에 있다 해도, 내가 가서 찾아오며, 돌아오게 할 것이다.

⁷ 나의 이름을 부르는 자, 내 이름의 가치와 사명을 담은 자, 나의 이름을 부르며 예배하는 자, 나의 이름으로 존재하는 자, 내 이름의 영광을 위해 존재하는 자, 내가 창조했고 내가 빚은 존재를 내가 끝까지 책임질 것이다."

B. 이스라엘에 대한 호소

8 "[자, 모든 민족이 모이는 재판 자리를 만들어라.] 눈이 있어도 보지 못하고 귀가 있어도 듣지 못하는 나의 백성, 이스라엘이 나와서 참여하게 하여라!

9   세상 모든 민족에게 먼저 기회를 주겠다. 너희 중에 누구든 말해보라. 인류 역사가 흘러가는 방향을 말해보라. 지나간 일들이 왜 있었는지 그리고 현재의 일들이 왜 일어나는지 또한 앞으로 일어날 일들이 무엇인지 말해보아라. 그 증거와 증인을 세워서 하나라도 납득이 갈 만한 설명을 해보라!

10 [세상 민족들이 할 말이 없으므로] 이제 나, 하나님이 말한다. 정확하게 말하자면 나의 종 이스라엘에 말할 기회를 주겠다.
      이스라엘은 나의 증인이다. 나의 종이다. 이스라엘을 나의 증인으로, 나의 종으로 선택한 이유는 나, 하나님만이 유일무이한 신이라는 진리를 그들이 알고 믿고 깨닫게 하려는 것이다. 그들이 세상에서 가장 먼저 이 진리를 깨달아 온 세상의 빛이 되게 하려던 것이다.

11-13   나, 하나님이 세상에서 가장 약하고 적은 이스라엘에 나의 존재를 알려주었고, 그들을 구원하였다. 이 과정에서, 세상에 다른 신은 없고 오직 하나님만이 유일한 신임을 깨닫게 하였다. 그러므로 이스라엘은 나를 온 세상에 알리고 전할 나의 증인이다. 이것이 나, 하나님의 방법이며 나, 하나님의 말씀이다. 당연히 태초부터 존재한 창조주 하나님이 바로 나다! 내 손에서 빠져나갈 존재는 아무것도 없고, 나의 행함을 막을 존재도 전혀 없다!"

C. 과거와 현재의 역사를 통한 하나님 되심의 증명

14 "너희의 구속자이며, 이스라엘의 [기준을 보여주는] 거룩한 존재인 내가 말한다. [이제 내가 역사의 유일한 신임을 현실적으로 증명해 보이

겠다. 지금 너희의 현실에 가장 큰 위협이 되는 존재인 바벨론을 내가 해결
해주겠다.〕 너희를 위하여 내가 바벨론에 〔하나님의〕 군대를 보내 그
들이 배를 타고 도망가게 하겠다. 사기가 하늘을 찌르던 그 무리가
애통해하는 소리를 내면서 돌아갈 것이다.

15   나는 하나님이다. 너희 삶에 기준이 되는 거룩한 존재요, 이스
라엘을 만든 창조주이며, 너희 인생에 주인이 되는 왕이다.

16-17 〔이전 일을 기억해보아라. 내가 바로 하나님이라는 사실을 이미 증명했다.〕
너희가 오랫동안 애굽의 노예로 지내고 있었지만 내가 너희를 구원
하여 바다(홍해) 가운데 길을 내었고 그 큰물 사이로 길을 내어 걸
어가게 했다. 너희를 쫓아오던 애굽의 병거와 말과 군대가 모두 그
바다 가운데서 물로 덮여 사라지게 했다. 마치 등불이 사라져 버리
듯이 말이다.

18   하지만 더 이상 과거의 일만 떠올리지 말라. 하나님께서 하신
과거 역사에만 메어 있어선 안 된다!

19   보라! 이제 하나님께서 더 놀라운 일, 더 새로운 일을 하실 텐
데 이제 곧 일어날 것이다. 너희는 그것을 선명하게 알게 되리라.
곧, 너희가 포로로 끌려간 바벨론에서 자유를 얻어 고향 땅으로 돌
아오게 하겠다. 너희 삶의 자리가 광야와 같고 사막과 같을지라도
하나님께서는 강물이 흐르게 할 것이다.

20-21 〔그것이 전부가 아니다.〕 하나님께서 선택한 백성을 온전히 회복
시키는 그때가 되면, 세상의 모든 자연과 동물까지 하나님을 인정
하고 경배할 것이다. 하물며 하나님께서 택하신 백성은 하나님을
인정하고 경배하는 것이 더더욱 당연하다. 하나님의 백성은 하나님
을 찬양하려는 목적으로 존재하는 것이다."

D. 하나님 백성의 열정

22 "그러나 야곱, 곧 하나님의 백성은 하나님을 인정하지도 경배하지

도 찬양하지도 않았다. 오히려 그들은 그렇게 하나님께 예배하는
삶을 힘들어하고 싫어했다.

23   마땅히 하나님께 드려야 할 제물을 가져오지도 않았고 마땅히
드려야 할 예배도 드리지 않았다. 하나님께서는 고통스럽게 헌금하
기를 원하지 않으셨고 귀찮은 태도로 예배드리는 것도 원하지 않으
셨다.

24   삶의 일부를 억지로 드리는 것이 아니라, 삶의 전부를 기쁨으
로 내어놓기를 바라셨다. 하지만 너희는 전혀 다른 모습, 가식적인
모습으로 하나님 앞에 나왔다. 수많은 제사와 예배를 드린 것 같아
도, 단 한 번도 진정한 희생을 통한 예물이나, 진정한 섬김을 통한
드림이나, 진정한 회개를 통한 예배를 드리지 않았다. 늘 같은 죄를
반복하고 이중적인 모습으로 하나님 앞에 나오니 너희가 말하는 제
사와 예배는 결국 하나님을 고통스럽고 괴롭게 하는 시간이 되고
말았다.

25   [그러나 나는 너희와 다르다. 나에게는 가식적이고 이중적인 것이 전혀 없
다.] 나는 바로 나다! 나는 너희들처럼 끝없이 죄를 반복하는 존재
가 아니라, 그 죄를 근본적으로 해결하는 존재다. 나는 나 자신을
위해 너희 죄를 기억도 나지 않게 철저하게 해결할 것이다.

26   [하지만 죄를 해결하는 과정은 그냥 되는 것이 아니다.] 먼저 너희는 스
스로 지은 죄를 기억해 내서 나에게 그 죄들을 고백해야 한다. 그리
고 그 죄들을 하나하나 재판하듯이 해결해야 한다. 너희는 이렇게
죄를 고백하고 회개하여, 어떻게 스스로 의로운 존재라고 자부하며
가식적으로 살았는지를 진실하게 드러내야 한다.

27-28   너희 조상이 무서운 최후를 맞이한 것은 바로 이러한 과정이
없었기 때문이다. 그들은 하나님 앞에서 분명한 죄를 지었고 그것
을 바로잡아야 할 영적인 스승들까지도 하나님을 거역했다. 그래서

내가 거룩한 일을 하는 지도자들까지 수치스러운 일을 당하도록 했고, 결국 하나님의 백성이 이방 백성에게 멸망당하여 욕을 먹고 웃음거리가 되도록 둔 것이다."

Mountain's Insight ————————————————

바로 앞에 있는 이사야 42장에서 하나님은 원래 당신의 종이었던 '이스라엘의 실패'에 관해 통렬한 말씀을 쏟아놓으셨다. 그렇다면 하나님께서는 이스라엘을 이대로 포기하실 것인가? 하나님이 온 세상을 구원하시는 일에 첫 번째 통로로 쓰임받아야 했던 이스라엘의 운명은 어떻게 되며 하나님은 어떤 마음과 방식으로 이 난관을 통과하실 것인가?

이사야 43장은 '하나님의 열정'으로 가득하다. 하나님께서 선택하신 백성을 향하여, 하나님께서 하시려는 일에 대하여 그분은 쉬지 않고 달려가신다. 이것은 곧 하나님의 성품이며 능력으로, 온 세상을 구원하시기 위해 취하는 성실하고 신실한 태도다. 어떠한 상황에도, 극악한 죄악에도 하나님은 포기하지 않으신다.

문제는 우리다. 특히 하나님의 백성이 된, 그리스도인이다. 너무나 나약하고 열정이 없다. 하나님을 예배하려고 일주일에 한 번 모이는 예배에서조차 그 열정을 찾기 힘들다. 찬양을 부르고 말씀을 읽고 기도하는데도 열정이 없다. 상황과 환경만 탓하고 주님을 의지하여 달려갈 생각이 없다. 특히 죄를 끊고 회개하는 일에 열정이라곤 조금도 찾아볼 수 없다. 스마트폰을 만지고 게임하고 드라마를 보는 것에는 그렇게 열정적이면서, 남의 허물을 말하고 쇼핑하고 자기 욕망을 채우기 위해 살아가는 삶에는 그렇게 열정적이면서, 하나님을 위해 뭘 하나 하는 것에는 어찌 그리 많은 이유와 핑계가 있는지!

하나님을 믿는다는 것은 하나님을 닮는 것이며, 그분이 가진 열정을 품는 일이다. 위대한 하나님의 사람은 모두 하나님의 열정을 가지고 있었다. 나는 지금 어떤 열정으로 사는가? 단순히 열심히 사는 것이 중요한 것이 아니다. 하나님께서 가진 것과 같은 방향의 열정과 속도로 나아가고 있는가? 열정이 없는 이 세대가 참으로 안타깝다!

A. 하나님은 누구신가?

1 **44** 자, 이제! 들어보아라! 나의 종 야곱, 내가 선택한 이스라엘아!

2 나는 너를 만들었고 너를 태어나게 하여 세상에 있게 했다. 나는 너의 창조주이며 또한 너를 도와줄 유일한 존재다. 그 하나님이 말한다.

"두려워하지 마라! 나의 종 야곱아! 내가 선택한 여수룬아!

3 참으로 나는 목마른 사람에게 물을 주고, 마른 땅에는 강물이 흐르게 하며, 메마른 영혼에 나의 영을 부어, 너의 후손에게 복 주는 하나님이다.

4 마치 시냇가에 심긴 나무와 풀이 무성하게 자라나듯, 내가 너희를 번성하게 하여 육신적으로, 영적으로 부흥하게 하겠다.

5 '나는 하나님의 사람이다', '나는 하나님의 백성이다'라고 고백하는 자들이 하나님의 가족 안으로 들어올 것이며, 손에 문신을 새기듯이 하나님의 이름을 자기 인생에 새기고 사는 사람들은 하나님의 영광을, 그분의 이름에 담긴 존귀함을 누리며 살 것이다."

6-8 결론적으로 이스라엘의 왕, 이스라엘의 구원자, 온 세상의 전쟁을 주관하고 승리하는 하나님께서 말씀하신다. "나는 모든 것의 시작이며, 모든 것의 마지막이다. 나 외에 다른 신이 없다. 내가 오래전에, 처음으로 이스라엘 백성과 언약을 맺고 예배와 교제로 너희와 함께한 이후로 수많은 일을 알려주었고 구원의 흐름을 보여주었다. 그 누가 나처럼 구원의 역사에 대해 크고 선명하게 설명한 존재가 있었느냐? 그러므로 너희는 두려워하지 말고 겁내지 말라! 내가 오래전부터 너희와 함께했고 너희에게 일어날 일들에 대해 알려주었다. 너희는 내가 유일한 하나님이며 유일한 주인이라는 진리를 세상에 알릴 나의 증인들이다! 참으로 나 외에 다른 신은 없으며, 나 외에 어떤 구원도 견고한 안전도 없다. 나 외에 신이라는 존재 자체가 없다!"

B. 우상은 무엇인가?

9 〔이토록 위대하고 유일하신 하나님을 인정하지 않고 믿지 않으니, 사람들은 그다음으로 우상 만드는 일을 선택한다.〕

하나님 외에 그 어떤 신도 존재하지 않는다. 하나님 외에 존재한다고 말하는 신은 허상이다. 그러므로 그런 우상을 만드는 사람들은 다 공허한 인생이다. 그들은 복을 받고 잘되고 싶어 우상을 만들지만, 결국 허망한 것을 얻을 뿐이다. 그 우상들을 만들고 그것을 팔며, 우상을 대단하다고 선전하는 우상의 증인이 된 자들은 참으로 아무것도 볼 줄 모르고, 아무것도 모르는 멍청이들이다.

10 우상을 만들어 그것을 신이라고 부르는 자들의 운명이 과연 어떻게 되겠느냐?

11 그런 자들은 결국 전부 다 수치스러운 인생으로 마친다. 신이 사람을 만드는 것이 합당하지, 어떻게 사람이 신을 만든다는 말이냐? 우상을 만드는 사람들은 한평생 두려움에 사로잡혀 살 것이며, 메마르고 추악한 끝을 볼 것이다.

12 자, 지금부터 너희가 신이라고 부르는 그 우상이 태어나는 과정을 역순으로 한번 보자! 우상의 표면을 덮는 철(금이나 은)을 숯불 속에 넣어서 무르게 만든 다음에 그것을 꺼내 힘차게 때린다. 그런데 그 불 속에서 신을 만든다는 존재가 얼마나 허약한지 조금만 일하면 배가 고프고 기운이 빠져 물을 마시고 밥을 먹어야 한다.

13 그렇게 철(금이나 은)을 덮기 전에, 그러한 도금을 덮을 나무 모양을 목공이 작업해서 만든다. 줄을 재고 송곳으로 긋고 대패로 밀어 신의 형태가 만들어지는데, 신이라는 존재가 그렇게 사람의 기호와 취향을 따라 만들어지는 것이다.

14 그렇게 우상의 모양을 갖추기 전에는 너희가 말하는 신은 숲에 있던 나무였다. 백향목이거나 사이프러스 나무, 상수리나무이기도 했다. 말 그대로 숲속에서 〔하나님께서 보내신〕 비를 맞고 자란 나무

였다. 바로 그 나무를 사람이 자신을 위해 베어온 것이다. 신을 위해 사람이 섬기는 것이 아니라 사람을 위해 신이 베어진 셈이다.

15-17   이렇게 베어진 나무들은 땔감으로 난방에 사용하기도 하고 불을 피워 음식을 만들기도 한다. 그런데 그렇게 이용해 먹고 남은 나무 중에서 일부가 갑자기 신이 되고 우상이 되어 경배받고 사람들에게 절을 받는구나. 이것이 말이 되느냐? 조금 전까지 불로 태워 난방용으로 취사용으로 사용하려던 나무가 갑자기 신이 되고 우상이 되다니! 인간의 필요를 위해 하나님께서 주신 나무가 갑자기 신이 되어 경배받고 절을 받는다는 것이 말이 되느냐! 그 나무 앞에 엎드리며 '당신은 나의 신입니다. 나를 구원하소서'라고 기도하는 것이 얼마나 어처구니없는 짓이냐!

18-20   그들이 그렇게 하는 이유는 영적인 장애와 무지 그리고 무감각 때문이다. 그들은 참으로 하나님을 알지 못하고 하나님을 인정하지 않기에 마땅히 들어야 할 것을 듣지 못하고 보아야 할 것을 보지 못한다. 그들의 영혼은 어두운 밤과 같다. 세상 가치에 대해서는 그토록 많이 알고 세상 정보에 관해서는 그토록 전문적인 식견을 보이지만, 하나님에 관해서는 아무것도 모르고 알려고 하지도 않기 때문이다. 다시 한번 생각해보라. 방금 전까지 고기를 구워 먹으려고 사용하던 나무가 어떻게 갑자기 신이 되느냐? 지금껏 내 마음대로 사용하던 물건을 갑자기 신이라고 부르면서, 정작 그 물건을 주신 하나님 앞에서 그분을 대신하는 가증스러운 존재를 만들고 또한 하나님께 마땅히 드려야 할 예배와 경배를 오히려 그 우상에게 드린다는 말이냐!

너희가 신이라고 부르는 그 우상은 불 속에서 타버리는 헛된 것이다. 어째서 너희는 '저런 나무 조각은 나의 영혼을 구원할 수 없고, 내 손으로 우상을 만들었던 짓은 참 헛된 일이었다'라고 인정하지도 못하느냐!

C. 하나님께로 돌아오라!

21 "기억하라! 정신을 차려라! 야곱아! 이스라엘아! 너는 나를 이 세
   상에 드러낼 증인이며 나의 역사와 사명을 이룰 나의 종이다. 내가
   너를 지었기에 너를 잊지 않는다. 〔잊은 것은 내가 아니라 너희다.〕

22 　먹구름이 물러가고 안개가 사라지듯, 내가 너희의 죄를 제거해
   버렸으니(제거할 수 있으니) 너희는 내게로 돌아오라(회개하라). 참으
   로 내가 대가를 지불해 너희를 살려낼 것이다."

23 　하나님께서 죄지은 백성을 잊지 않으시고 그 죄를 용서하시며
   다시 살려주시는 놀라운 구원을 행하시니 얼마나 놀라운 일인가!
   높은 하늘도 깊은 땅도 노래하며, 산과 숲과 나무들도 찬양한다! 죄
   지은 야곱을 구원하셨으니, 회복된 이스라엘을 통해 하나님의 영광
   이 드러나는도다!

24-25 "너를 만들었고 너를 태어나게 해 세상에 있게 했을 뿐만 아니라,
   죄지은 너를 용서하고 구원한 나, 하나님이 말한다.

   　나는 〔우상처럼 만들어진 존재가 아니라〕 온 우주를 만든 창조주
   이다. 내가 홀로 온 세상을 만들었고 그 누구의 도움도 받을 필요가
   없었다. 나는 가짜 예언자들의 헛된 말들을 무효로 만들고 점치는
   자들을 바보로 만들며 스스로 지혜롭다고 잘난 체하는 인간들의 지
   식을 무가치한 것으로 만들어서, 나를 대신하려고 하거나 나와 대
   적하는 존재들을 철저하게 제거할 것이다.

26 　내가 보낸 예언자, 사명자 그리고 사역자(종)를 통해 하는 말과
   행동은 내가 이루며 그 계획을 완성한다. 그래서 '예루살렘에 다시
   사람이 살리라! 전쟁과 심판으로 황폐해진 유다의 도시들은 새롭게
   건설되어 일어나리라'고 약속한 회복의 역사를 이루리라.

27 　또한 아무리 깊은 바다와 강물이라 해도 내가 '말라버려라' 하
   면 마르게 되는 역전의 역사를 이룰 것이다.

28 　심지어 이방인의 왕 고레스를 불러 '너는 내 목자가 되어 내가

기뻐하는 일을 이루어라! 포로 된 내 백성을 돌려보내 무너진 예루살렘을 재건축하게 하며 파괴된 성전도 새롭게 기초를 놓게 만들어라!' 하고 명령하면 그대로 이루어지는 기적의 역사를 이루리라."

Mountain's Insight

이사야 44장은 43장에서 보이신 강력한 열정과 함께 구원의 주인이신 하나님이 어떤 분이신가를 분명하게 보여준다. 그러면서 하나님은 이 세상의 가짜 신으로 사람들이 만든 우상과 자신을 극명하게 대조하신다.

2절의 '여수룬'은 '올바른 자'라는 의미로 하나님께서 개인적으로 이스라엘에 대해 애정을 갖고 기대하면서 부르시는 상징적인 이름이다. 2절에서는 하나님을 믿는 사람들에게 '두려워하지 마라'고 하신 반면, 11절에서는 우상 만드는 사람들에게 '두려움에 사로잡혀 살 것이다'라고 말씀하셨다. 이 둘 사이의 대조는 극명하다!

우리 인생에서 중요한 것은 하나님이 누구신지 바로 아는 것이다. 전자제품에도 여러 브랜드가 있는 것처럼, 신도 여러 가지가 있는 것이 아니다. 그렇다면 그것은 이미 신이 아니다. 신은 유일하고 오직 한 분이시다. 하나님은 창조주이고 세상을 운영하시는 분이며, 우리를 구원하시고, 성령님을 보내서서 우리를 살게 하시는 분이다. 우리에게 참된 복을 주시고, 우리의 미래를 열어주시는 분이다.

그분은 우상과 조금 차이가 나는 정도가 아니라, 전혀 다른 분이다. 하나님은 만드시는 분이시고, 우상은 만들어진 것이다. 하나님은 우리에게 그분의 증인이 되길 바라시나, 우상은 우리를 노예로 만든다. 하나님을 믿는 삶은 생명이지만 우상을 섬기는 것은 파멸이다.

문제는 우리가 자꾸만 세상의 우상을 기준으로, 그 우상과 비교해서 하나님을 계산하고 비교하고 접근하려고 한다는 것이다. 하나님과 우상은 근본적으로 다르다. 우상은 우리 욕망을 위한 투영체이지만 하나님은 우리를 통해 그분의 영광을 드러내려 하신다.

하나님과 우상은 기호에 따른 선택의 문제가 아니라, 생명과 사망의 문제이며, 결단과 헌신의 문제이다. 우리가 사는 유일한 길은 하나님을 만나고 하나님과 교제하며 하나님께 순종하는 것이다. 평생을 바쳐도 하나님을 다 알 수 없다. 그러나 하나님 앞에 예배하고 순종하는 시간을 통해 우리는 하나님을 닮아간다. 하나님은 오늘도 간절히 그렇게 되기를 요청하고 기다리며 기대하신다. 그러므로 우리는 힘써 하나님을 알도록 하자(호 6:3).

예상할 수 없는 방식으로 일하시는 하나님

1 **45** 하나님께서 [앞으로 130년 후에 페르시아의 첫 번째 왕이 될] 고레스에게 기름을 부으셔서 메시아[하나님의 사명을 감당하는 사명자]로 삼고 이렇게 말씀하신다.

"내가 그를 능력 있게 만들어서, 세상의 많은 나라가 그 앞에 항복하게 할 것이다. 고레스를 대적하는 왕들을 무장 해제시키고 나라의 성문을 완전히 열어 놓아 철저한 승리를 얻게 할 것이다.

2-3 내가 고레스보다 앞서가 길을 평탄하게 만들고 아무리 강한 성문이나 군대가 막는다 해도 다 치고 부수어, 여러 나라가 은밀한 곳에 숨겨 놓았던 보물들까지 찾아내 가지도록 할 것이다. 이런 과정에서 고레스가 힘세고 능력이 있어서 이러한 위대한 승리를 거두는 것이 아니라, 그런 '고레스를 부르신 분'이 위대한 하나님이라는 사실을 깨닫게 하리라.

4 내가 이런 일을 하는 이유는 고레스를 위한 것이 아니다. 오히려 나의 종이며, 내가 택한 이스라엘 백성을 위해 고레스를 통로로 사용하는 것이다. 고레스는 나, 하나님을 전혀 알지 못하지만 내가 그의 이름을 불러서 메시아의 직책을 주었고 위대한 일을 하도록 힘과 능력을 준 것이다.

5 나는 하나님이다! 나 외에 어떤 다른 신도 없고 내가 유일한 하나님이다. 고레스가 나에 대하여 아무것도 모른다 해도, 나는 그를 띠로 묶어서 내가 원하는 일을 하게 할 것이다. [요 21:18]

6 [고레스의 정복과 승리를 통해, 또한 나중에 고레스가 이스라엘 백성을 살려서 본국에 돌려보내는 놀라운 역사를 통해,] 온 세상이 하나님 외에는 다른 신이 없음을 분명히 알게 될 것이다.

7 나는 빛도 창조했고 어둠도 만들었으며, 나는 평안도 창조했고 환란도 [나의 주권 속에서] 허락하는 유일한 하나님이다. 세상 모든 일

이 나의 계획 속에 있으며 그 모든 일을 이루는 자이다.

8 　　'하늘아, 위에서 공의를 비처럼 뿌려라!' 하면 그대로 되고, '구름아, 땅을 정의로 덮어라!' 하면 그대로 되고, '땅아, 새싹을 틔우듯 구원을 일으키라! 공의를 움돋게 하라!'고 하면 그대로 된다. 모든 것이 나, 하나님의 말과 명령으로 이루어진다.

　　〔그런데 너희 중에서 누군가가 불평하는구나! 어째서 이스라엘만 사랑하고 구원하시느냐고, 어째서 이방인 고레스를 통해 하나님 역사를 이루시느냐고, 하나님께서 그렇게 마음대로 세상을 움직이시느냐고 말이다. 그렇다면 잘 들어라! 하나님과 사람이 얼마나 다른지 알려주겠다.〕

9 　　화로다! 흙으로 만든 그릇의 한 조각 같은 존재가 감히 그 질그릇을 만든 분과 논쟁을 해보겠다는 것이냐? 진흙이 토기장이에게 '너는 도대체 무엇을 만드는 것이냐? 너는 실력이 형편없고, 네가 만든 것은 마음에 들지 않는다!'라고 말한다면 어처구니없는 일이 아니겠느냐?

10 　　화로다! 자녀가 부모에게 '저를 뭐 하러 낳으셨습니까?'라고 말한다면, 이 또한 무례함을 넘어서 저주를 받아 마땅한 말이 아니겠느냐?

11 　　그런데 어째서 이스라엘의 기준이 되시는 거룩하신 분, 바로 질그릇 같은 이스라엘을 만드시고, 창조하신 하나님께 앞으로 이런 일이 있어야만 한다고 요구하며, 너희 후손에게 저런 일을 하라고 감히 지시하고 명령하느냐?

12 　　너희는 정신이 나간 것이냐? 지시하고 명령하는 것은 너희 일이 아니라, 나의 일이다! 내가 땅에 지시해서 세상을 펼치고 그 위에 사람을 만들었으며, 내가 나의 능력으로 명령하여 하늘을 펴고 그 위에 해와 달과 별들이 움직이도록 했다.

13 고레스도 공의라는 나의 기준에 합당하게 일으켜 세운 나의 사람이

다. 역사를 이끌어가는 가장 좋은 방향과 계획에 따라 내가 고레스의 길을 열어놓을 것이다. 그래서 내가 원하는 도시를 그가 건설하고 내가 사랑하는 백성을 그 어떤 몸값도 받지 않고 해방할 것이다. 바로 내가 명령했기 때문이다.

14   〔너희는 이 세상을 움직이는 힘이 자원이나 돈에서 나온다고 생각하겠지만〕 하나님께서는 이 시대의 가장 번성한 애굽의 자원과 구스의 〔무역으로 번〕 돈을 하나님의 백성에게 흘러가게 할 것이다. 이어서 그들은 하나님의 백성 앞에 굴복하고 '온 우주에 참된 신은, 오직 하나님 한 분뿐이십니다'라고 고백할 것이다."

15   〔그러자, 이사야는 고백한다.〕 참으로 하나님은 자신을 숨기시는 분이십니다. 동시에 이스라엘, 곧 하나님의 백성을 구원하심으로 자신을 드러내시는 하나님이십니다.

16   그 하나님을 어떤 사상과 철학과 교리로 만들어낼 수 있겠습니까? 하나님을 그렇게 우상처럼 만들려고 하는 자들은 수치와 욕을 받을 것입니다.

17   하지만 바로 그 하나님을 믿고 교제하는 하나님의 백성은 이스라엘과 같이 구원을 받고 영원히 수치와 욕을 받지 않을 것입니다.

18 참으로 하나님께서 말씀하신다.
    "나는 바로 온 세상을 창조한 하나님이다. 나는 온 세상의 기초가 되는 땅과 함께 여러 존재를 만들었고, 그 위에서 역사를 이끌어왔다. 내가 만든 우주는 혼돈이 아니라 질서이며 나는 온 인류가 그 위에서 삶을 이어가도록 운영해왔다. 나는 하나님이다. 나 외에 다른 신이 없다. 나는 너희 이해 체계의 수준을 벗어나 있는 존재 너머의 존재다.

19   그럼에도 나는 너희를 떠나 있지 않다. 너희가 발견할 수 없는 영역에서 나를 찾으라고 하지 않았고, 지금도 너희가 이해할 수 없

는 언어로 말하지 않는다. 나는 너희 가까이에 있으면서 너희 삶에 가장 가치 있는 의로움과 바른 삶의 의미를 알려주고 살게 한다.

20 [하나님의 메시아, 고레스왕의 정복으로] 여러 나라에서 피난길에 오른 사람들아! 너희를 구원하지도 못하는 나무로 만든 우상들을 여전히 들고 다니며 그 우상에게 구원해달라고 기도하는 어리석은 자들아! 이제는 하나님께로 돌아오라! 온 세상의 주인이신 하나님께 나아오라!

21   너희는 할 수 있는 모든 지식과 방법을 다 동원해 현재 상황을 진단하고 대책을 말해보라! 너희 나라가 이렇게 멸망하고 삶의 자리가 파괴될 것을 누가 알려주었느냐? 너희 신들은 너희 삶이 영원히 잘될 것이라고 말했지만 현실은 그렇지 않았다. 그렇다면 이런 일들이 있다고 오래전부터 알리신 분이 누구시냐? 하나님뿐이시다. 하나님 외에는 다른 신이 없다. 그러므로 오직 그분만이 너희를 구원하실 수 있다. 오직 하나님만이 이 세상을 바로잡고 구원을 베푸신다.

22   그러므로 온 세상 사람들아! 하나님께로 돌아와 구원을 받으라! 나는 하나님이다! 나 외에 다른 신은 존재하지 않는다!

23 [나보다 더 큰 존재도, 더 귀한 가치도 없기에] 바로 나를 두고 맹세하니, 내가 한 말은 반드시 이루어진다. 나의 모든 말은 마음대로 하는 것이 하나도 없고 전부 다 바르게 말한 것이기에 그 어떤 것도 취소되지 않고 이루어진다. 이제 내가 말하노니 '온 세상이 내 앞에 무릎을 꿇고 모든 사람이 나를 주인으로 고백하리라!'"

24   사람들은 확실하게 말할 것이다. '옳음과 바름, 정의와 능력은 오직 하나님께만 있다! 그러므로 인간의 정치, 제도, 윤리, 도덕, 이론이 아니라 오직 하나님만 믿고 오직 그분만을 인생의 주인으로 섬기며 그분께서 원하시는 삶의 방식으로 살아가야 한다'라고. 만

약 하나님을 거절한다면 인생의 일부가 아니라 전부를 잃게 될 것
이다.

25 하나님의 백성이 되는 사람은 누구나 하나님으로 말미암아 구
원을 받고 바로잡힌 삶을 얻고 자랑스러운 인생을 누릴 것이다.

Mountain's Insight ─────────

이사야 45장은 바로 앞에 있던 44장 28절을 발전시킨다. 하나님께서
행하실 거대한 역사를 위해 이스라엘 사람이 아니라, 이방인의 왕을
하나님께서 '메시아'로 삼는다는 것은 이스라엘에게 충격적인 사건이
다. 하나님이 얼마나 위대한 분이며 얼마나 열려 있는 분인가를 알아야
한다.

하나님은 누구신가? 하나님은 우리가 전혀 예상할 수 없는 방식으
로 일하시고 우리가 전혀 기대하지 않는 사람을 통해 역사하신다. 우
리는 그분을 알 수 없지만, 동시에 어떤 방식을 통해 알게 된다. 그분은
우리의 지식과 측정의 수준을 넘어 계시면서도 우리의 이해와 지각 속
에서 발견되도록 자신을 열어주신다. 우리는 그분이 얼마나 높은 분인
지 인정해야 하며 동시에 그분이 얼마나 낮게 내려온 분이신지를 고백
해야 한다. 그래서 그분의 지극한 초월하심에 대해 경외하고 찬양을 올
려드리고, 그분의 한없는 내재하심에 감사하고 기도해야 한다. 그분은
수천 권의 교리 책에 담기지 않는 분이면서도 단 한 줄의 호흡에도 머
무신다. 그러므로 우리는 그분에게 지시하거나 명령하지 않고 예배하
며 순종해야 한다. 하나님은 영원히 하나님이시다!

하나님의 호소

46 ¹ 〔그럼에도 끝까지 하나님을 거부하고 우상을 숭배하는 자들의 인생이 어떻게 되는지 잘 보아라.〕

"〔하나님의 메시아, 고레스왕에게 끝까지 반항했던 바벨론은 멸망하고 말았다. 그리고〕 바벨론의 신들도 함께 쓰러졌다. 벨〔바벨론 신들의 아버지, 마르둑의 다른 이름으로 '주인'이라는 뜻〕 신(神)도, 느보〔마르둑의 아들로서 기록과 지식의 신으로 알려져 있다. '나부'라고도 한다〕 신도 쓰러졌다. 멸망한 바벨론의 백성은 피난길에 올랐고, 우상의 신상들은 가축이 끄는 수레 위에 무거운 짐처럼 묶여서 가는 신세가 되었다.

² 바벨론의 신이라 숭배받던 그 우상들은 한번 쓰러진 후에 다시는 일어나지 못했고, 짐 속에 묶여서 포로가 되었으니 그 무엇도 구원할 수 없는 운명이 되었다.

³⁻⁴ 하나님의 백성아! 환란과 시련 속에서 남은 이 땅의 모든 사람아! 정신을 차리고 내 말을 들어라! 나, 하나님은 너희가 태어날 때부터 부모처럼 너희를 안아주고 등에 업어서 돌보아주었다. 그리고 너희가 나이 들어 노인이 되어도 내가 그렇게 돌볼 것이다. 힘이 없고 백발이 될 때까지 나는 너희의 하나님이 되어 품어주고 도와주며 인도할 것이다. 어떤 상황에서도 너희를 향한 구원의 역사를 이루리라.

⁵ 그런데 너희는 도대체 무엇과 나를 비교하고 누구와 나를 비슷하다고 말하는 것이냐!

⁶⁻⁷ 어째서 금과 은을 세공업자에게 주면서 그것으로 신을 만들어 달라고 하는 것이냐! 심지어 그 금과 은으로 만든 가짜 신에게 엎드려 경배하고, 그것을 어깨로 메어 너희가 나름대로 거룩하다는 장소에 둔 후에 단단히 고정하고선 그 우상들 앞에서 기도하지 않느

냐! 너희가 들고 움직여야 갈 수 있고, 고정해놓아 스스로 움직이지도 못하는 그 신에게 아무리 부르짖더라도 어떤 응답이나 구원이나 도움도 받을 수 없다는 것을 왜 모르느냐!

8 그러므로 아직도 반항적으로 하나님을 거역하는 사람들아! 지금까지 하나님께서 하신 일들을 기억하고, 하나님만 의지하는 담대한 믿음의 사람들이 되어라. 상황과 형편이 흔들려도 늘 하나님께서 하신 일과 하실 일들을 마음에 두어라.

9 너희는 하나님께서 지금까지 해오신 일들을 기억하라. 그 기억의 영성을 통해 하나님을 바로 알라! 하나님 외에는 그 어떤 신도 없다는 것을 말이다!

10 세상이 시작될 때부터 나는 마지막 시간에 대해 말했고, 모든 일이 시작될 때에 그 일이 어떻게 끝날지를 말했다. 내가 앞의 일들과 마지막 일들에 대해 오래전부터 알려준 이유는 내가 뜻한 것이 반드시 이루어지는 것을 보여주기 위해서였고, 세상의 모든 일이 내가 원하는 대로 완성될 것을 알려주기 위함이다.

11 〔내가 뜻한 것을 이루고, 원하는 것을 완성하고자〕 내가 동쪽에 있는 사나운 짐승 같은 고레스를 부를 것이다. 저기 먼 땅에서 나의 뜻을 이룰 사람을 부를 것이다. 나의 뜻과 계획은 너희가 전혀 상상하지도 못한 방식으로 이루어질 것이다. 참으로 내가 말한 것을 반드시 이룰 것이며, 내가 계획한 것은 반드시 실행되리라.

12 그러므로 고집스러운 태도로 하나님의 바른 뜻과 놀라운 계획을 저항하고 멀어진 사람들아! 너희 태도를 바꾸라. 하나님께 가까이 나아오라. 그분의 말씀을 듣고 순종하라.

13 이제 더욱 하나님의 뜻과 계획이 가까워지고 있으니, 곧 이루어지리라. 나의 구원과 동시에 나의 심판이 이루어진다. 나의 영광스러운 목적인 내 백성을 위해 구원을 완성할 것이다!"

Mountain's Insight ———————————————————

하나님은 호소하신다. 비참하고 비굴한 호소가 아니라, 장엄하고 영광스러운 호소다. 우리 인생에 시련과 어려움이 닥치는 순간, 우리는 하나님께서 멀리 계신다고 생각하기 쉽다. 하지만 실제로는 그 순간이 하나님께서 우리에게 더 가까이 계시는 순간이다. 바로 그 순간 하나님께서 하나님이심을 보여주시기 때문이다. 인생이 내 마음대로 내가 원하는 대로 되지 않을 때, 하나님께서 살아계심을 기억하고 기도해야 한다. 그리고 그 순간에 무엇보다 하나님을 대신해서 만든 우상들을 점검하고 버리는 일을 해야 한다. 우상이란 잡초와 같아서 영혼이 하나님으로 관리되지 않는 순간 여기저기서 올라온다. 하나님께서는 고레스를 통해 하나님이 하나님이심을 보여주신다. 참으로 예상치 못한 일이고 기대하지 않은 전개다. 그래서 하나님이 나의 하나님을 넘어 온 우주의 하나님 되심을 알게 된다.

이사야 46장을 읽다 보면, 창세기 35장에서 벧엘로 올라가는 야곱 가족이 생각난다. 모든 것이 잘되고 있다고 착각하는 순간 사랑하는 딸의 강간 사건이 일어나고, 야곱은 바로 그 순간 벧엘로 올라간다. 바로 그때 해야 하는 일이 자기 삶에 은밀하게 숨겨둔 우상들을 버리는 것이다. 아마 그 순간 그동안 숨겨 놓았던 라헬의 드라빔도 나왔을 것이다.

우리 인생에 어려움과 시련이 닥칠 때, 하나님은 우리를 낮추시고 하나님만 높이는 기회로 삼으신다. 우리가 전혀 기대하지 않았던 일들이 일어나면서 하나님께서 기대하시는 일들이 이어진다. 하나님은 계획하신 일을 반드시 이루실 것이다. 나는 그 일이 바로 구원임을 믿는다.

바벨론의 멸망

47 1 〔지금 하나님께서 하나님의 백성에게 주시려는 회복을 막고 있는 강력한 세력인〕 바벨론아! 손에 물 한 번 묻힌 적 없는 공주 같은 딸 바벨론아! 이제는 그 고상한 자리에서 낮고 천한 자리로 내려오너라. 〔남부 메소포타미아 인종인〕 갈대아의 고결한 귀부인 같은 바벨론아! 너는 더 이상 고상하고 우아하다는 말을 듣지 못할 것이다.

2-3 나라의 멸망으로 가장 천한 몸종이 하는 일, 곧 맷돌 갈기를 네가 할 것이며〔출 11:5〕 나라의 멸망으로 상류층 여성은 장식품을 포기하고 피난길을 가다가, 강을 만나는 바람에 치마를 걷어 올린 채 강을 건너야 할 것이다. 그 과정에서 부끄러운 부분을 다 드러내는 수치를 당할 것이다. 바로 나, 하나님이 바벨론을 철저하게 심판해서 아무도 불쌍하게 보지 않을 것이기 때문이다.

4 이처럼 하나님께서 바벨론을 심판하시는 것은 우리, 곧 하나님 백성을 구원하시는 일이며 온 세상에 참된 승리를 주시는 하나님의 거룩함이라는 기준에 합당한 일이다.

5 〔그러므로〕 연약한 처녀와 같은 운명에 처한 갈대아 민족, 곧 바벨론아! 극악한 죄인이 법정에서 자신에 대해 아무 변명도 하지 못하고 감옥으로 들어가듯이, 너도 어두운 곳으로 들어가고 입을 다물고 앉아 있으라. 다시는 네가 온 세상의 주인이라고 자랑하던 일을 하지 못할 것이다.

6 네가 이런 운명을 맞이한 이유는 내 백성, 곧 하나님의 백성을 잔인하게 대하고 나의 소유, 곧 하나님의 백성을 수치스럽게 대우했기 때문이다. 나의 백성이 잘못해서 정신 차리게 하려고 잠시 너, 바벨론의 손에 넘겨주었더니, 너희는 긍휼이라는 하나님의 마음이 아니라 잔인함이라는 악한 마음으로 다스렸고 힘없는 노인에게까지 무거운 짐을 지우며 가혹하게 하였기 때문이다.

7   하나님께서 이 모든 일을 맡겨주신 큰 그림은 보지도 않고, 이 모든 일이 어떻게 끝날지도 생각하지 않은 채, 그저 그 순간만 즐기면서 "나는 영원히 온 세상의 주인이다!"라고 교만하고 헛된 말을 했다.

8   그뿐만이 아니다. 하나님께서 허락하고 선물하신 성공과 물질로 오직 자신을 위해 사치스럽게 살고 자기 육신만 안락하게 하면서 "세상에는 나뿐이며, 내가 최고다! 나는 절대로 고생하거나 어려운 일을 겪지 않을 것이다. 남편을 잃거나 자녀를 빼앗기는 일 따위는 절대 일어나지 않을 것이다"라고 말하면서 교만하고 자만한 인생을 과시하던 자여! 이제 하나님께서 하시는 말씀을 들어라!

9   그분이 너에게 갑작스러운 심판을 내리실 것이다. 하루아침에 네 남편이 죽고 자녀들도 죽으리라! 네가 하나님의 심판을 막아보려고 그 어떤 영적인 수단과 방법을 동원해도 막을 수 없으리라. 하나님의 심판은 반드시 너에게 임할 것이다.

10   네가 하나님이 아니라 악을 의지하고, 너의 악한 본성을 따라 자신을 믿고 너를 지켜보시는 하나님을 무시하며, "내가 하나님이다!"라는 태도로 인생을 살았기 때문이다. 특히 네 지혜와 지식을 믿고 그 좋은 머리와 수완에 이끌려서 유혹당했고 거기에 네 인생을 팔아넘겼다.

11   하나님의 심판이 재앙처럼 너에게 임하는 순간이 온다. 하지만 너는 그 원인이 무엇인지도, 어디로 피해야 할지도 모를 것이다. 네가 쌓아 올린 모든 것을 잃어버릴 것이며 갑작스러운 파멸 앞에서 망연자실하여 그 무엇도 할 수 없을 것이다. 아니, 무엇을 해야 할지도 모를 것이다.

12-13   젊은 날부터 네가 그렇게 믿고 힘을 쏟았던 세상 지식과 나름대로 믿고 신뢰하는 신비적인 방법을 다 동원해보아라! 너의 인간적인

방법과 주술적인 수단으로 작은 유익이라도 얻거나 조금이라도 하나님을 막을 수 있을 것 같으냐? 오히려 너 스스로 더 피곤하고 힘들 뿐이다. 하늘의 별을 보고 점을 치고 오늘의 운세를 살펴보고 용하다는 점쟁이를 찾아가 도움을 구해도 하나님께서 하실 일을 막을 수 없으며 그 무엇도 하나님의 심판에서 너를 구할 수 없다.

14   잘 보아라! 네가 하나님을 대신해서 힘을 쏟고, 믿고 의지했던 모든 수단과 방법은 단순히 실패로 끝나는 정도가 아니라, 네 인생을 완전히 불태우는 심판의 불을 더 크게 타오르게 하는 촉매제가 될 것이다. 하나님 심판의 불은 고기를 굽거나 몸을 따뜻하게 하는 정도가 아니라, 한 존재를 완전히 소멸할 정도로 강력하다. 〔회개하는 것 외에〕 무엇도 그 불을 막을 수 없다.

15   〔이래도 하나님께 회개하고 돌아오지 않을 것이냐?〕 바벨론아! 〔또 바벨론 같은 인생아!〕 너 혼자만 멸망하는 것으로 끝나지 않는다. 젊은 날부터 너의 헛된 교만과 세상의 성공과 돈을 위해 너와 함께 동역하고 수고한 자들도 같이 멸망할 것이다. 그 모든 가치와 인생이 부서지는 흙처럼 흩어질 것이고, 그 무엇도 너와 그들을 구원하지 못할 것이다.

Mountain's Insight —————————————

이사야 40장부터 하나님께서 말씀하시는 '하나님 백성의 진정한 회복'에서는 필연적으로 이루어져야 할 일이 있다. 바로 하나님 백성의 회복을 가로막는 세력을 제거하는 일이다. 신약의 언어로 풀어보자면 '하나님 나라'가 도래하기 전에 '악한 나라'가 반드시 제거되어야 한다. 의로운 나라가 세상을 다스리려면 악한 나라는 반드시 정복되어야 한다. (앞에서도 한 번 언급했듯이) 그래서 예수님께서 이 세상에 오셔서 "하나님 나라가 왔다"(도래)는 메시지를 전하시면서 가장 핵심적으로 '축귀'

곧 '마귀의 나라를 제거'하는 사역을 하신 것이다.

더 나아가 오늘날 자기 삶을 점검해야 한다. 하나님을 믿고, 그리스도인이 되었다고 하지만, 여전히 우리를 지배하는 세력은 육신의 정욕, 안목의 정욕, 이생의 자랑이라는 마귀의 힘, 곧 영적 바벨론의 세력이 아닌지를 점검해야 한다. 그것은 결국 무너지고 심판받을 것이다. 나 혼자만 망하는 것이 아니라 나와 같이하는 모든 사람과 가치가 멸망할 것이다. 교묘하게 복음이라고 전하면서도 성공을 판 목회자도, 주님을 안다고 하면서도 교활하게 자신을 위해 성경을 이용한 신학자도, 이중적으로 하나님과 세상 사이에서 양다리를 걸치고 박쥐처럼 살아온 그리스도인도 말이다.

한평생 주님을 따라 섬겨온 노년의 여호수아가 마음을 다해 던진 도전의 메시지와 목에 힘줄이 솟아오르도록 외쳤을 것 같은 엘리야의 결단적 요청이 선명하게 들리는 것 같다.

"그러므로 이제는 여호와를 경외하며 온전함과 진실함으로 그를 섬기라. 너희의 조상들이 강 저쪽과 애굽에서 섬기던 신들을 치워 버리고 여호와만 섬기라. … 오직 나와 내 집은 여호와를 섬기겠노라" 여호수아 24:14-15.

"엘리야가 모든 백성에게 가까이 나아가 이르되 너희가 어느 때까지 둘 사이에서 머뭇머뭇하려느냐 여호와가 만일 하나님이면 그를 따르고 바알이 만일 하나님이면 그를 따를지니라" 열왕기상 18:21.

말씀이 담길 그릇이 되게 하시는 하나님의 계획

48

1　야곱의 후손아! 지금부터 하나님께서 하시는 말씀을 잘 들어라! 너희는 참으로 특별한 사람들이다. 이스라엘이라는 승리자의 이름을 하나님께서 주셨고 하나님을 찬양하는 영광스러운 왕족 유다 지파의 후손이 되어 하나님의 이름으로 언약을 맺었으며 하나님을 예배하고 기억하며 기념하는 축복을 받았지만, 너희는 하나님의 성품과 능력인 진실함(성실함)도 없고 공의(정의)도 없구나!

2　너희는 스스로 예루살렘이라는 거룩한 성 출신이라고 자랑하고 이스라엘의 하나님만 의지한다고 하며 입으로는 하나님을 '온 세상 군대의 하나님, 곧 승리의 하나님'이라고 고백하지만, 실제 삶은 그렇지 않구나!

3　[이스라엘이 대단해서가 아니라] 하나님께서 위대하시기에, 오래전부터 모든 것의 시작이 어떻게 되었는지를 알려주셨고 하나님께서 선지자들을 통해 하나님 말씀을 전하여 하나님의 모든 진리와 계획을 듣게 하였으며, 너희가 예상치 못한 시간과 방법으로 그 모든 일을 이루셨다.

4-5　하지만 너희는 하나님께 순종하기보다는 끊임없이 완고한 태도로 일관했다. 너희가 그런 존재임을 하나님께서 이미 알고 계셨기 때문에, 모든 일을 이루기 전에 먼저 말씀하신 것이며 하나님의 역사가 성취되기 전에 알려준 것이다. 그렇게 해서 너희 인생 앞에 펼쳐지는 일들이 헛된 이방 신이나 우상들이 아니라 하나님께서 하신 일임을 믿게 하려는 것이다.

6-7　그런데도 너희는 하나님께서 하신 일을 인정하지 않는구나! 그래서 이제부터 하나님께서 완전히 새로운 일을 너희에게 일으킬 것이다. 그 일은 오래전에 있었던 옛날 일이 아니라 바로 지금 시작되는 새 창조의 일이다. 지금까지 듣지도 보지도 못한 신비로운 일이다. 그래서 너희가 '원래 알고 있었는데'라는 말도 못 꺼내게 할 것

이다. 바로 그 일이 일어나기 전에 지금 알려줄 것이다.

8 그러면 너희는 질문할 것이다. 왜 진작부터 이 놀랍고 새로운 일을 미리 알려주지 않았느냐고. 바로 너희가 문제였다. 너희가 하나님의 신비로운 일, 새 창조의 일을 들을 준비가 되어 있지 않았기 때문이다. 너희는 영적으로 어리며 성숙하지 못해서 하나님의 일을 알아도 배신하고 거역할 것이 뻔했기 때문이다. 이 놀라운 일을 미리 듣더라도 돼지 눈에 진주처럼 여길 것이 뻔했기 때문이다.

9 그래서 나, 하나님은 나의 이름과 나 자신의 위대한 계획을 위해 참고 기다렸다. 지난 세월 너희의 불순종으로 심판하고 끝장낼 수도 있었지만 참고 기다렸다.

10 하나님은 아무것도 안 하시면서 마냥 참고 기다리기만 하신 것이 아니다. 너희가 하나님의 신비로운 일, 새 창조의 일을 이해하고 따라올 수 있도록 연단하셨다. 은을 연단하듯이 불로 한 것이 아니라, 고난과 시련을 통해 너희가 하나님의 것을 담을 그릇으로 크고 넓게 만드신 것이다.

11 보라! 어떤 어려움과 시련이 있어도 하나님께서는 하나님의 일을 하나님의 방법으로 하신다. 하나님께서는 자신을 위해 이 모든 일을 이루실 것이고, 하나님의 영광을 위해 자기 백성을 새롭게 하신다. 그래서 그들로부터 영광받으실 것이다.

12-13 그러므로 야곱의 후손아! 내가 선택한 이스라엘 백성아! 하나님의 말씀을 들어라! 나, 하나님은 처음이고 마지막이다. 내가 온 우주를 창조했고 온 세상 역사를 주관해왔다. 온 세상 모든 만물이 나의 부름과 명령에 순종한다.

14-15 또한 너희는 모여서 들어라! 하나님께서 선택한 메시아, 하나님께서 사랑하시는 이방인의 왕 고레스도 하나님의 부름과 명령에 따라

순종한다. 그가 바벨론을 심판하고 갈대아 사람을 공격함으로 하나
님의 기쁘신 뜻을 이룬다. 이 얼마나 놀라운 일이냐! 너희가 전혀
예상치도 못한 일이다! 내가 고레스를 불렀고 그의 길을 열어주었
으니 그가 하는 모든 일이 다 잘될 것이다.

16   그러므로 너희는 하나님 앞으로 나아와 그분의 말씀을 들어라!
우주의 광대함이나 이방 나라 왕들의 정복 전쟁이나 이 시대의 기
술과 정보에만 감탄하지 말고 그 모든 것을 이끌어가시는 하나님의
말씀을 들어라! 하나님께서 모든 일을 처음부터 계획했고 진행하시
니, 준비된 자에게는 더 이상 비밀이 아니다. 그리고 바로 지금, 하
나님께서는 나, 이사야를 통해 너희가 지금 듣고 읽는 이사야서 안
에서 하나님의 영(성령 – 하나님의 마음)을 만나도록 보내셨다.

17   너희가 그 무엇보다 하나님께 나아와 그분의 말씀을 들어야 하는
이유는 하나님만이 우리의 구원자이시고 우리 인생에 가장 고결한
기준이 되는 거룩한 분이시기 때문이다. 하나님만이 우리를 참으로
가치 있는 삶을 살게 하시며 우리가 마땅히 살아야 할 삶으로 인도
하시기 때문이다. 그분이 바로 하나님이시다.

18-19   이스라엘 백성이 진작부터 하나님의 말씀을 주의 깊게 듣고 그
말씀에 순종했더라면 하나님의 평안이 강물 흐르듯 넘치고, 인생
속에서 억울한 일 없이 바르고 옳은 일이 바다 물결처럼 펼쳐졌을
텐데〔그런 일은 없었다〕. 너희 자손은 바다의 모래알처럼 많아졌을
것이고, 그들의 이름은 여러 분야에서 명예롭게 되었을 텐데〔그런
일은 없었다〕.

20   그러므로 하나님의 백성아, 이제라도 정신을 차리고 하나님의 말씀
을 들어라! 그러면 하나님께서 고레스를 보내셔서, 너희를 포로 된
땅 바벨론에서 구원하시고 갈대아인의 억압에서 해방시켜 너희가
자유를 얻게 하실 것이다. 또한 그 자유를 얻거든 하나님께서 하신

놀라운 일, 곧 그분의 말씀을 땅 끝까지 선포하라! 하나님께서 당신의 종 야곱을 구원하셨음을 증거하는 인생으로 살아라!

21 너희가 하나님의 말씀을 듣고 순종하면, 과거에 출애굽 했을 때처럼 사막 같은 땅과 상황을 통과하더라도 목마르지 않도록 하나님께서는 바위에서 물이 나오게 하실 것이다.

22   하지만 하나님의 말씀을 거절하는 사람들, 곧 악인에게는 늘 불안한 삶만 이어질 것이다. 그들에게는 하나님의 평안이 없을 것이다.

Mountain's Insight ─────────────

하나님께서 바벨론을 심판하시고 이스라엘을 구원하시는 것이, 이스라엘의 선함 때문인가? 이사야 48장은 그렇지 않다고 말한다. 오히려 하나님의 선하심 때문이다. 하나님은 이사야를 통해 그것을 분명히 알라고 말씀하신다. 그리고 그 하나님의 선하심으로 이루어지는 모든 일에 합당한 반응을 보이라고 말씀하신다.

이사야 48장에서 핵심 표현은 "하나님을 들어라!"이다. 바로 하나님의 말씀을 들으라는 것이다. 단순히 듣기만 하라는 말이 아니다. 그 말씀에 집중하고 순종하라는 것이다. 이스라엘 사람은 하나님의 말씀을 듣지 않았다. 말씀 듣는 것을 귀찮아했다.

나아가 그 말씀대로 순종하지 않는다. 감동을 받고 도전을 받더라도 찔린다는 소리만 하지, 제대로 순종하지 않는다. 그보다는 이 시대에서 살아가기 위한 정보와 자기 환경과 육신적 가치를 좋게 하는 데 더 많은 귀를 기울이고 집중하며 그 욕망을 따라서 산다.

그러므로 우리는 하나님의 말씀을 들을 수 있는 사람이 되어야 한다. 그런 존재가 되기 위해 하나님은 우리를 연단하신다. 하나님께서 나에게 왜 이런 시련과 고난을 주시는지 알아야 한다. 그것은 말씀이 담길 그릇이 되게 하시려는 것이다. 오늘도 끊임없이 하나님께서는 우리에게 말씀하신다. 이사야는 바로 자신이 하나님께서 보내신 말씀이라고 한다(48:16). 그리고 그 말씀이 육신이 되어 우리에게 오셨고 지금도 하나님께서는 수많은 주의 종과 성령님을 통해서 우리에게 말씀하신다. 이제는 정말 우리가 듣는 것을 바로잡아야 한다. 하나님의 말씀을 읽고 듣고 순종해야 한다. 하나님의 말씀만이 우리를 유익하게 하며 우리를 생명의 길로 인도하고(17절) 우리에게 참 평안을 주신다(22절). 제발 하나님의 말씀을 듣자!

이스라엘을 다시 세우시는 하나님

49 ¹ 세상 끝에 있는 사람들아! 온 세상 사람들아! 나, 이사야가 하는 말을 들어보라!

내 어머니가 나를 임신한 그때부터 하나님께서 나를 선택하셔서 부르셨다. 내가 하나님의 말씀을 전하는 사람이 되라고 하셨다.

² 내 입을 날카로운 칼처럼 만드셔서, 내 입에서 나오는 말로 하나님의 말씀이 되게 하셨다. 무사의 칼집에 들어간 칼처럼 나를 은밀하게 숨겨두셨다가 필요할 때 쓰임받게 하셨다. 나의 존재 자체를 강력한 화살로 만드셔서, 내 삶을 통해 하나님의 말씀이 되게 하셨다. 실력 좋은 궁수의 화살통에 들어간 화살처럼 나를 은밀하게 감추셨다가 필요할 때 쓰임받게 하셨다.

³ 하나님께서는 나, 이사야에게 "너는 나의 종이다. 나의 영광을 드러낼 참된 하나님의 백성, 곧 이스라엘의 대표자다"라고 하셨다.

⁴ 하지만 솔직히 내 심정을 토로한다. "내가 한 모든 수고는 헛된 것처럼 보인다. 하나님께서 명령하셔서 내가 행한 모든 말과 삶에는 전혀 열매가 없는 것처럼 보인다. 다만 최선을 다했으니, 내가 한 모든 것에 하나님께서 판단하시고 갚아주시리라 기대할 뿐이다."

⁵ 그러자 어머니가 나를 임신한 그 순간부터 나를 부르셔서 선지자로 삼으시고 범죄한 이스라엘 백성, 곧 야곱의 자손을 돌아오게 하시는 분, 곧 나를 영광스럽게 만드시고 나의 힘이 되시는 하나님께서 말씀하신다.

⁶ "이사야! 네가 나의 종이 되어, 범죄한 나의 백성, 심판을 받아 여러 나라로 흩어진 야곱의 후손을 일어나게 하고 그들 중에서 남겨진 사람들을 가나안 땅으로 돌아오게 하는 것은 나에게 쉬운 일이다. 내가 그 이상의 일을 할 것이다. 이방인들이 사는 온 세상 끝까지 너를 빛으로 삼아서 온 세상을 구원할 것이다."

7 하나님의 백성, 이스라엘을 구원하시고 그들 삶의 기준이 되시는 거룩한 하나님께서 말씀하신다. "사람에게 멸시를 당하는 자, 동족에게 미움을 받는 자, 이 시대 통치자들에게 종 취급을 당하는 자, 바로 너, 이사야를 통해 내가 역사할 것이다. 매우 높은 신분을 가진 왕들과 지도자들도 네 앞에 일어나 절할 것이다. 바로 거룩하고 신실한 하나님, 내가 너를 선택했기 때문이다. 너의 사역은 실패처럼 보이는 과정을 지난 후 성공할 것이다."

8 이어서 하나님께서 말씀하신다.

"하나님의 일은 하나님의 방식으로 하나님의 시간에 이루어진다. 은혜가 이루어져야 하는 날, 나의 응답이 있었다. 구원이 이루어져야 하는 날, 내가 너를 도와주었다. 앞으로도 마찬가지다. 내가 너를 보호하고 너를 나와 내 백성 사이에 중보자로, 약속의 연결고리로 삼을 것이다. 바로 너를 통해 빼앗긴 땅을 돌려받고 잃어버린 소유를 다시 얻을 것이다.

9-10 내가 놀라운 회복을 일으킬 것이다. 포로 되어 감옥에 있는 사람도 나오게 할 것이고, 어두운 곳에 있는 사람도 빛으로 나오게 할 것이다. 그들이 하나님의 땅, 가나안으로 돌아오는 길에 기진하지 않도록 내가 먹이며, 어떤 어려운 지경을 지나가더라도 내가 목자가 되어 먹이고 보호하리라. 그들이 배고프거나 목마르지 않을 것이며, 더위와 추위로 상하지 않을 것이다. 내가 그들을 긍휼히 여겨 그들을 인도하되 물이 풍성한 곳으로 인도할 것이기 때문이다.

11 아무리 높은 산도 깎아서 길을 만들고, 아무리 얕은 계곡도 흙을 덮어 넓은 길로 만들 것이다.

12 아무리 먼 곳까지 유배당한 사람이라도 그 길로 돌아오고, 아무리 동서남북으로 흩어져 있다 해도, 심지어 세상 끝 시님 땅에 있다 할지라도 돌아오게 할 것이다."

13   [그러므로] 하늘아 노래하라! 땅도 기뻐하라! 산들아 감격스러운 소
      리를 질러라! 하나님께서 이스라엘 백성을 위로하셨고 고생하는 그
      백성에게 긍휼을 베푸실 것이기 때문이다!

14   [그러나 현실에 닥친 시련과 고난으로] 황폐한 시온처럼 남겨진 하나님
      의 백성은 이렇게 말한다. "하나님께서 우리를 버리셨고, 주님께서
      우리를 잊으셨다."

15   하지만 생각해보라! 자신이 낳은 아이를 잊어버린 어머니가 어디
      있으며, 자기가 젖을 먹여 키운 자녀에게 긍휼한 마음을 갖지 않는
      어머니가 어디 있겠느냐? 설사 그런 어머니가 있다고 할지라도 하
      나님은 자기 백성을 잊지 않으신다.

16   하나님께서는 자기 백성을 손바닥에 새긴 문신처럼 기억하신
      다. 하나님의 백성이 살던 그 땅과 성벽은 군대 간 자식처럼 언제나
      눈앞에 아른거린다.

17   [그러므로 때가 되면 하나님께서 그들을 반드시 회복하실 것이다. 그때가
      되면 이러한 모습이, 이러한 회복이 다가올 것이다.] 포로로 끌려갔던 네
      자녀는 폐허가 된 땅을 재건할 건축자가 되어 힘차게 돌아오리라.
      그러면 네 삶을 파괴하고 무너뜨렸던 적들은 떠나갈 것이다.

18   네 눈으로 그 놀라운 회복의 장면을 볼 것이다. 포로로 끌려갔
      던 네 자녀들이 다 함께 돌아올 것이다. 하나님께서 자신의 살아계
      심을 두고 약속하신다.

         "신부가 여러 장신구로 자신을 아름답게 치장하듯 네 자녀들이
      돌아와서 이 땅을 아름답게 만들리라.

19   이전에 이 땅은 사람이 없어 황폐하고 적막했으나, 이제는 사
      람이 많아져 좁게 느껴질 것이다. 당연히 너희를 괴롭히던 적들은
      다 멀리 떠날 것이다."

20 자녀들이 포로가 되어 끌려갈 때, '이제 내 자식은 죽었고 이 땅에 아무 소망이 없다'라고 생각했겠지만, 이렇게 시간이 지나고 인생이 회복되어 그들이 "어머니, 여기가 너무 좋아요. 사람들이 많아다른 곳으로 이사 가야겠어요" 하는 말을 들으니 꿈만 같을 것이다.

21   바로 그때에 이스라엘의 남은 사람들은, 잃었던 자식을 찾은 어머니처럼 "어떻게 이런 일이 일어났는가? 나는 자녀를 잃었고 외로운 사람이 되었고 모든 소망을 포기했는데 어떻게 잃어버린 자녀들이 돌아오고 그들이 번성하여 이렇게 놀라운 회복이 일어났는가!" 하며 감격스럽게 고백할 것이다.

22-23 하나님께서 다시 말씀하신다.

"내가 이방의 여러 나라를 향하여 깃발처럼 내 손을 들리라. 포로되어 사로잡혀간 모든 땅을 향해 '그들을 돌려보내라'고 신호하겠고, 그러면 그들이 돌아올 것이다. 그들이 자기 자녀들을 품에 안고 어깨에 메고 돌아오리라. 단순히 돌아오기만 하는 것이 아니라 모든 것이 회복되고 역전될 것이다. 오랫동안 그들을 지배하고 다스리던 이방 왕들은 이제 너희의 아버지처럼 될 것이고, 너희를 이용하고 착취하던 왕비들은 유모처럼 위치가 바뀔 것이다. 그들은 이제 너희 위에서 군림하던 태도를 바꾸어 너희에게 절하고 너희 발아래에서 섬길 것이다. 이 모든 회복의 역사를 통해, 하나님이 온 세상의 주인이시며 그분께 기도하고, 그분께 예배하며, 그분을 소망하는 자의 모든 인생은 절대로 수치를 당하지 않는다는 것을 알리라.

24   한번 생각해보라. 무적의 용사가 가져간 것을 누가 다시 빼앗아올 수 있으며, 전쟁에서 승리한 군대가 당연하게 소유한 전리품을 누가 다시 찾아올 수 있겠느냐? 그것은 불가능한 일이다.

25   하지만 하나님은 하실 수 있다. 아무리 강하고 무서운 용사나 군대가 포로로 잡은 자라도 하나님은 다시 찾아오실 수 있다. 하나

님이 자기 백성과 함께하시기 때문이다. 하나님의 백성을 대적하는
자들은 하나님을 대적하는 것이다. 하나님께서 당신의 백성과 그
자녀를 반드시 구원할 것이다."

26   나, 하나님이 한번 더 말한다. "나의 백성을 괴롭히고 억압하던
자들은 반드시 그 보응을 받을 것이다. 자기 살을 먹을 것이고 자기
피를 마시리라. 그들에게는 비참한 심판이 임할 것이다. 이를 통해
하나님만이 유일한 구원자이며 구속자이며 야곱의 전능하신 분임
을 알리라."

Mountain's Insight ———————————————

40장부터 선포되는 하나님의 회복이 누구를 통해 어떤 방식으로 진행
될지 이제부터 구체적으로 밝혀진다. 고레스가 정말 하나님 백성이 회
복되는 유일하고 완전한 통로가 될 것인가? 아니면 그 이상의 이야기가
있을까? 이사야는 어떤 역할을 할 것인가?

이사야는 지쳤다. 하나님께서 자신을 통해 하시려는 일은 회복인
데 지금 회복과는 전혀 거리가 먼 상황이 펼쳐지기 때문이었다. 마치
바다를 보여주겠다고 부모님을 따라나선 자녀들이 가는 길에 온통 사
막과 산만 가득한 것처럼 말이다. 약속의 땅을 향해 가던 이스라엘 백
성도 그랬을 것이다. 하지만 하나님께서는 놀라운 대답을 하신다. 실
패처럼 보이는 과정이 오히려 성공의 유일한 길이라고 말씀하신다.

더 나아가 하나님께서는 이스라엘 백성의 회복이 아주 쉬운 일이
라고 하신다. 하나님께서는 그보다 더 큰 이야기와 더 큰 그림을 이사
야에게 소개하신다. 바로 온 세상 끝까지 하나님의 구원을 이루시는
일이다. 중요한 것은 하나님께서 이 위대한 일을 이사야를 통해 하시겠
다는 것이다. 더 적나라하게 말하자면 마치 실패처럼 보이는 길을 통해
그 일을 하시겠다고 말씀하신다.

　　하나님께서는 이사야를 멸시받는 사람, 미움받는 사람, 종처럼 수치를 당하는 사람이 되게 하신다(7절). 바로 그 과정을 통해 하나님께서 원하시는 일이 이루어진다. 그리고 여기서 하나님의 종 이사야의 모습 속에 결국 드러날 위대한 구원의 종, 메시아 예수의 모습을 본다. 이는 세상에서 하나님의 위대한 일을 이루어갈 모든 하나님의 지도자와 제자의 삶에 선명히 그어진 십자가의 길이다. 그러므로 걱정하지 말자. 십자가의 길 뒤에는 부활의 길이 있다. 아니, 십자가의 길 뒤에만 부활의 길이 있으니.

우리 앞에 놓인 두 가지 길

¹ **50** 나, 하나님이 이스라엘 백성에게 지금부터 할 말이 있으니 잘 들어보고 대답해라.

"내가 너희 조상을 구원하는 그 순간부터 나는 너희와 결혼한 관계가 되었다. 너희 선조를 내 아내처럼 대했고 그 후손을 내 자녀처럼 보살폈다. 나는 그때부터 너희를 포기하지 않았고 신실한 남편이자 아버지의 역할을 다했다. 나는 내 아내와 같은 너희 선조에게 이혼증서를 써주고 내쫓은 적이 없고, 돈을 받으며 자녀들을 누구에게 팔아넘긴 적도 없다. 다시 말해 너희가 지금 어려운 상황을 만난 것은 절대 나의 잘못이 아니다. 철저히 너희 잘못이다. 너희가 스스로 죄의 노예가 되어 자기 영혼을 팔아넘겼고 너희 선조가 남편 된 나, 하나님을 배신하고 스스로 떠나갔기 때문이다.

² 나, 하나님이 가만히 있었던 것도 아니다. 나를 배신하고 멀리 떠난 내 백성을 다시 회복시키려고 너희에게 다가갔지만, 너희는 대답도 하지 않고 반응도 없었다. 다시 말해 내가 너희를 회복시키려는 마음이 없거나 능력이 없어서가 아니었다. 철저하게 너희가 하나님의 회복에 관심이 없었기 때문이다.

너희 중에는 내가 너희를 다시 구원하고 회복시킬 능력이 없다고 생각하는 사람도 있구나. 하지만 그렇지 않다. 내가 큰 소리 한 번만 내면, 바다를 마르게 할 수 있고 강들을 말려 사막이 되게 할 수도 있다. 그러면 바다와 강에 사는 물고기들이 한순간에 말라 죽고 썩은 냄새가 날 것이다.

³ 심지어 나는 저 하늘까지 캄캄한 어두움으로 덮어 그 어떤 빛도 나오지 않도록 할 수 있다."

⁴ 나의 주인, 하나님께서 나를 위대한 회복을 위한 사명자로 삼으셨다. 하나님께서는 당신의 말씀에 철저하게 훈련받은 제자들에게만 있는 혀를 이미 나에게 주셨다. 그 혀로 죄와 심판으로 인해 고통스

러운 시간을 보내는 백성에게 하나님 말씀을 전해 그들이 바르게
일어나 회복되게 하셨다. 바로 그러한 위대한 회복의 사명을 감당
하게 하고자 하나님께서는 나의 귀를 열어 내가 무엇을 해야 할지
날마다, 아침마다 알게 하셨다. 하나님의 말씀으로 철저하게 훈련
받은 제자처럼 내가 해야 할 일을 선명하게 깨닫게 하셨다.

5   이렇게 하나님께서 나를 귀를 열어 새롭게 하시고 동기를 부여
하시고 새 힘을 주셨기에, 나는 이제 더 이상 낙심하지 아니하고 그
사명을 거역하지도 아니하고 뒤로 물러나지도 않았다.

6   하나님께서 주신 사명을 감당하는 과정에서 누가 내 등을 때려
도 참았고, 내 수염을 뽑아도 견뎠으며, 나의 뺨을 쳐도 참고, 침을
뱉고 어떤 모욕과 수치를 주더라도 나는 부끄러워하지 않았다.

7   하나님께서 나와 함께하시고 나에게 힘을 주셨기 때문이다. 하
나님의 사명을 감당하는 자에게 하나님은 능력을 주시기 때문이다.
그래서 내가 어려움과 수치를 당하는 순간이 오면 오히려 나는 더
담대하고 자신 있게 그 모든 일을 감당할 것이다. 그 순간이 사실은
더 영광스러운 시간임을 나는 알기 때문이다.

8   나에게 맡겨진 하나님의 사명에 실패했다고 해서 수치스럽다고 쉽
게 판단하지 말라! 가장 올바른 평가는 하나님께서 하실 것이다. 하
나님께서 나와 함께하신다. 자신 있으면 앞으로 나와서 내가 틀렸
다고 말해보라! 목숨을 걸고 나와서 나와 함께하신 하나님께 틀렸
다고 말해보라!

9   보라! 하나님께서 나와 함께하시고 나를 도우신다. 실패처럼
보이는 이 일을 통해 그분의 위대한 일은 이루어진다. 그런데도 나
를 비난하고 하나님께 대항하겠다는 것이냐? 그렇다면 하나님께서
너희 삶을 너덜너덜하게 하실 것이다. 너희가 함부로 한 말과 겁 없
이 결정한 판단에 대해 책임져야 할 것이다.

   〔자 이제, 두 가지 길을 보여주겠다. 너희는 선택하라!〕

10 〔첫 번째 길이다.〕 너희 중에 하나님을 경외하고 그분의 종, 나 이사
   야를 통해 전달받은 말씀을 잘 듣고 순종하는 사람은 누구든지 빛
   이 전혀 없는 어둠 속을 걸어갈지라도 빛 되신 하나님께서 함께하
   시리니. 아무리 힘들고 어려운 상황에서라도 오직 하나님만 의지하
   고 그분의 길로 걸어가라.

11   〔두 번째 길이다.〕 너희 중에 하나님의 빛이 아니라, 자신이 만든
   빛으로 횃불을 만들어 자기 생각, 자기 계획, 자기 방식으로 인생을
   살아가는 자가 있다면, 그들은 자신이 만든 그 불에 불붙어서 죽을
   것이다. 내가 너희에게 해줄 말은 딱 하나뿐이다. 너희는 영원한 고
   통 속에서 뒹굴 것이다.

Mountain's Insight

이사야 49장에서 하나님의 종, 이사야의 낙망을 보았다면, 50장에서
우리는 선지자와 같은 시대를 살았던 백성의 낙망을 본다. 그들은 시련
과 고통을 당하며 많은 생각을 했을 것이다. 오늘날에도 큰 죄를 범해
감옥에 가는 사람들이 처음에는 자기 잘못이라고 하다가 시간이 지나
면 자신이 무슨 잘못을 얼마나 했느냐고 따지기도 하고 재판 결과에 불
복하는 태도를 보이는데, 하나님의 백성 이스라엘도 자기 잘못으로 당
한 고난인 것을 잊어버리고 더디게 다가오는 하나님의 회복 때문에 결
국 하나님을 향해 원망과 불평을 했을 것이다. 그래서 하나님께서는 그
들에게 대답하신다. 그리고 백성을 향한 하나님의 말씀을 통해 49장에
서 낙망했던 이사야는 정신을 차린다.

   원망 불평하는 이스라엘과 그들을 향해 대답하시는 하나님 말씀을
들은 이사야는, 이 모든 문제가 하나님이 아니라 이스라엘 백성에게 있
으며, 그들이 하나님 앞으로 돌아와 회개하고 바로 선다면 하나님은 충
분히 그들을 회복시키실 수 있는 분임을 다시 깨닫는다. 그리고 바로

자신을 통해 그 회복의 메시지를 전달하고 계심을, 자신이 하나님의 종
으로 참으로 귀중한 사명을 맡았음을 다시 상기한다. 그래서 이사야는
정신을 차리고 새롭게 힘을 내서 고백하고 선포한다.

사람들은 자신이 지금 당하는 현실이 다 자신이 만든 것임을 잊고
하나님을 원망한다. 하나님께 기도하고 묻지 않은 채로 자기 마음대로
시작해놓고, 중간에 하나님께서 도와주지 않으신다고 불평한다. 하나
님께서는 모든 잘못의 원인이 우리 자신에게 있음을 알고, 철저하게 회
개하라고 요청하신다. 그리고 지금이라도 다시 처음부터 시작하여 하
나님을 의지하라고 말씀하신다. 그러나 사람들은 하나님을 믿지 않는
다. 기도를 믿지 않기에 기도하지 않고, 말씀을 신뢰하지 않기에 자기
마음대로 산다. 하나님이 얼마나 무서운 분이신지 전혀 고려하지 않는
다. 그래서 늘 같은 삶을 반복한다.

하지만 바로 그 순간, 하나님의 사람은 정신을 차린다. 단순히 하나
님께 복만 받으려는 것이 아니라 하나님께서 주신 사명을 이루려는 사
람은 이사야처럼 다시 일어선다. 연단과 훈련으로 제자(한글 성경은 '학
자'로 오역했다)의 삶을 산다. 그 어떤 시련과 고통이 온다 해도 견디며
자신에게 주어진 사명을 끝까지 감당한다. 실패처럼 보이는 그 길 뒤에
는 위대한 성공이 있음을 믿고 날마다 십자가를 지면서 부활을 소망한
다. 바로 예수 그리스도의 삶을 사는 것이다.

이제 두 길뿐이다. 인생의 주인 되신 하나님 앞에 엎드려 내가 살고
싶은 삶이 아니라 살아야 할 삶을 기쁘게 감당하며 어두운 인생 속에서
빛 되신 주님만 따라갈 것인지, 아니면 고집스럽게 자신이 만든 지식,
정보, 물질, 계획이라는 횃불로 마음대로 인생을 밀어붙이다가 결국 자
신이 만든 그 불에 온 인생을 다 불태울 것인지를 말이다.

하나님의 말씀에 귀를 기울여라

51 ¹ 하나님을 경외하고 그분의 기준을 따라 사는 삶, 곧 하나님만을 추구하면서 사는 삶을 선택한 너희는 이제 하나님 말씀을 들어라. 너희의 시작과 너희의 출신을 먼저 생각해보라.

² 너희는 그렇게 대단한 존재가 아니었다. 너희 시조인 아브라함과 사라는 이미 나이 많아 늙은 사람이었고, 심지어 그들에게는 자녀도 한 명 없었다. 정말 그들에게는 미래도 소망도 없었다. 그런 상태에 있는 그들을 내가 불렀고, 복을 주었으며, 그들을 번성하게 했다.

³ 그 동일한 하나님께서 지금도 그분의 백성에게 약속한 땅, 곧 시온이 아무리 황폐해졌다 해도 다시 위로하고 회복시켜 사막 같은 땅이라도 에덴동산처럼 바꾸고 광야 같은 땅이라도 하나님의 동산처럼 변화시킬 것이다. 그 놀라운 역전과 회복을 통해 하나님의 백성은 기뻐하고 즐거워하며 감사하고 찬양할 것이다.

⁴ 그러므로 하나님의 백성들아! 하나님께 집중하고 하나님 말씀에 귀를 기울여라! 온 세상을 바로잡는 일은 오직 하나님 말씀을 통해 가능하며 바로 그 말씀에 순종할 때 이루어진다. 더 나아가 하나님의 말씀은 단순히 하나님 백성만을 위한 기준에 그치지 않고 온 세상 사람의 빛으로 세워질 것이다.

⁵ 아침에 태양이 떠오르면 만물에 비치듯, 하나님의 말씀과 구원은 온 세상 사람에게 나갔다. 만물에 비치는 빛을 피하면 어두워지듯 온 세상을 향해 나간 하나님 말씀과 구원을 거부하는 자들에게는 반드시 심판이 있으리라. 그래서 섬들, 곧 세상 끝에 있는 사람까지도 하나님 말씀을 듣겠고, 하나님을 바라보고, 하나님의 능력을 의지할 것이다.

⁶ 하늘 위에서 땅 아래까지 살펴보라! 하나님께서 주시는 구원의 빛을 끝까지 거절하고 그분의 말씀을 거부하는 자들은 분명한 최후

를 맞이할 것이다. 땅의 가치는 오래된 옷처럼 사라지고 그 땅에 전부를 걸었던 자들은 그 땅처럼 소멸하리라. 오직 하늘의 가치, 곧 하나님의 구원과 하나님의 공의(말씀)만이 영원할 것이다.

7 하나님을 경외하고 그분의 말씀을 인생 기준으로 삼아 사는 하나님의 백성, 그 마음 중심에 하나님 말씀을 둔 사람들아! 너희는 이 땅의 시련이나 비난을 두려워하지 말라! 이 땅의 가치에 함몰된 사람들이 던지는 말에 겁먹지 말라!

8 　그들은 오래된 옷처럼 사라지고 관리하지 않은 양털 옷처럼 삭을 것이다. 오직 하늘의 가치, 곧 하나님의 구원과 하나님의 공의(말씀)만이 영원할 것이다.

9-11 〔그러자 시련 속에 있는 하나님의 백성은 기도한다.〕
　하나님, 지금 우리를 도와주십시오! 깨어 일어나 능력을 베풀어주소서! 옛날에 우리가 노예 생활을 하던 라합(애굽)을 제거하시고 홍해를 갈라 길을 건너도록 하신 바로 그 일들을 우리에게 다시 행하소서! 그러면 하나님의 구원을 받은 백성이 시온(약속의 땅, 예루살렘)으로 돌아와 기뻐하며 노래할 것입니다. 큰 기쁨과 행복을 얻어 더 이상 슬퍼하거나 탄식하지 않을 것입니다.

12 〔이에 하나님께서 대답하신다.〕
　현실을 두려워하지 말라! 상황에 전부를 걸지 말라! 내가 너희를 위로하고 너희 편이 되어주는데 왜 나를 바라보지 않고 상황과 형편에만 초점을 맞추느냐? 어째서 베어진 풀처럼 곧 마르고 죽을 사람을 두려워하느냐?

13 　온 세상을 창조한 나, 곧 영원하신 하나님을 잊고 어째서 잠시 소리를 지르고 활동했다가 조만간에 사라질 저 인간들의 학대와 분노에 온종일 두려워하느냐? 저들의 소리가 무슨 일을 한단 말이냐?

아무것도 없다!

14   너희가 지금은 결박당한 것 같아도 금방 풀려나겠고, 너희가 지금은 죽을 것 같아도 곧 살아날 것이다. 하나님의 백성은 절대로 비참하게 죽지 않으며 일용할 양식도 끊어지지 않을 것이다.

15   하나님께서 그들을 돌보시기 때문이다. 만군의 여호와, 내가 바로 너희 하나님이기 때문이다. 무서운 바다 같은 상황이라도 하나님은 그것을 뒤엎고 바꾸시리니, 네 상황보다 하나님을 크게 보아라.

16   내가 나의 말, 곧 하나님 말씀을 너희 입에 담아 두었고 나의 손, 곧 하나님의 능력으로 너를 보호할 것이다. 바로 내가 온 세상을 만든 창조주이며 바로 내가 너희를 구원한 구세주이다. 바로 내가 너희 하나님이며, 너희가 내 백성임을 분명히 보여줄 것이다.

17   그러므로 이제 깨어 일어나야 하는 쪽은 내가 아니라 바로 너희다! 너희는 그동안의 죄로 내 심판과 분노의 형벌을 충분히 받았다. 그러므로 이제 담대히 일어나라!

18-19   너희는 지금까지 인간적인 위로만 기다렸다. 너희가 낳은 자녀가 호강시켜주고 너희가 기른 자녀가 미래를 이끌어주리라 착각했다. 하지만 너희는 하루아침에 남편을 잃고 자녀도 잃었다. 이제 누가 너희를 도와주겠느냐? 누가 너희를 위해 눈물이라도 흘려 주겠느냐? 이제 앞으로 닥칠 가난과 어려움, 위험과 죽음을 대비해 누가 너희를 도와주겠느냐?

20   너희가 기대했던 인간적인 위로의 결정체, 곧 너희 자녀들은 포로로 끌려갔다. 그들은 아직 하나님의 벌을 받는 중이다. 마치 그물에 걸려 발버둥 치다가 힘이 다한 동물처럼 그들은 자기 상황조차 해결할 수 없는 형편이니 너희에게 돌아와 위로할 수 없다.

21   그러므로 하나님의 백성들아, 하나님을 선택했지만 여전히 환경과

상황 때문에 곤고하여 마치 술 취한 사람처럼 비틀거리고 흔들리는 하나님의 백성들아! 하나님의 말씀을 들어라!

22　　오직 너희를 위로하는 분은 하나님뿐이다. 단순히 감정적인 격려만이 아니라 근본적인 문제를 해결하실 분은 오직 하나님뿐임을 알라. 보라! 이제 내가 너희에게 내렸던 형벌을 중단할 것이다.

23　　그리고 너를 괴롭게 하던 자들에게로 그 형벌의 방향을 틀 것이다. 너희를 땅바닥에 눕히고 밟고 지나가던 자들에게 형벌이 부어질 것이다. 그렇게 너희에게 진정한 위로, 진정한 회복이 일어날 것이다. 그러므로 다른 어떤 존재를 위로의 대상으로 삼지 말고 오직 하나님만 바라보고 그분을 향해 깨어 일어나라!

Mountain's Insight

이사야 50장에서 선지자 이사야의 낙망과 51장에서 백성의 낙망에 응답하신 하나님은 이어서 단순히 어려움을 해결하시는 정도가 아니라 더 큰 위로로 그 이상의 도전을 주신다. 중요한 것은 누구에게나 이 말씀을 주시는 것이 아니라 이사야 50장을 마무리하면서 하나님께서 제시한 두 가지 삶의 길 중에서 첫 번째 길(50:10)을 선택한 자들에게 말씀을 적용하신다는 것이다.

하나님의 구원과 하나님 말씀을 따라서 사는 하나님의 백성은 이 땅의 가치만을 소중하게 생각하는 사람들, 즉 나중에는 심판을 받지만 지금은 건재한 세상 사람들에게 시련과 비난을 당하는 것이 현실이다. 그래서 하나님은 그들을 위로하신다.

몸에 작은 상처가 나도 회복되는 데 시간이 오래 걸리는데 하물며 죄로 인해 그들에게 닥친 고통이 회복되는 데는 참으로 오랜 시간이 걸렸다. 그래서 하나님의 종 이사야도, 그 백성들도 지치고 낙망했다. 하나님은 그런 상황을 잘 아시고 앞장(49-50장)에서 그들을 위로하셨다.

하지만 여기서는 그보다 더 깊게 그들을 위로하신다. 그들이 여전히 힘들어하고 있기 때문이다.

먼저 그들의 역사 속에서 두 가지 역사적 사건을 예로 드신다. 하나는 그들의 시작인 아브라함을 부르실 때이며, 또 하나는 그들이 애굽에서 노예 생활을 할 때 구원하신 것이다. 두 상황 모두 철저히 어려운 형편이었다. 하지만 하나님께서는 그들을 역전시키셨다.

지금도 마찬가지다. 하나님의 백성은 하나님이 깨어 일어나야 한다고 요구하지만(9절), 정작 깨어 일어나야 할 것은 백성들이다(17절). 마치 바다의 폭풍 속에서 주무시는 예수님을 깨우던 제자들처럼 더 깊은 잠을 자고 있던 것은 예수님이 아니라 제자들이었다(막 4:35-41).

더 나아가, 여기에는 이미 하나님의 백성이 왜 근본적인 회복과 위로를 얻지 못하는지 은밀한 이유가 숨겨져 있다. 바로 우리가 하나님을 믿으면서도 여전히 다른 것을 위로의 대상으로 삼기 때문이다. 이사야 시대 하나님의 백성들은 여전히 남편과 자녀들을, 자신의 회복을 위한 통로로 기대했다. 그러나 그들은 하나님께서 회복시키실 때 얻을 결과들이지, 근본적으로 위로하고 회복시킬 주체는 아니었다.

오늘날도 마찬가지다. 우리는 하나님을 믿으면서도 여전히 우리를 회복시키고 위로할 대상으로 세상 가치와 인간적인 통로를 의지한다. 지금 나는 새벽 3시에 일어나서 이 글을 쓰고 있다. 옆집에서 이 시간까지 텔레비전을 보는 사람 때문에 잠에서 깨어났기 때문이다. 이 새벽까지 텔레비전을 보는 사람이 많다. 왜일까? 그들의 인생을 위로할 대상이 텔레비전이기 때문이다. 믿음의 사람들조차 그들을 위로할 대상이 남편이고 자녀이고 물질이고 욕망이다. 이제 우리는 이 은밀한 위로의 대상들을 포기해야 한다. 바로 그때 진정한 위로의 주인을 만날 것이다. 아니, 진정한 위로의 주인을 바로잡을 때, 이 땅의 무가치한 위로의 허상에서 자유를 얻을 것이다.

깨어나 하나님의 위대한 회복의 소식을 전하라

52 ¹ 하나님의 백성(시온)이여 깨어나라! 깨어나라! 힘을 내서 낙망의 자리에서 일어나라! 하나님의 영광이 머물던 예루살렘이여! 거룩하고 새로운 삶을 위해 준비하라. 새로운 시간을 위해 옷을 바꿔 입으라. 이제부터 하나님의 회복이 시작되니, 더 이상 이방인이 너희 땅에 들어와 공격하지도 않고 괴롭히지도 않을 것이다.

² 슬픔과 탄식을 상징하는 티끌을 이제는 털어버려라! 하나님의 백성아, 마음을 새롭게 하여 일어나 앉으라! 너희 영혼과 육체를 얽어맨 모든 묶임과 줄들을 풀어버려라!

³ 하나님께서 너희에게 자유와 회복을 선포하셨기 때문이다. "너희가 어떤 몸값을 받고 포로가 된 것이기 아니기에, 아무런 대가를 지불하지 않고 자유로워질 것이다."

⁴⁻⁵ 이어서 하나님께서 말씀하신다.

"오래전에 내 백성이 [요셉과 함께] 애굽에 내려갔을 때도 그곳이 영원히 지낼 곳이 아니라 잠시 있을 곳이었기에 시간이 지난 후에 약속의 땅으로 돌아온 것처럼, 지금 앗수르[바벨론] 땅으로 끌려간 나의 백성도 돌아오게 할 것이다. 그 과정에서 이방인들이 과도하게 나의 백성을 괴롭혔으며 무자비하게 그들을 잡아갔으니 당연히 애굽에서 나올 때보다 더 큰 기적을 보일 것이다. 나의 백성을 잠시 그들의 손에 맡겨 두었더니, 오만하고 교만해져서 내 백성을 함부로 대함으로 내 이름을 지속해서 모독했도다!

⁶ 그러므로 내가 내 백성을 그들에게서 구원하고 자유를 얻게 하리라. 이 과정에서 내 백성은 내가 누구인지, 내 이름과 능력이 얼마나 큰지를 알리라. 나는 이미 준비되었고 곧 움직일 것이다. 내가 구원하고 역사하리라!"

7 하나님의 위대한 구원과 회복이라는 좋은 소식을 전하고 그분이 이루실 진정한 화목, 곧 평화라는 좋은 소식을 가지고 하나님의 백성에게 소리치며 전하는 사람들, "우리 하나님께서 주인이 되셔서 우리를 다스리십니다"라는 이 좋은 소식의 핵심을 전하는 사람은 얼마나 귀한 존재인가! 그들이 그 복된 소식을 전하려고 험한 산을 넘는 발조차 너무나 아름답도다!

8 하나님께서 우리를 구원하시고 회복시키신다는 좋은 소식을 전하는 소리가 한 지역을 지키는 파수꾼들에게 전달되고, 그들도 큰 소리로 외치고 노래하는구나. 참으로 하나님께서 자기 백성에게 돌아오시고 그들의 모든 삶을 회복시키시는 것을 직접 자기 눈으로 볼 것이다.

9 그 기쁜 소식은 더 나아가 예루살렘 도시의 황폐한 성읍마다 전달되어 그들 모두가 더 큰 소리로 기쁘게 찬양하며 하나님을 노래할 것이다. 하나님께서 백성을 위로하시고 하나님의 도시들을 구원하셨기 때문이다.

10 더 나아가 그 기쁜 소식은 여러 이방인의 땅까지 전달될 것이다. 하나님의 거룩한 능력이 온 땅에 나타나 세상 끝에 사는 사람까지도 우리 하나님의 구원을 볼 것이다.

11 그러므로 하나님의 백성아! 너희는 떠나라! 떠나라! 잘못된 감정과 상황과 중독된 삶의 자리에서 지금 나와라. 더 이상 그것을 보지도 말고 만지지도 말고 생각지도 말라. 이제 너희는 그 옛날 하나님의 제사장들이 법궤를 메고 나아가듯, 하나님의 사명자가 되어서 하나님의 사명을 감당할 사람들이니 거룩한 존재가 되고 스스로 정결하게 하라.

12 〔이 일은 너희의 힘으로만 되는 것이 아니다.〕 하나님께서 너희 앞과 뒤에 계시며 너희와 함께하시니 조급한 마음을 버리고 하나님과 같은 방향, 같은 속도, 같은 마음으로 나아가라.

13 〔하나님께서 말씀하신다.〕 "보라! 내 종, 내가 보내는 너희의 메시아가 수고하여〔문자적으로, '손을 십자가 형태로 놓아'〕 위대한 구원과 회복을 이룰 것이다. 그는 높이 들어올림을 받을 것이며, 지극한 영광을 얻으리라."

14   많은 사람은 메시아로 오시는 분의 외모를 세상 사람이 좋아할 만한 외형으로 기대했지만, 실제로 하나님의 종으로 오시는 그분의 모습은 보통 사람보다 상하고 고생한 얼굴이어서 많은 사람이 그 모습을 보고 놀랄 것이다.

15   그러나 하나님의 종, 메시아는 사람들에게 전혀 다른 놀라움을 줄 것이다. 그것은 메시아의 외모 때문이 아니라 그분의 사역 때문이다. 이 세상 왕들을 비롯하여 어떤 사람도 들어보지 못했고 상상하지 못한 방식으로 메시아가 하나님의 구원과 회복을 이루시는 것을 보고, 듣고, 깨달을 것이기 때문이다.

Mountain's Insight ──────────────

하나님은 이사야를 통해 하나님의 백성에게 깨어나라고 도전하신다. 이사야 52장을 시작하며 "시온이여, 깰지어다"라는 외침은 이미 이사야 51장 17절부터 하나님의 백성에게 도전하신 말씀의 연속선 위에 있다. 하나님께서 깨어나셔야 하는 것이 아니라, 우리가 깨어나야 한다는 것이다. 하나님께서는 이미 우리를 회복시키려고 모든 것을 준비하셨다. 이제 우리가 그 회복에 동참하고 협력해야 한다. 중요한 것은 내가 원하는 회복을 하나님께서 돕는 것이 아니라, 하나님께서 원하시는 회복에 우리가 참여하는 것이다.

이사야 52장을 읽고 있으면 열왕기하 7장의 사건이 생각난다. 북이스라엘의 엘리사가 활동하던 시대에 아람 군대가 강력한 군대를 이끌고 북이스라엘 수도 사마리아 성을 공격해왔다. 적의 포위 공격으로 사마리아 성이 말라 죽어가게 되었다. 왕은 굵은 베옷을 입었고, 먹을 것이 없어 한 여인이 남의 집 아들을 잡아먹는 비참한 이야기를 듣는다. 하지만 엘리사는 낙망하고 염려하는 이스라엘 백성에게 하나님께서 위대한 구원을 이루실 것이라고 선포한다. 참으로 하나님께서는 아람 군대를 하룻밤 만에 모두 도망가게 하셨다. 하지만 사마리아 성 안에서 자신의 환경과 감정에 사로잡힌 사람들은 그 소식을 누리지 못한다. 그 기쁜 소식을 전할 사람도 없다.

바로 그때 나병환자 네 명이 죽으면 죽으리라는 마음으로 아람 군대 진영으로 간다. 그리고 놀랍게도 모든 아람 군대가 급하게 물러간 자리에는 먹을 것과 전리품이 가득했다. 오랫동안 굶었던 나병환자들은 정신없이 먹고 챙기다가 참으로 이사야 52장 7절을 생각나게 하는 말을 한다. "오늘은 아름다운 소식이 있는 날이거늘 우리가 침묵하고 있도다. 만일 밝은 아침까지 기다리면 벌이 우리에게 미칠지니 이제 떠나 왕궁에 가서 알리자."

그렇다. 하나님은 이미 우리를 위해 위대한 구원을 시작하셨다. 그리고 우리가 깨어 일어나 그분의 동역자가 되기를 바라신다(고후 6:1, "하나님과 함께 일하는 자"). 낙망과 좌절의 자리에서 일어나 하나님의 위대한 회복을 전하는 복음의 사람이 되기를 바라신다. 우리 인생의 문제 몇 가지를 해결하는 분이 아니라, 그분이 우리 인생의 주인이며 인생과 역사를 다스리시는 분임을 고백하고 전하기를 바라신다.

하나님의 위대한 구원과 회복의 역사는 아무 조건 없이 이루어지는 것이 아니라, 그 위대한 사역을 전하고 동참하며 순종하는 통로가 필요하다. 하나님은 위대하시지만, 그 하나님께서는 우리를 통해 역사하신다. 바로 지금 사망과 수치와 중독과 불평과 나태함의 자리에서 일어나 하나님의 위대한 역사와 이야기에 동참하자. 하나님께서 우리와 함께하실 것이다. 위대한 역사를 볼 것이다.

고난받는 종의 노래

53 ¹ 〔이사야가 하나님의 영에 감동되어 노래한다.〕
수많은 선지자가 예언하고 전한 하나님 말씀의 핵심, 그
위대한 구원과 회복의 메시지가 결정적으로 나타난 메시아의 사역
을 누가 믿었는가? 아무도 믿지 않았다. 하나님의 능력이 영향력을
발휘하도록 바르게 받아들이고 바르게 반응한 자가 누구인가? 슬
프게도 아무도 그렇게 하지 못했다〔마 11:17, 눅 7:32〕.

² 메시아의 출생과 시작은 연약한 어린싹이 겨우 나온 모양처럼 참으
로 미약했다. 메마른 땅에서 겨우 뿌리를 내린 풀과 같아서, 그 외
모는 화려하지도 않았고 그 모습도 대단할 것이 없었다. 세상 기준
으로는 대단하다고 할 만한 것이 전혀 없었다.

³   메시아의 사역이 진행되는 과정에서도 사람들은 그를 무시했다.
그분은 사람들에게 멸시를 당하셨고 버림을 받으셨으며 고통스러운
대우를 당하셔야 했다. 그 과정에서 그분은 우리 인생의 근본적인 죄
와 질병이라는 고통에 철저히 공감하셨다. 사람들은 메시아를 투명인
간 취급했으며 무례하게 대했고 전혀 귀하게 여기지 않았다.

⁴   메시아는 참으로 인생의 근본적인 죄와 질병이라는 고통을 감
당하시고 우리 아픔에 함께하셨는데, 우리는 그분이 무엇인가 잘못
한 것이 있어서 벌을 받는 것이고 하나님의 저주를 받는 것이라고
착각했다〔신 21:23〕.

⁵   메시아의 손과 발이 못 박힌 이유는 우리가 하나님을 반역했기
때문이고, 메시아의 옆구리가 찔린 이유는 우리의 죄악 때문이다.
그분이 고통을 당함으로 우리는 평화〔하나님과의 화목〕를 얻었고 그
분이 채찍에 맞음으로 우리는 회복을 얻었다.

⁶   우리는 무지하고 어리석은 양처럼 잘못된 길로, 자기 마음대로
죄짓고 살았다. 하나님과 상관없고 하나님을 무시하는 고집스럽고
이기적인 삶이 바로 그 죄였다. 하지만 하나님께서는 바로 그 죄를

메시아의 몸과 삶에 담아서 해결하셨다.

7   메시아가 우리 모두의 죄를 자신의 몸에 담고 해결하신 것은 마치
제사에 끌려간 어린양과 같은 모습이었다. 그분은 억울한 고통을
당하면서도 끝까지 참고 견디셨으며 자신의 목숨이 끝나는 마지막
순간까지도 아무 말 없이 철저히 감당하셨다. 〔그분이 사용할 수 있는
엄청난 능력과 권세를 전혀 사용하지 않으셨다.〕

8   그분이 당한 고문과 학대는 참으로 억울한 대우였고, 그분이
감당한 벌과 사형은 자기 백성이 지은 죄와 반역을 대신한 희생이
었다. 그럼에도 그분의 백성 중에 누구 하나 그 죽음과 희생이 자신
을 위한 것임을 깨닫지 못했다.

9   그분은 사형을 당할 만한 심각한 죄를 하나도 짓지 않으셨고,
작은 거짓말조차 하신 적이 없었다. 결국 악인처럼 죽임을 당했고
목숨이 끊어진 후에는 부자의 무덤에 묻히셨다〔마 27:57-60〕.

10   〔중요한 것은 이것이다.〕 이 모든 메시아의 사역과 죽음은 하나님께서
원하신 것이다. 하나님께서는 자신의 종, 메시아가 인생의 근본적
인 죄와 질병이라는 고통을 감당하기를 원하셨다. 그렇게 메시아가
자기 목숨을 인류를 위한 속건제물로 드리면, 마치 한 알의 밀알이
땅에 떨어져서 죽음으로써 많은 열매를 맺음과 같이 그 메시아를
따르는 수많은 믿음의 후손이 생길 것을 보셨고, 그 메시아가 주인
이 되어 이루어질 하나님 나라가 영원할 것을 바라보신 것이다. 바
로 그 메시아를 통해 하나님께서는 참으로 원하시는 일이 이루어질
것을 기대하셨다.

11   〔희생당하고 죽임당하는 과정은 고통스러웠으나, 결국〕 메시아는 자신의
목숨을 바쳐 이루어진 그 일을 보고 기뻐하실 것이다. 하나님의 종,
메시아는 하나님을 아는 바른 지식으로 수많은 사람을 의로운 존재

로 바로잡아주었고 그들이 자기 힘으로는 절대 해결할 수 없는 죄 문제를 해결하셨다.

12   그러므로 하나님께서는 그 종, 메시아에게 승리의 기쁨과 영광을 주시며 메시아는 많은 사람을 얻으실 것이다. 메시아가 자기 삶을 희생하고 범죄자로 오해받으면서도 포기하지 않고 하나님께서 주신 사명을 하나님의 방식으로 순종하셨기 때문이다. 메시아는 그 고통과 오해와 시련의 과정을 온전히 감당하고 순종함으로써 인류의 죄를 감당하셨고 그 죄 많고 약한 사람들을 위해 기도하는 모습을 모범으로 보여주셨다.

Mountain's Insight ─────────────────────

죄로 인한 심판과 시련을 감당한 하나님의 백성에게, 하나님은 이제 깨어 일어나 힘을 내라고 하신다. 하지만 백성의 회복을 이끌어내는 주체는 여전히 하나님이다. 궁금한 것은 바로 그 하나님께서 약속하신 위대한 회복은 어떻게 이루어질 것인가에 있다. 여기서 우리는 하나님의 회복을 이끄는 핵심적인 열쇠이자 신비로서 그동안 암시적으로 등장했던 '메시아'의 선명한 모습을 본다. 마치 패배가 확실해 보이는 전쟁터에서 아무 희망의 빛도 보이지 않는 마지막 순간, 저 멀리 안개가 걷히고 한 사람이 당당하게 다가오는 식이다. 그분이 바로 우리의 메시아이다. 다만 그분은 우리가 전혀 기대하지 않았던 모습으로 다가오신다.

수많은 사람이 읽고 사랑하는 이사야 53장을 번역하면서 개인적으로 핵심으로 와닿았던 단어가 바로 '질고'이다. 그것은 우리의 불행한 실존이다. 나는 이 단어를 '인생의 근본적인 죄와 질병이라는 고통'으로 옮겼다. 하나님의 형상으로 지음받았지만, 그에 합당한 가치와 관계와 복을 전혀 누릴 수 없는 인간의 실존을 의미했다. 그것은 자기 힘으로는 도저히 바꿀 수 없는 비극이기도 하다. 절벽으로 떨어지고 늪으로 빠져가는 우리의 현실이다. 그런데 바로 그 절체절명의 상황을 하나님께서 보내신 종, 메시아께서 해결하셨다. 그분이 우리의 유월절 어린양이 되셨으며 대속죄일의 속건제물이 되셨다. 살아 숨 쉬는 모든 순간마다 우리는 이 귀한 은혜와 희생을 기억해야 한다. 그분이 단순히 우리를 위해 죽으셨다는 교리만이 아니라 그 희생의 과정과 방법과 태도를 모두 기억해야 한다.

여기서 중요한 것이 있다. 메시아 예수님의 고결한 희생을 통한 구원 사역이 우리가 전혀 기대하지 않은 모습으로 이루어졌다는 것이다. 그 내용도 그렇고 방식도 그렇다. 지금도 마찬가지다. 하나님께서 내 인생을 이렇게 저렇게 해주시면 좋겠지만, 하나님께서는 우리의 기대를 따라 하시지 않고 그분의 뜻대로 하신다. 그러므로 우리는 자신이 원하는 것을 고집부리지 말고 그분의 방식에 모든 것을 열어두어야 한다.

나아가 메시아 예수님의 위대한 십자가 희생은 그것으로 모든 것이 끝나는 것이 아니라, 우리도 그러한 십자가의 삶으로 살아가도록 도전받고 있음을 잊지 말아야 한다. 그 기대하지 않았던 십자가를 즐겁게 지고 가면서 하나님의 위대한 일이 진정으로 이루어진다. 그것이 진실로 예수를 믿는 길이며 그분을 따라가는 길이다.

"누구든지 나를 따라오려거든 자기를 부인하고 자기 십자가를 지고 나를 따를 것이니라. 누구든지 제 목숨을 구원하고자 하면 잃을 것이요 누구든지 나를 위하여 제 목숨을 잃으면 찾으리라" 마태복음 16:24-25; 마가복음 8:34-35.

A. 비참한 여인의 회복

54 ¹ 임신할 수도, 출산할 수도 없었던 여인이여! 이제는 노래하라. 미래를 향한 어떤 희망도 품지 못했던 여인이여! 지금부터 열리는 미래를 크게 기대하라. 남편 있는 여인이 낳은 자녀보다 그대처럼 남편 없는 여인이 낳은 자식들이 더 많을 것이기 때문이다. 하나님께서 이런 기적 같은 일을 하신다고 말씀하신다.

² 〔기적처럼 그대의 자녀들이 많아질 것이니, 49:20〕 지금 살고 있는 집을 크게 넓히라! 더 튼튼하게 만들라!

³ 그대가 누릴 삶의 지경은 사방으로 더 넓어지며, 그대의 후손은 이방인의 땅을 차지하고 온 세상 끝까지 퍼져, 아무것도 할 수 없는 땅도 사람이 살 만한 땅으로 역전될 것이다.

⁴ 〔그러므로 지금 현실만 보고〕 두려워하지 말라! 더 이상 수치를 당하지 않을 것이다. 남편이 없다고 당했던 모멸감과 자녀가 없다고 당했던 부끄러움이 더 이상 그대를 괴롭게 하지 않으리라. 기억도 나지 않을 것이다.

⁵ 그대를 만드신 하나님께서 그대의 남편이 되시기 때문이다. 온 세상의 다툼과 전쟁을 쉽게 하시는 능력의 하나님께서 그대를 속량〔redeem, 대가를 지불하고 구원〕하시기 때문이다. 이스라엘의 기준이 되시는 거룩한 하나님이자, 온 세상의 주인 되시는 하나님께 강력한 회복의 능력이 있기 때문이다.

⁶ 하나님께서 그대를 다시 부르신다. 마치 처음에 한 남자의 아내 되었다가 버림을 받은 후에 슬프고 고통스러운 삶을 살아가는 여자를 불러 다시 아내로 맞는 것처럼, 하나님께서는 다시 그대의 남편이 되어 부르신다.

⁷⁻⁸ "〔네가 잘못했기 때문에〕 내가 잠시 너를 버렸지만, 그보다 더 큰 긍휼의 마음으로 너를 불러 내 품에 안을 것이다. 〔너의 배신과 음행으

로] 내가 심하게 분노했고 너의 얼굴을 잠시 외면했으나, 〔메시아의 희생과 대속의 은혜로〕 이제는 영원한 자비로 너를 불쌍히 여기고 구원할 것이다. 하나님의 말씀이다.

9-10   내가 지금 네게 하는 약속은 노아의 홍수 때와 비슷하다. 오래전 세상 사람들이 지독히도 악하여 홍수로 심판하는 과정에서 의로운 노아의 가정을 구원했고, 나는 그때 무지개로 약속하기를 다시는 홍수로 땅이 멸망하지 않게 하겠다고 약속했다. 마찬가지로 지금 너를 회복시키고 구원하면서 같은 약속을 주겠다. 다시는 내가 너에게 분노하지 않고 책망하지 않을 것이다. 견고한 산이 무너지고 높은 언덕이 사라진다고 할지라도, 그 어떤 상황이 일어난다 해도, 너를 향한 자비의 마음은 무너지지 않을 것이고 너와 맺은 평화의 언약, 화목의 약속은 사라지지 않을 것이다. 너를 불쌍히 여기며 사랑하는 하나님의 말씀이다."

B. 비참한 성읍의 회복

11   무서운 바람에 흔들리고, 더는 성의 역할을 할 수 없을 만큼 비참해진 성읍아! 보라! 하나님께서 너를 회복하신다. 아름다운 색을 가진 돌들로 벽을 만들고 귀한 보석으로 기초를 다시 쌓을 것이다.

12   여러 종류의 귀한 보석으로 성벽과 성문을 만들며, 성읍의 모든 건축을 새롭게 고칠 것이다. 그래서 그 성읍을 아름답고 강하며 귀한 모습으로 회복시킬 것이다.

C. 여인과 성읍 비유의 영적 의미

13   〔하나님께서 메시아의 사역을 통해 주시는 회복은 단순히 외형적인 변화로 그치지 않는다.〕 하나님의 회복으로 백성은 하나님 말씀으로 훈련받은 제자 공동체가 될 것이다[50:4]. 바로 그때, 세상이 줄 수 없는 참되고 위대한 평화(화목)를 누릴 것이다.

14   바로 그때, 하나님의 백성은 정의로운 삶을 세울 것이며, 학대와

차별이 사라지고 두려움과 공포는 영향력을 발휘하지 못할 것이다.

15 물론 하나님께서 의도하지 않은 시련과 문제가 일어날 수도 있다. 하지만 훈련받은 하나님의 백성은 충분히 그 시련과 문제를 이길 수 있고, 그 문제를 일으킨 자들은 결국 실패하고 멸망 당할 것이다.

16-17 하나님의 백성을 유혹하고 동시에 파괴하려고 세상 사람들이 만든 어떤 유무형의 도구도 두려워하지 말라. 그것을 만든 자들도 하나님께서 지으셨고 그들은 하나님의 손안에 있다. 그 모든 유무형의 도구도 결국 아무 소용없음이 밝혀지겠고, 하나님의 백성을 괴롭히고 공격하고자 하는 모든 말과 글도 결국 심판을 받을 것이다.

하나님께서 주신 사명을 감당하는 사람은 결국 귀하고 바른 결과를 얻을 것이다. 이 모든 것이 〔메시아를 통해〕 하나님의 백성이 누릴 회복이라고 하나님께서 말씀하신다.

Mountain's Insight ─────────────

이사야 53장에서 살펴본 메시아의 헌신과 사명은 어떤 열매를 맺을까? 이사야 52장 13절에서 "내 종이 형통하리니"라는 예언은 어떤 모양으로 이루어질까? 우리는 이사야서 54장에서 그 대답을 듣는다. 당시에 가장 불행한 사람의 모델이라고 할 만한 남편과 자식을 잃은 한 여인의 인생이 기적적으로 회복되는 것과, 무너지고 비참하게 파괴된 성읍이 아름다운 도시로 재건되는 비유를 통해 우리는 메시아의 사역이 죽음에서 생명을 얻는 생생한 모습을 만난다.

전도하다 보면, "예수 믿으면 뭐가 달라지나요?"라고 복음을 비하하는 이들을 많이 만난다. 이사야 54장은 53장의 메시아 희생을 통해 이루어진 위대한 삶의 회복을 선명하게 보여준다. 남편과 자녀가 없는 불쌍한 여인이 수많은 자녀를 낳고 그 자녀가 번성하는 모습, 젊은 날의 부도덕한 음행으로 남편과 이혼하여 비참한 삶을 살던 여자가 다시 남편에게로 돌아오는 모습, 곧 무너질 것 같은 파괴된 성읍이 다시 건축되는데 그냥 좋은 돌 정도가 아니라 기초부터 외벽까지 모두 보석으로 아름답고 강하게 회복되는 모습은 단순한 회복 정도가 아니라 인간의 상상을 초월하는 회복, 곧 부활의 회복을 바라보는 것이다.

여기서 주의할 것이 있다. 이 위대한 회복은 그냥 오는 것이 아니며, 위대한 회복이 온다고 모든 것이 저절로 다 잘되는 것도 아니다. 이사야 50장 4절에 나오는 하나님의 제자들처럼, 이 위대한 회복의 흐름 속에 들어온 하나님의 백성은 하나님의 말씀, 그분의 교훈을 철저히 받아들여야 하며(54:13), 또한 이 땅에서 하나님의 백성을 유혹하고 파괴하려는 무수한 유무형의 공격을 감당하고 싸워야 한다.

지금도 수많은 목회자가 마땅히 해야 할 기도와 말씀 연구를 하지 않고 인터넷을 통해 검증도 되지 않은 정보와 설교를 마치 자기 것인 양 사용하고, 전도하기보다는 다른 교회 성도를 빼앗아오기 바쁘다. 심지어는 음란물과 폭력물에 중독된 경우도 허다하다. 그래서 더 많은 수의 평신도는 '남들도 다 그렇게 사는데, 뭘…' 하고 변명하면서 혼합적이고 이중적인 종교인으로 변질되어 메시아가 우리를 위해 치르신 희생을 헛되게 하고 있다.

그러므로 바울이 말한 것처럼 하나님의 은혜를 헛되이 받아서는 안 된다(고후 6:1). 우리는 하나님의 능력을 과소평가해서는 안 된다. 우리가 아무리 망가졌다고 해도 하나님의 회복은 죽은 자를 살리시는 부활의 능력이다. 에스겔 37장에서 마른 뼈를 일으켜 군대로 만드시는 그 하나님을 우리는 믿는다. 십자가의 능력은 무한하며 부활은 우리의 기대를 넘어선다. 우리는 그 놀라운 회복을 믿고 기대해야 한다. 위대한 회복의 역사는 이미 시작되었다!

1   **55** 하나님께서 간절한 마음으로 초청하신다.
"너희 중에 목마른 자들은 누구든지 생명의 물로 나
아오라! 돈이 없어도 괜찮다. 대가를 지불하지 못해도 괜찮다. 이
생명은 지극히 귀한 것이라서 대가 지불이 불가능하다.

2   왜 생명이 되지 않을 것을 위해 너희의 시간과 물질과 삶을 허
비하느냐? 생명으로 나와서 생명을 얻어라. 하나님 말씀이 곧 생명
이니 그분의 말씀을 들어라. 그러면 너희는 가장 좋은 것을 얻으며
영혼의 참된 행복을 누릴 것이다.

3   대충 흘려서 듣지 말고, 온 마음을 다해 귀 기울여 하나님 말씀
을 들어라! 그러면 너희 영혼이 살 것이다. 그러면 오래전 내가 다
윗과 맺었던 영원한 언약(약속)을 너희와도 맺을 것이다. 그 언약은
내가 다윗과 영원히 생명의 관계를 맺고 어떠한 상황에서도 변함없
는 신실하고 확실한 하나님 은혜를 누리게 하겠다는 것이다.

4-5   보라! 내가 다윗의 영적인 위치를 이어 그 정점에 등장한 메시아를
온 세상의 증인으로 세워 올렸고, 온 세상 사람의 지도자와 주인으
로 너희에게 보냈으니, 바로 그 메시아를 너희 지도자와 주인으로
삼아 살면 너희가 들어본 적도 없는 이방 나라를 불러서 종처럼 달
려오게 하는 날이 올 것이다. 즉, 메시아의 로드십(Lordship)을 인
정하면 너희는 세상에서 리더십(Leadership)을 가지고 살아갈 수 있
다. 너희의 기준이 되시는 메시아, 곧 이스라엘의 거룩하신 분이 너
희를 빛나고 영광스럽게 하시기 때문이다.

6   너희는 바로 지금, 하나님께서 기회를 주실 때 그분을 찾으라!
하나님께서 가까이 계실 때 그 기회를 놓치지 말고 그분을 부르라!

7   각자 자신이 살아온 악하고 이기적인 언행심사를 버리고 하나
님께로 돌이키라! 그러면 하나님께서 불쌍히 여기실 것이다. 지난
삶을 회개하고 하나님께로 돌아오라! 그러면 하나님께서 얼마든지
용서하실 것이다.

8 나, 하나님의 생각과 너희의 생각이 전혀 다르고 나, 하나님의 길
(방식)과 너희의 길(방식)이 완전히 다르기 때문이다.

9   비유적으로 말해, 하늘의 높음과 땅의 낮음에 엄청난 차이가
있는 것처럼, 너희의 생각과 길에는 비교할 수 없을 만큼 높고 위대
한 내 생각과 길이 있다.

10-11   하늘에서 비와 눈이 내려 땅에 떨어지면 그 땅에 수분을 공급
하여 결국 땅에 있는 식물이 자라나 열매를 맺고 그 열매가 사람에
게 양식이 되는 것처럼, 지금 내 입에서 나가는 말씀도 반드시 내가
기뻐하는 뜻으로 열매를 맺는다. 나의 말은 그 어떤 난관도 돌파하
여 반드시 성공한다.

12-13 생명의 물, 하나님의 길로 나오는 자들은 참된 기쁨을 누리며 평안한
삶으로 인도받는다. 산과 언덕들이 노래하고 들의 나무도 손뼉을 친
다. 가시나무는 잣나무가 되고 찔레나무는 상록수가 된다. 사람이 변
화되니 환경도 변화되는 법이다. 이 모든 역전의 변화가 하나님의 이
름으로 이루어지는 하나님의 역사이다. 잠시 일어나고 그칠 순간의
사건이 아니라 모든 하나님의 사람에게 일어날 영원한 증거가 될 것
이다."

Mountain's Insight ————————————————

이사야 40장부터 시작되는 회복의 흐름은 이사야 53장에서 메시아를
통해 그 결정적인 역사를 이루고 54장에서 그로 인한 회복의 영향력이
어떤 것인지를 보여준다. 그리고 이제 이사야 55장에서는 이러한 귀한
회복의 흐름 안으로 들어오라고 초청한다.

'목마름'은 죄인 된 모든 인간의 실존이다. 한평생 부족과 결핍 속에
서 살다가 죽음으로 내려간다. 짧은 인생 속에서 사람들은 그 부족과

결핍을 채워보려고 쉼 없이 일하며 끝없이 탐닉하며 한없이 궁구한다. 하지만 아무리 보아도, 먹어도, 마셔도, 만나도 우리 영혼 깊은 곳에 있는 목마름은 채워지지 않는다. 오히려 더 심한 갈증을 느낄 뿐이다. 그래서 하나님께서는 메시아의 희생과 사역을 통해 열어놓은 생명의 길, 생명의 물로 나오라고 한다(요한복음 4장, 7장). 이 생명의 물은 공짜다. 너무 값이 싸서 공짜가 아니라, 너무 비싸서 거저 주어진다. 인간이 정한 값으로는 가치를 매길 수 없을 정도로 귀한 은혜이기 때문이다.

그러나 이 은혜는 단순히 목마른 나그네가 우연히 마음씨 좋은 사람의 집을 지나가다 한 잔 얻어먹는 물과는 다르다. 오래전 하나님께서 다윗에게 약속한 위대한 언약, 곧 약속의 흐름 속에서 메시아가 그저 희생하고 수고하는 것으로 끝나는 것이 아니라 우리의 주인이 되신다는 복음의 핵심이 들어 있다. 다윗이 한 민족의 위대한 지도자가 될 수 있었던 것은 하나님을 인생의 주인으로 모시고 살았기 때문이다. 마찬가지로 우리도 메시아 예수님을 인생의 주인으로 모시고 살 때, 이 세상에서 지도자로 살 수 있다.

이사야 55장은 바로 이러한 생명의 삶, 위대한 삶을 누리라고 요청한다. 그리고 그 요청은 발전을 이어간다. 처음에 "물로 나오라"(1절)는 요청은 "하나님께 들으라"(2절)라는 요청으로 이어지고, 결국에는 "여호와를 찾고 그분을 부르라"(6절)는 요청으로 선명해진다. 아울러 이 과정에는 우리의 악하고 이기적인 생각을 버리는 것이 선행적으로 요구된다. 우리의 생각과 하나님의 생각이 근본적으로 다르며, 우리가 원하는 길과 하나님께서 원하시는 길이 전혀 다르기 때문이다. 바로 그때 우리는 메시아의 위대한 회복, 곧 복음의 참된 가치를 누리며 살 수 있다. 하나님께서는 오늘도 우리에게 그러한 요청을 하신다. 귀 있는 자는 들어야 한다. 흘려듣지 말고 온 마음과 삶으로 들어야 한다. 그리고 그 들음을 통해 나의 길과 방식에서 하나님의 길과 방식으로 철저히 바꾸어야 한다. 그것이 바로 진정한 회복의 누림이다.

1 **56** 하나님께서 말씀하신다.
"너희는 하나님의 말씀이라는 기준을 지키고 그 말씀에 합당한 의로운 삶을 살아라! 이제 곧 하나님의 말씀만이 법으로써 다스려지는 하나님 나라가 다가오기 때문이다. 하나님 나라의 핵심은 바로 하나님의 구원이 이루어지고, 하나님의 정의와 공의가 이루어진다는 것이다.

2 〔특히〕 하나님께 예배하는 날을 바르게 지켜야 한다. 그 날을 기억하고, 그 날을 우습게 여기거나 무시하지 말고 거룩하게 지켜야 한다. 이 날은 자기가 하고 싶은 것을 하는 날이 아니다. 오히려 하나님께서 원하시는 것을 하는 날이 되어야 한다. 의지를 갖추고 자신의 언행심사를 잘 살피고 거룩하게 예배함으로 이 날을 작심하고 지켜야 한다. 하나님께서는 이렇게 예배하는 사람을 축복하신다.

3 〔아울러 이 축복은 이스라엘 사람만을 위한 것이 아니다. 출신과 성별과 인종에 상관없이〕 이방인이라도 하나님을 믿고 〔포도나무처럼〕 그분께 붙어 있는 사람은 누구든지 하나님의 백성이다. 그러므로 더이상 '나는 이방인이라서 절대 하나님의 백성이 될 수 없어'라고 말하지 말고, '나는 신체적인 장애(고자)가 있다고 자격이 안 돼'라고 말하지 말라."

4-5 하나님께서 다시 말씀하신다.
"아무리 이방인이고, 고자처럼 신체적인 장애가 있다 할지라도, 하나님께 예배하는 날을 지키고 일상에서도 하나님께서 기뻐하시는 뜻을 선택하며 인생의 모든 순간을 하나님과 맺은 약속에 따라 작심하고 사는 사람에게는, 이미 하나님의 백성으로 들어온 이스라엘 백성보다 더 귀한 능력과 명예를 줄 것이고 그 명예가 영원히 이어지도록 할 것이다.

6-7 또한 아무리 이방인이라도 〔포도나무처럼〕 하나님께 연합하여 제사장과 레위인처럼 하나님을 섬기고〔66:21〕, 하나님의 이름을 사

랑하고 그분의 종이 되어 예배와 예배의 날을 거룩하게 지키며 일
상에서도 하나님과 맺은 약속과 말씀에 따라 굳건하게 살아가는 사
람에게는 하나님께서 거룩한 예루살렘과 거룩한 성전으로 들어오
게 허락하겠고 하나님께 제사하고 예배하는 기쁨을 누리게 할 것이
다. 그래서 하나님의 집, 곧 하나님의 성전은 모든 사람이 함께 예
배하고 기도하는 곳이라고 불릴 것이다.

8   〔하나님께서는 그분의 회복과 구원에 관한 큰 그림을 보여주신다.〕 하
나님의 회복과 구원은 전쟁과 파괴로 포로 되고 쫓겨난 이스라엘
백성을 다시 모아 돌아오게 하시는 것이 전부가 아니다. 하나님께
서는 이미 모인 이스라엘 백성뿐만 아니라, 이방인과 장애인까지
모두 모아서 함께 하나님의 백성이 되게 하실 것이다. 그것이 진정
한 회복이고 구원이다."

9   〔하지만 여기서, 우리는 이미 이스라엘 백성이라는 자만에 빠져 하나님께
서 주시는 회복과 구원을 누리지 못하는 사람에 대한 경고를 본다.〕
     무서운 들짐승과 사나운 산 짐승아! 너희는 모두 나와 사람들
을 잡아먹어라!

10   그들은 다름 아닌 이스라엘 사람이다! 이스라엘 사람 중에서
도 특히 영적인 지도자들이다. 그들은 이스라엘의 영적인 파수꾼으
로서 눈을 열어 하나님을 바라보고 하나님 말씀을 연구하고 깨달으
며, 입을 열어 하나님 말씀을 전해야 하는데, 그들은 오히려 하나님
을 보지 못하는 맹인이고 하나님 말씀을 모르는 어리석은 종교인이
며, 하나님의 뜻을 바르게 전하지 못하는 벙어리 개와 같다. 마땅히
전해야 할 하나님 말씀을 전하지 못하고 게으르고 나태하여, 해야
할 일을 하나도 하지 못하고 하고 싶은 일만 하고 있구나.

11   더 심각한 것은 벙어리 개 같은 이스라엘의 영적 지도자들이
끝없는 탐욕만 가득할 뿐, 하나님에 대해서는 아는 것이 전혀 없어
바른 말씀을 전하지 못하니, 그 백성도 하나같이 자기가 하고 싶은

대로 인생을 살고 오직 자기 욕망만 추구하는구나.

12   그들이 즐겨 쓰는 일상의 언어를 들어보라. 일상의 언어가 곧
그들의 실존이다. "자, 내가 포도주를 가져올 테니 먹고 마시자, 아
주 독한 술을 만들어 잔뜩 마시자. 내일도 오늘처럼 술을 먹고 마시
자. 아니, 내일은 오늘보다 더 진탕 마셔보자."

Mountain's Insight ────────────────────────

하나님의 회복, 곧 하나님의 구원은 이제 이스라엘 백성에게 다가온다.
메시아를 통한 기적 같은 회복과 놀라운 영향력을 소개한 하나님께서
는 하나님의 백성에게 그 회복과 구원 안으로 들어오라고 초대하신다
(55장). 하지만 회복과 구원은 아무 조건 없이 저절로 이루어지는가? 또
한 이스라엘 백성에게만 이루어지는가? 이사야 56장은 바로 그 부분에
대한 대답이다. 곧 다가오는 회복과 구원에 합당한 삶은 무엇인지, 거
기 합당한 백성은 누구인지를 알려주는 것이다.

신대원 시절에 후배가 와서 성경을 잘 알기 위한 비밀을 물었다. 나
는 그때, 성경만이 아니라 신앙을 비롯한 인생의 모든 분야에 적용되는
원리를 나누었다. 그것은 두 가지였다. 하나는 낙망하지 않는 것이다.
포기하지 않고 노력하는 것이다. 성경은 분명히 거대하며 높은 산이지
만, 기도하면서 성령님께서 주시는 지혜로 성실하고 꾸준하게 연구하
면 하나님의 말씀은 조금씩 열리기 마련이다.

또 하나는 교만하지 않는 것이다. 자만하는 태도를 버려야 한다. 내
가 절대로 다 아는 것이 아니다. 교리는 완전한 진리가 아니며 지금 배
우고 깨달은 지식도 불완전하다. 안다고 생각하는 순간 우리는 넘어지
고 심지어 이단이 될 수도 있다.

이사야서 56장은 바로 그 두 가지를 선명하게 보여준다. 먼저 하나
님의 백성은 꾸준히 하나님의 날을 지키고 예배해야 한다. 이방인도 장

애인도 마찬가지다. 우리는 포기하지 않고 낙망하지 않는 자세로 하나님 앞에 나와야 한다. 그러면 하나님께서는 그 누구라도 축복하신다. 하지만 동시에 우리는 겸손해야 한다. 하나님의 백성이라는 타이틀만 믿고 영적 지도자라는 우월의식에 빠져 매일의 삶에서 세상 사람과 다를 바 없는 방탕하고 욕망 가득한 삶을 산다면 그는 저주받을 이방인이 되고 말 것이다. 지금도 많은 신학생과 목사, 교수들이 그러하지 않은가!

특히 마지막에 이스라엘의 영적 지도자들이 사용하는 일상 언어, 갈망의 언어는 그들이 누구인지를 실존적으로 분명하게 보여준다. 사람은 마음에 가득한 것을 말하기 때문이다. 아울러 이 부분을 번역하면서 나는 에베소서 5장 18절의 말씀이 떠올랐다. "술 취하지 말라. 이는 방탕한 것이니 오직 성령으로 충만함을 받으라." 이 말씀을 거꾸로 읽으면 성령님의 충만을 받지 못하면 날마다 술과 세상에 취한 인생을 살 수밖에 없다는 말이 된다. 나는 지금 하나님의 회복과 구원을 받은 존재로 무엇에 충만한지 진실로 돌아보자.

1 **57** 너희 중에서, 의인이 죽임당하고 사라져 가는데도 마음 아파하거나 신경 쓰는 사람이 없구나. 하나님께 헌신하고 신실한 사람이 제거되고, 의로운 사람이 악한 자에게 제거되어도, 이 엄청난 영적 암흑기를 깨닫거나 분별하는 사람조차 없구나.

2   하나님께 헌신하고 신실했던 사람과 의로운 사람이 육신적인 차원에서는 제거되었지만, 영적인 차원에서는 하나님께서 그들을 편히 쉬게 하셨다. 하지만 그들의 선한 영향력은 이 땅에서 더는 발휘되지 못하고 사라졌다.

A. 왜 이렇게 되었는가?

3 [하나님의 백성, 하나님의 자녀라고 불려야 마땅한 너희인데, 지금 너희의 실체는 정반대구나.] 무당의 자식들, 간음을 통해 창녀의 몸에서 태어난 자식 같은 이스라엘 백성아! 그 이유를 알려줄 테니 가까이 와서 들어보라! [사 1:10]

4   너희는 찬양과 예배의 입술을 버리고, 혀를 내밀어 까불거리며 어디를 향해서, 무엇을 향해서, 그런 가벼운 언어와 천박한 말들을 지껄이고 있느냐? 너희가 말하는 내용과 태도가 딱 하나님을 배신하고 거짓을 밥 먹듯이 하는 무가치한 인생의 모습이구나!

5   너희는 너희가 좋아하는 푸른 나무들 아래서 음란하게 이방신을 섬기고 심지어 골짜기 큰 바위에서는 이방신에게 자녀를 제물로 바치려고 죽이는구나.

6   낮고 은밀한 골짜기에 조금이라도 마음에 드는 돌들이 있으면 그곳을 신성한 곳으로 만들어서 이방신에게 제사 드릴 공간으로 삼고, 바로 이곳이 자기가 선택한 아지트라고 자랑하고 이방신에게 여러 제사를 드리면서 하나님께서 가장 싫어하시는 일을 하고 있으니, 어떻게 하나님의 위로, 곧 하나님의 회복과 구원을 받을 수 있겠는가!

7   낮고 은밀한 골짜기만이 아니라, 높고 공개적인 장소인 산에서

도 너희는 이방신을 음란하게 섬기기 위한 침대와 여러 준비를 해 놓고 거기서 하나님께서 가장 싫어하시는 우상숭배를 하는구나.

8   심지어, 너희는 집안에까지 우상 조각을 세워놓고 음란하게 그 신들을 섬기며 그 우상과 약속하고 그런 음란한 우상숭배의 삶을 지독히도 사랑하는구나.

9   헛되고 수치스럽기 짝이 없는 이방신 몰렉에게 너희의 소중한 향품을 바치는 것도 참으로 어처구니가 없는데, 그 정도로 만족할 수가 없어서, 너희는 지옥(스올)까지라도 사람들을 보내 우상으로 섬길 것들을 찾는구나.

10   더 가관인 것은, 지옥 같은 곳까지 헛된 우상을 찾아 먼 길을 가면서도, 피곤하지 않다고 하고 헛되지도 않다고 하는구나. 〔조금 만 먼 곳에서 하나님께 예배드리는 것은 그렇게 힘들어하면서도〕 우상숭 배하는 일에는 '새 힘이 난다'라며 열정적으로 죄를 짓는구나.

B. 살아계신 하나님께 예배하지 않고 우상숭배하는 이유는 무엇이냐?

11 너희가 두려워해야 할 대상이 잘못되었기 때문이다. 너희가 거짓말 을 하고 이중적인 삶을 사는 이유는 참으로 경외해야 할 하나님을 생각하지도 않고 마음에 두지도 않기 때문이다. 하나님께서 오랜 시간 참으면서 조용히 계시니, 너희는 그분이 정말 안 계신다고 생 각하며 사는 것이냐?

12   이제 너희가 한 일에 합당한 보응을 받을 것이다. 너희가 한 모 든 일이 무가치한 것임을 깨달을 것이다.

13   너희 인생에 위기가 닥치면(부르짖어야 할 때가 오면) 너희가 지 금까지 섬겨온 우상들에게 가서 구원해 달라고 말해보아라. 그들은 바람처럼 무가치하기 때문에 어떤 도움도 줄 수 없을 것이다. 오직 하나님만 믿고 의지하는 자들은 육신적인 축복과 영적인 축복을 얻 는다.

C. 이제 어떻게 해야 하겠는가?

14 하나님께서 말씀하신다. "내 백성이 회개하고 돌아올 길을 만들어
놓을 것이다. 나는 항상 내 백성이 돌아오기를 기다리고 있다."

15 지극히 존귀하고 영원히 존재하며 거룩한 이름의 하나님께서 말씀
하신다.
    "저 높은 하늘, 초월적인 거룩한 곳에 내 자리가 있으나, 누구
라도 자기 죄를 뜨겁게 회개하고 겸손하게 자기를 낮추는 사람에게
는 내가 내려가서 그 영혼을 회복시키며 그 마음을 살게 할 것이다.

16   나의 목적은 내가 지은 피조물과 싸우는 것이 아니다. 사람들
에게 내 분노를 제대로 쏟는다면 그 어떤 영혼도 감당할 수 없고,
살아남지 못할 것이다.

17   사람들은 자기 욕망으로 하나님을 버리고 죄를 지었다. 그래서
나는 일시적으로 분노하고 그들을 때렸다. 하지만 사람들은 그것을
나에게 돌아오라는 신호로 깨닫지 못하고 고집스럽게 반역하고 자
기가 하고 싶은 대로 살고 있다.

18   사람이 어떤 존재인지 충분히 알았으므로, 이제 나는 그들을
고치고 인도하려고 한다. 자신의 죄악 되고 헛된 삶을 슬퍼하고 회
개하는 사람들을 위로하고 회복시키며 구원하려고 한다."

19 사람의 입술로 회개하게 하시고, 그 회개의 열매로 회복과 구원을
얻게 하실 하나님께서 이어서 말씀하신다.
    "누구든지, 어떤 상황이든지, 하나님께 회개하고 돌아오는 사
람에게는 평강이 있을 것이다. 위로와 회복과 치유와 구원이 있을
것이다!

20   하지만 끝까지 고집을 피우고 악한 삶을 사는 자에게는 평강이
없을 것이다. 진흙과 오물을 쏟아내는 하수구처럼, 더러운 오염 물
질로 뒤덮인 바다처럼 해결책이 없을 것이다."

21   그래서 하나님께서는 이미 "악인에게는 평강도 위로도 회복도 치유도 구원도 없다"라고 말씀하신 것이다.

Mountain's Insight ———————————

이사야 56장에서 하나님께서는 '회복의 역사가 시작되기에 합당한 삶'(56:1-8)을 살라고 도전하시면서 동시에 '하나님이 회복하실 수 없는 삶'(56:9-12)도 있다고 경고하셨다. 첫 번째는 영적 지도자들의 모습이었는데 그들은 영적으로 무감각하고 탐욕스러우며 게으른 태도로 술 취하고 방탕한 삶을 살고 있었다. 이어서 이사야 57장은 영적 지도자만이 아니라 대다수 백성이 하나님의 백성이라는 타이틀만 자랑할 뿐 실제로는 하나님의 회복과 구원에 합당한 회개가 전혀 없음을 지적하신다.

이따금 성도들과 상담을 하다 보면, 자신의 비참한 상황을 놓고 하나님을 원망하는 것을 듣는다. 물론 그중에서는 정말 신실하게 주님을 사랑하고 섬기면서 당하는 시련과 연단 속에 있는 성도도 있다. 하지만 대다수는 스스로 그런 현실을 자초한 경우다.

먼저 그들의 언어가 하나님의 언어, 성경의 언어가 아니다. 조급하고 완악하며 세속적이다. 그들이 좋아하는 말과 즐겨 듣는 음악과 자주 사용하는 말은 이미 하나님 말씀과 거리가 멀다. 참으로 듣기 불쾌하고 조잡하며 가증스럽다.

또한 그들의 삶은 근본적으로 우상숭배하는 삶이다. 하나님을 제외한 모든 것을 사랑한다. 더 적나라하게 말하면 하나님께서 싫어하시는 것을 어찌 그리 좋아하는지 모르겠다. 불평하고 원망하며 감사함이 없다. 음란하고 악하며 폭력적이고 거짓되며 파괴적인 것을 사랑한다. 이사야가 말한 것처럼 낮은 골짜기에도, 높은 산에도, 집 안에도, 심지어 저 멀리 지옥까지라도 가서 우상숭배를 한다. 자기 욕망을 위해서는 언제든지, 어디든지 가고, 아무리 어려운 일도 마다하지 않는다. 하지만 하나님께 예배하기 위해, 하나님의 기쁨이 되기 위한 일은 아무것도 하지 않고 항상 이유와 핑계가 있으며 하더라도 흉내만 낸다.

그 이유는 무엇인가? 두려워하지 말아야 할 것을 두려워하고, 두려워해야 할 것을 두려워하지 않기 때문이다. 하나님 한 분을 두려워하면 나머지 모든 것을 두려워하지 않고 살 수 있는데, 하나님 한 분을 두려워하지 않으니 세상 모든 것을 두려워하면서 살아가는 것이다.

그래도 하나님은 우리를 기다리신다. 우리가 어떤 존재인지 너무 잘 알고 계신다. 회개하고 주님께 돌아오면 누구나 참된 평안과 회복과 구원을 얻는다. 하지만 끝까지 고집을 피운다면 그에게 돌아올 것은 그 반대의 결과뿐이다. 둘째 아들인 탕자처럼 돌아올 것인가? 아니면 큰 아들처럼 거역할 것인가? 아버지께서 우리를 기다리신다.

"여호와의 말씀이니라. 너희를 향한 나의 생각을 내가 아나니 평안이요 재앙이 아니니라. 너희에게 미래와 희망을 주는 것이니라. 너희가 내게 부르짖으며 내게 와서 기도하면 내가 너희들의 기도를 들을 것이요 너희가 온 마음으로 나를 구하면 나를 찾을 것이요 나를 만나리라" 예레미야 29:11-13.

하나님의 영광이 지탱해주시는 삶

1 **58** 〔이사야야!〕"너는 나팔소리처럼 크게 목소리를 외쳐서, 이스라엘 백성이 어떤 죄를 짓고 있는지 분명하게 알려 주어라!

2 이스라엘 백성은 하나님의 말씀과 율법을 무시하지 않는 민족처럼 보이고, 날마다 하나님을 찾으며 하나님의 뜻과 길이 어디에 있는지를 즐거이 찾는 것처럼 보인다. 옳은 결정을 하려고 하나님께 나아와 묻는 것을 즐거워하는 듯 보인다.

3 〔하지만 사실은 그렇지 않다.〕 그들이 하는 말을 먼저 들어보라. '하나님! 우리가 금식하는데 어째서 우리를 챙겨주지 않으십니까? 우리가 종교적으로 가장 힘든 과정인 금식을 감내하면서 하나님께 기도하는데도 어째서 우리 기도를 들어주지 않으십니까?'라고 하는구나.

〔나, 하나님의 대답을 들어보라.〕

보라! 너희가 금식한다고 하면서, 바로 그 금식하는 날에 무엇을 하느냐? 단순히 음식만 먹지 않는 것이 금식이냐? 삶을 절제해야 금식이 되는 것이다. 그런데 너희는 금식을 한다면서도 자신을 위한 온갖 육체적인 쾌락을 그만두지 않고, 집에 있는 일꾼들을 학대하는 일도 멈추지 않는구나.

4 보라! 너희가 금식한다고 하면서도, 말하는 것 하나도 절제하지 못해서 끊임없이 말다툼하며 그것도 모자라서 싸움에 폭행까지 일삼는구나. 너희가 그런 식으로 금식하면서 하는 간구와 기도는 하나님께 전혀 상달하지 못한다.

5 이렇게 하는 금식을 어떻게 하나님께서 기뻐하시겠느냐? 이렇게 하는 금식이 어떻게 진정으로 절제하며 스스로 내려놓는 금식이 되겠느냐? 그저 외형적으로 머리만 갈대처럼 숙이고 사람에게 보이려고 굵은 베옷을 입고, 타고 남은 재 위에 눕기만 한다고 금식이

되겠느냐? 이런 모양만 내는 금식은 하나님께서 기뻐하지도, 받아
주시지도 않는다.

6 하나님께서 기뻐하시는 금식은 먼저 자신에게 주어진 권리와 욕망
을 포기하는 것이다. 너희 집에서 일하는 일꾼들에게 행한 억압적
이고 폭력적인 태도를 사과하고 그들을 착취했던 관행을 그만두는
것이다. 자신이 가진 신분적, 경제적, 자위적 권위의식을 버리고 그
동안 아랫사람과 사회적으로 약한 사람에게 고통을 주었던 모든 언
행심사를 바로잡는 것이다.

7   더 나아가, 가난한 사람들에게 너희 소유를 나누어주고, 집 없
는 사람들을 너희 집에 초대해서 대접하며, 입을 옷이 부족한 사람
들에게 옷을 사주는 것이다. 특히 어려운 상황 속에 있는 가족과 친
척들을 모른 척하지 말고 찾아가서 베풀고 섬기는 것이다. 그것이
바로 진정한 금식이다!

8   그렇게 하면 너희 존재가 새벽에 뜨는 태양처럼 빛나고, 아픈
곳이 금세 회복되며, 더 이상 억울한 일을 당하지 않을 것이고, 하
나님의 영광이 너희 삶을 지지해주실 것이다.

9-10   너희가 기도하면 하나님께서 즉시 응답하시고, 급한 일이 생겨
하나님께 부르짖으면 하나님께서 '내가 여기 있다'라고 하시며 대
답하실 것이다.

또한 너희가 다른 사람을 착취하고 억압하던 태도를 바꾸고, 다른
사람을 비난하고 원망하며 불평하던 습관을 버리며, 과격하고 헛되
며 무가치한 언어 습관을 끊어버리고, 오히려 어려운 사람들에게
불쌍한 마음을 품어 나누는 삶을 살고, 고통 속에 힘겨워하는 사람
들의 실제적인 필요를 채워준다면, 너희 존재가 어둠 속에서 빛처
럼 떠올라서 너희의 삶에 어두웠던 영역들이 모두 밝은 낮처럼 변
화되고 회복될 것이다.

11 　또한 하나님께서 너희를 항상 인도하실 것이다. 너희가 혹시라도 메마른 광야 같은 힘든 시기를 지나는 때가 온다 해도 너희 영혼에 늘 감사와 기쁨이 넘치게 하실 것이며, 네 삶의 골격을 든든하게 잡아주셔서 흔들리지 않게 하시리라. 어떤 상황에서도 너희는 물이 풍성한 동산 같고 물이 솟아나는 샘같이 참으로 풍성한 삶을 누릴 것이다.

12 　더 나아가, 너희 후손도 복을 받을 것이다. 그들은 오랫동안 황폐했던 땅이라도 재건하겠고, 오랜 세월 파괴된 건물도 그 무너진 기초부터 다시 쌓아 올릴 것이다. 그래서 너희 후손은 '회복의 주역'이라는 별명과 '짓밟힌 땅을 사람 사는 곳으로 만든 영웅'이라는 칭호를 얻을 것이다.

13-14 금식처럼, 예배의 날(안식일)도 형식과 모양만 내는 것이 아니다. 그 예배드리는 날을 진심으로 지키는 자에게는 동일한 복이 내릴 것이다. 예배의 날에는 의지적으로 절제하고, 말 한마디도 조심스럽게 하며, 개인적인 욕망을 포기하면서, 진심으로 그날을 즐거워하고 모든 예배와 봉사를 기쁘게 섬기면, 너희는 진정으로 하나님 안에 있는 행복을 알게 되고 누릴 것이다. 하나님께서 너를 존귀하게 하시고, 야곱에서 약속했던 축복을 너희가 누리도록 하실 것이다."

　이 모든 말씀은 하나님께서 직접 하신 말씀이니 반드시 그대로 될 것이다.

Mountain's Insight

이사야는 계속해서 하나님의 백성과 온 세상 사람이 하나님께로 돌아와 회복되기를 기대하며 메시지를 전한다. 특히 이사야 57장 14절부터 21절에서 하나님께서는 회복, 위로, 평안을 이어가는 구원의 메시지로 우리를 부르신다. 하지만 이 과정은 조건 없이 이루어지는 것이 아니다. 자신의 죄악 된 삶을 깨닫고 회개하는 과정이 필요하다. 그래서 이사야 57장 15절에서 통회하고 겸손히 회개하도록 도전하는 것이다. 하지만 자신의 죄가 무엇인지도 모르는 사람이 어떻게 통회하고 회개할수 있겠는가? 그래서 이사야 58장은 이스라엘의 죄, 즉 이스라엘의 영적인 현실이 어떠한지를 알려준다.

A. 하나님께서 자기 백성을 회복시키지 않으시는 이유

1 **59** 하나님의 능력이 부족해서 너희를 구원하지 못하시는 것이 아니며, 하나님의 힘이 부족해서 너희 기도에 응답하지 못하시는 것도 아니다.

2 너희 삶에 회복과 구원이 없는 이유는 너희 죄 때문이다. 너희 죄가 거룩하신 하나님과의 관계를 파괴했으며 너희 죄가 그분의 얼굴을 억지로 가려버렸다. 그래서 너희가 아무리 기도해도 응답이 없는 것이다.

3 더 구체적으로 말하자면, 너희가 하는 일마다 피가 흐르고, 너희가 손가락으로 목표하는 것마다 죄로 가득하며, 너희가 말하는 것마다 거짓뿐이고, 너희가 표현하는 것마다 악독으로 채색되어 있기 때문이다.

4 하나님 말씀에 맞게 법을 만드는 사람도 없고, 판결하는 사람도 없다. 오히려 하나님께서 전혀 기뻐하지 않는 무가치한 것을 믿고 거짓된 것을 말하니, 인생의 모습이 끝없는 죄의 악순환이구나.

5-6 너희는 위험천만한 독사의 알을 품고 있는 모습이며, 그 어떤 가치도 없는 거미줄로 옷을 만들려고 애쓰는 모습이다. 독사의 알을 품고 있다가는 어떤 식으로든 치명적인 결과를 당할 뿐이다. 독사의 알을 먹으면 죽을 것이고, 실수로 그 알을 밟기라도 하면 거기서 독사가 나와 너희를 죽일 것이다. 또한 거미줄로는 옷다운 옷을 만들 수가 없으며, 겨우 만들었다고 해도 너희 몸을 보호할 수도 없을 것이다.

하나님 없는 사람들의 삶에서 일어나는 언행심사가 다 이와 같다. 사람이 보기에 아무리 좋아 보여도 하나님 보시기에 그것은 독사의 알과 같고 거미줄과 같다. 그들의 삶은 모두 죄와 악일 뿐이다.

7 또한 너희는 [이상하게도 선한 일에는 항상 의지가 약하고 나태하더니]

나쁜 짓에는 의지가 강하고 적극적이며 다른 사람을 죽이는 일에는 신속하구나! 그러므로 너희 인생 앞에는 파괴와 파멸만 펼쳐져 있구나.

8   결국 이런 식으로 살다가는 회복과 평안을 주시는 하나님의 길 자체를 알 수 없다. 영적으로 회복될 가능성과 힘이 사라져 아무리 열심히 살고 수고해도 정의가 없고 생명이 없으며 평안 없는 절벽으로 떨어질 것이다.

B. 이사야의 회개 기도

9-10   맞습니다! 하나님! 우리 현실이 지금 이렇게 된 것은 다 우리 죄악 때문입니다. 지금 우리 삶에는 정의와 공의가 없습니다. 빛을 바라면서도 어두운 곳에서 살 수밖에 없는 운명입니다. 시각장애인이 앞을 볼 수 없어 더듬거리며 사는 것처럼, 우리는 지금 영적인 시각장애인이 되어 진리를 바로 앞에 놓고도 더듬거리고 있으며 심지어 그 진리에 걸려 넘어지고 있습니다. 살아 있으면서도 죽은 사람처럼 살고 있습니다.

11   더 심각한 것은, 우리가 하나님께 간절하고 애통하는 마음으로 기도해도 그 기도가 전혀 응답이 안 된다는 것입니다. 하나님의 정의와 하나님의 구원을 소망하지만, 그 소망이 더 이상 실현되지 않는 상황이 되고 말았습니다.

12   다 우리의 죄악 때문입니다. 우리는 죄를 가볍게 여겼고 죄를 해결하려고 수고하지도 않았습니다. 그래서 그 죄가 증인처럼 법정에서 우리를 고소하고 판결하며 형을 집행해버렸습니다. 이제야 우리 죄가 얼마나 심각한 것인지 인정하고 고백합니다.

13   우리 죄의 핵심은 단순히 잘못된 일을 한 것이 아니라, 하나님을 배신하고 속인 것입니다. 하나님을 따르지 않고 우리 마음대로 산 것입니다. 하나님을 주인으로 섬긴 것이 아니라, 종처럼 부려 먹으면

서 우리가 원하는 것을 얻으려고 모든 부정한 행위와 죄악 된 행동
만 했습니다. 겉으로는 예배드렸지만 영혼 깊은 곳의 진심은 거짓
을 사랑했습니다.

14   그래서 우리 삶에서 정의와 공의가 퇴색되어 성실하게 일하는
사람이 오히려 부당한 대우를 받고, 정직한 사람이 오히려 범죄자로
낙인찍혔습니다. 하나님을 향한 신실함이 사라지자 어렵게 죄를 끊
고 하나님께로 돌아오는 사람들이 병신 취급을 당하고, 먹잇감이 되
었습니다. 참으로 세상이 전복되고 말았습니다.

C. 하나님의 개입

15-16   하나님께서는 이러한 비극적인 상황을 보시고 아셨다. 그리고 하나
님 말씀대로 세상이 움직이지 않는 현실 자체를 악하다고 판결하셨
다. 이 비극적인 현실에 하나님께서 더 마음 아파하신 이유는 이 세
상을 위해 중재할 사람이 없었기 때문이다. 그래서 하나님께서는
스스로 그 중재자가 되어 세상을 구원하기로 하셨다. 세상이 돌아
가는 대로 더는 내버려두지 않으시고, 하나님께서 스스로 바로잡으
시려는 열정으로 일어나신 것이다.

17   하나님께서는 마치 전쟁에 나가는 군사처럼 정의를 갑옷처럼
입으시고 구원의 능력을 투구처럼 쓰시며 죄에 대한 심판을 겉옷처
럼 입으시고 열정을 망토처럼 입으셨다. 즉, 이 세상을 회복하고 바
로잡으시고자 하나님께서 만반의 준비를 하신 것이다.

18   하나님께서는 하나님의 백성을 유혹하고 범죄하게 한 그 악의
세력에 분노하시고 그 원수가 한 그대로 복수하실 것이다. 원수가
아무리 멀리 도망간다 해도 세상 끝까지 따라가 복수하신다.

19   그래서 온 세상이 하나님을 두려워하고 경외할 것이다. 마치
메말랐던 계곡(와디)에 갑작스러운 폭우가 내려 물이 무섭게 흘러
가듯이 하나님께서 그렇게 강력하게 역사에 개입하실 것이다.

20 하나님께서 말씀하신다. "내가 보내는 중재자, 곧 구원자가 나의 거
룩한 땅에 임할 것이다. 이 세상의 악하고 음란한 죄에서 떠나 회개
하는 자들에게는 그 구원자가 역사할 것이다."

21   이어서 또한 하나님께서 말씀하신다. "그렇게 내가 보낸 중재
자, 곧 구원자에게로 나아가는 자들과는 내가 새로운 약속을 맺을
것이다. 그 새로운 약속이란, 나의 영(성령님)과 나의 말(말씀)이 영
원히 그들의 삶과 가문과 후손과 미래 속에서 역사하는 것이다. 내
가 반드시 약속한다!"

Mountain's Insight

이사야 59장은 58장의 내용을 이어가면서도 그 내용을 확장하고 새롭
게 전개한다. 이사야 58장에서 피상적인 영성으로 살아가는 하나님 백
성을 향한 도전은 59장으로 연결되면서 우리가 온전한 회복과 구원을
경험하지 못하는 이유가 하나님의 잘못이나 능력 부족이 아니라는 점
을 다시 한번 각인시킨다. 이사야는 철저히 우리의 '회개 없음'에 초점
을 맞추고 주님 앞에서 우리 죄를 고백하도록 도전한다. 하지만 우리
중에는 그 회개조차 할 힘이 없는 약한 사람들이 있다. 그런 시대와 상
황이 있다. 그래서 하나님은 우리에게 더 다가오신다.

하나님 앞에 나왔지만, 변화가 없는 사람이 너무 많다. 그들은 그 이
유를 한결같이 부모나 상황 탓으로 돌린다. 교회 잘못이고 목사 잘못이
지, 자기 잘못은 없다. 늘 부정적이고 비판적이다. 하지만 하나님께서
말씀하신다. 모든 잘못의 근원은 각자에게 있으며 그 중심에 바로 우리
죄가 있다고 말이다. 우리는 이 문제를 직시해야 한다. 교회 안에도 모
든 것이 자기 생각과 다르다고 비판하는 사람이 많다. 하지만 물어보고
싶다. 성경 말씀도 제대로 모르고 기도도 제대로 안 하는 당신 생각대
로 되는 것이 더 나쁜 것이라는 생각은 들지 않는가?

여기서 우리는 이 어려운 상황에서 믿음의 사람이 실행해야 할 가장 중요하고 핵심적인 과정을 발견한다. 바로 기도, 그것도 회개의 기도다. 그래서 이사야는 기도한다. 중보한다. 자기 백성을 위해 대신 죄를 고백하고 회개하며 기도한다. 그 옛날 아브라함이 기도했고 히스기야가 기도했고 예수 그리스도께서 기도하셨던 것처럼 말이다. 남 탓하고 비판하는 것이 아니라, 자신의 죄처럼 이 현실을 품에 안고 기도하는 것이다.

바로 그때, 하나님께서 역사 속으로 들어오신다. 인간의 힘으로 도저히 어떻게 할 수 없는 상황 속에 개입하신다. 하나님께서는 우리 형편과 현실을 가장 잘 아시며 우리에게 가장 필요한 중재자를 보내신다. 그분이 바로 예수님이며, 지금 우리 안에서 말할 수 없는 탄식으로 기도하시는 성령님이시다.

여기서 중요한 것은 우리의 중재자께서 모든 것을 일방적이고 강제적으로 다 알아서 해결해주시는 것이 아니라, 우리 안에서 회개를 일으키시고 변화를 위한 약속을 주시는 것이다. 우리는 각자 자신이 어디 즈음 와 있는지 점검해야 한다. 앞뒤 분간도 못 하고 끝없이 죄를 지으면서도 하나님과 사람과 상황 탓만 하고 있지는 않은지, 그 비극적인 영적 현실을 직시하고 자신과 공동체를 위해 간절하게 회개 기도를 하고 있는지, 더 나아가 우리의 모든 것을 다 아시는 하나님께서 보내신 중재자, 예수 그리스도와 성령님과 함께 새로운 시간을 바라보고 있는지 말이다.

1 **60** 하나님의 빛을 받은 하나님의 백성아! 이제 그 빛을 세상에 비추어라! 그 목적을 위해 하나님의 빛, 곧 하나님의 영광이 너희 위에 임한 것이다.

2 자, 보아라! 이 현실을! 온 세상이 어두움 속에 있다. 빛이신 하나님이 없어서 온 땅이 캄캄하다. 그러므로 너희는 너희 빛이 아니라, 하나님께서 주신 하나님의 빛을 반영하는 거울이 되고, 바로 하나님 영광을 온 세상에 나타내는 통로가 되어라!

3 그러면 온 세상 나라들과 지도자들이 너희가 반사하고 통로가 된 그 하나님의 빛과 영광으로 이끌림을 받을 것이다.

4-5 너희 눈을 들어서 사방을 보아라! 온 세상이 함께 모이고 온 민족이 함께 다가온다. 가장 먼저 너희의 빼앗긴 자녀들이 회복되어 돌아온다. 너희의 잃어버린 미래가 돌아온다. 그것을 보고 너희 얼굴은 봄처럼 밝아지고 말할 수 없는 감격에 사로잡힐 것이다. 그다음으로 물질적인 회복이 이어진다. 그림의 떡이라고만 생각했던 이 땅의 모든 귀하고 아름다운 가치들이 너희에게 주어질 것이다.

6-7 최고급 운송 수단인 낙타(미디안과 에바의 낙타)와 최고급 물품인 금과 유향(스바의 금과 유향)이 너희에게 주어지리라. 그것은 사치와 향락이 아니라, 하나님께 예배하고 찬양하기 위해 주어진 것이다. 최고급 양(게달의 양)과 숫양(바욧의 숫양)을 너희에게 주시는 이유도 육신을 위해 먹고 마시기 위함이 아니라 하나님의 제단에 제사를 드려 그분께 영광을 돌리기 위해서다.

8-9 마치 구름이 몰려오듯, 비둘기들이 무리를 지어 보금자리로 돌아오듯, 수많은 배가 하얀 돛을 펼치고 예루살렘으로 오는구나. 저 멀리 있는 섬들과 가장 먼 땅에 사는 다시스 사람들까지 배에 금과 은 그리고 아름다운 보물을 싣고 와서 하나님께 예배하고 예물로 드리려

고 하는구나. 그들이 보이지 않는 하나님을 볼 수 있게 된 것은 그
분의 영광을 드러내는 하나님의 백성이 영광스럽게 된 것을 보았기
때문이다.

10   이전에는 하나님의 백성이 범죄했기 때문에, 하나님께서 분노
하시고 벌을 주셨으나 이제는 하나님 백성에게 은혜를 베푸시고 불
쌍히 여기시니, 이전에 하나님께서 자기 백성을 치실 때 심판의 도
구로 사용하시던 이방인들이 이제는 하나님 백성을 돕는 섬김의 도
구로 바뀌었다.

11   이전에는 언제 쳐들어올지 몰라 두려운 마음으로 잠가둔 성문
이, 이제는 밤낮을 가리지 않고 활짝 열려서, 하나님 백성의 재물을
빼앗아 가던 이방 나라들이 오히려 재물을 가지고 오며, 하나님 백
성을 포로로 잡아가던 이방 왕들이 오히려 포로가 되어 오는구나.

12   하나님 백성에게 와서 함께 하나님을 섬기지 않는 백성과 나라들은
반드시 파괴되고 멸망할 것이다.

13   하나님과 대결하고 스스로 높이던 이 땅의 모든 아름다운 나무
[우상숭배용으로 사용되었다]가 이제는 하나님의 성전을 짓고 장식하
는 재료가 되어 하나님의 발이 머무는 곳인 성전을 영광스럽게 만
드는구나.

14   이전에 하나님 백성을 괴롭히던 자의 후손은 이제는 너를 섬기
는 자들이 되어 나아오며, 하나님 백성을 무시하던 모든 사람이 이
제는 너희 발아래에 엎드려 "당신들은 하나님께서 사랑하시는 존재
요, 거룩하신 하나님이 가장 아끼는 시온입니다"라고 고백함으로써
단순히 하나님 백성을 인간적으로 높이는 것이 아니라 그 백성을
회복하고 구원하신 하나님을 높이게 되리라.

15-16   전에 하나님의 백성이 죄를 지을 때는, 하나님께서 그들을 잠
시 버리고 미워하셨기에 아무도 그들에게 다가가지 않았다. 하지만
이제 하나님 백성이 하나님과의 관계를 회복하여 하나님께서 그들

을 소중히 여기시고 영원한 아름다움과 영원한 기쁨을 회복하게 하
시니 이방 모든 나라가 그들에게 나아간다. 이방 나라들이 자신의
거짓된 우상 신들을 버리고 하나님의 백성에게 영적이고 육적인 도
움을 받으며, 이 모든 구원과 회복의 주체요 원인이 바로 전능하신
하나님이심을 인정하게 되리라.

17-18 하나님의 백성이 얻을 회복과 변화가 얼마나 놀라운지, 놋 대신 금
이 사용되고 철 대신 은이 사용되며 나무 대신 놋이 사용되고 돌 대
신 철이 사용될 것이다. 한마디로 엄청난 수준으로 삶의 질이 향상
될 것이다. 하나님 백성을 다스리는 관원들은 화평이고, 하나님 백
성을 이끄는 지도자들은 공의가 되리라. 그래서 다시는 불의한 일
이나 억울한 일이나 비극적인 사건이 일어나지 않을 것이다. 너희
는 서로 "우리 성벽은 구원이며, 우리 성문은 찬송이다"라고 노래
할 것이다.

19-20 　　낮의 태양이나 밤의 달빛도 필요 없을 것이다. 하나님의 영광
이 그보다 더 강력하고 밝은 빛으로 영원히 빛날 것이기 때문이다.
이 땅의 빛들(태양과 달)은 계절을 따라 부침이 있으나, 하나님의 빛
은 한결같아 하나님 백성의 모든 슬픔을 끝낼 것이다.

21 결국 하나님의 백성은 하나님의 기준에 합당한 의로운 사람들이 되
어서 온 땅을 영원히 차지할 것이며 하나님께서 그들을 이 땅에 나
무처럼 심으신 목적을, 바로 그 하나님의 영광을 땅 끝까지 나타낼
것이다.

22 　　하나님 백성 중에서 아무리 작은 자라도 천 명의 사명을 감당
할 것이며, 아무리 약한 자라도 강력한 나라를 이룰 것이다. 하나님
께서 온 세상을 회복하고 구원하는 그때가 되면 이 놀라운 회복과
구원의 예언이 신속하게 실재가 될 것이다.

Mountain's Insight

이사야 40장부터 시작된 하나님 백성의 회복과 구원은 절대로 그들만의 축하와 감격으로 끝나지 않는다. 그것은 하나의 시작일 뿐이다. 그들을 통해 성취될 더 큰 하나님의 목적과 방향이 있다. 바로 온 세상이 하나님의 빛으로 회복되고 구원을 받는 것이다. 이스라엘은 그 거대한 이야기의 핵심적인 통로가 된다.

이사야 60장의 감격스럽고 가슴 벅찬 회복 이야기는 요한계시록에 나오는 새 하늘과 새 땅의 이야기와 겹쳐진다. 우리는 이 놀라운 역사가 예수님의 초림에서 시작되어 그분의 재림에서 완성됨을 믿고 기다린다.

이사야 60장에서 핵심 주제로 등장하는 것은 '빛'이다. 우리는 이 빛을 깊이 묵상할 필요가 있다. 첫 번째로, 근원적인 '생명의 빛'이 있다. 바로 빛으로 상징되는 하나님 그분이시다. 그 빛은 태초에 계셨고, 결국 예수 그리스도로 오셨다(요한복음). 두 번째로, 그 빛은 하나님의 사람들 영혼에 담긴 빛이 되었다. 말씀과 성령으로 그 빛은 각 사람의 영혼에 양심, 감동, 능력, 은사로 담겨 영향력을 발휘하기 시작했다. 마지막 세 번째로, 그 빛은 우리에게 멈춰 선 빛이 아니라 우리가 거울과 반영체가 되어서 비추어야 할, 나누어야 할 빛이 되었다. 이스라엘은 그 빛을 이방인에게 비추어야 했고, 오늘날 그리스도인은 그 빛을 세상 사람에게 비추어야 한다. 그것이 전도이고 구제이고 섬김이다. 예수님도 우리의 착한 행실을 세상에 빛처럼 비추라고 하셨다(마 5:16).

아침에 운동하다가 떠오르는 태양 빛을 보면서 말할 수 없는 하나님의 임재와 영광을 체험했다. 저 태양 빛보다 밝은 하나님의 빛, 그 복음의 빛, 생명의 빛을 생각하니 참으로 감격스러웠다. 그러므로 우리는 스스로 무엇을 '그 빛'으로 삼고 있는지 물어보아야 한다. 우리는 지금 돈과 명예와 감정을 그 빛으로 착각하며 실제로는 어둠 속에 살고 있지는 않은가?

우리 빛은 오직 주님뿐이다(요 1:1-14). 우리가 정말 주님의 빛만을 우리 인생의 '그 빛'으로 여기고 산다면, 그 빛의 영향력이 어디까지 이르렀는지 점검해야 한다. 이 위대한 회복과 구원의 빛이 어디쯤 이르렀는지 돌아볼 필요가 있다. 아직도 그 빛이 물질이나 세상 욕망에 있다고 착각하여 하나님이 빛 되심을 모르지는 않는지, 그 위대한 빛의 말씀과 영향력을 받은 그리스도인이 되었지만 단 한 줄의 빛도 영혼과 삶에 담아놓지 못한 상태는 아닌지, 더 나아가 그 빛이 나를 통과하고 반영하여 다른 이들과 세상을 비추고 있는지를 말이다. 이 빛이 온 세상에 가득 찰 때 우리는 그곳을 천국이라고 부를 것이다.

메시아를 통한 신속한 회복

1

61

〔그 빛 되신 메시아가 말씀하신다.〕

　　　"온 세상의 주인이신 하나님의 영이 내 위에 있다. 다시 말해, 하나님께서 나에게 기름을 부으셔서 특별한 사명을 맡기셨다. 그 사명은 영혼과 육체가 가난한 사람들에게 가서 아름다운 소식(복음)을 전하고 선포하는 것이다. 이 아름다운 소식이 전해지면 마음이 상한 사람은 회복되고, 포로가 된 사람은 자유를 얻으며 〔과거와 중독과 상황에〕 묶여 있는 사람은 풀려난다.

2　　　나는 오랫동안 죄의 종살이 하던 백성에게 하나님께서 은혜로 베푸시는 희년의 때와 동시에 하나님의 백성을 괴롭히던 존재가 멸망받는 심판의 때를 함께 선포한다. 그러면 슬픔의 감옥이라는 운명 속에 살던 사람이 진정한 해방과 회복이라는 위로를 받을 것이다.

3　　　참으로 하나님의 백성이 그 믿음을 지켜가면서 당한 모든 고통이 사라질 것이다. 비참한 삶으로 머리에 쓰던 재를 대신하여 꽃으로 만든 관을 쓰며, 끝없이 흐르던 고뇌의 눈물이 사라지고 행복한 기름(기쁨)이 넘칠 것이며, 근심의 옷을 벗고 찬송의 옷을 입을 것이며, 메말라 죽어가던 나무 같던 삶이 하나님의 동산에 심긴 곧고 아름다운 나무가 되어 하나님의 영광을 드러내는 존재로 인정받을 것이다.

4　　　그렇게 되면, 하나님의 백성은 이전에 황폐해진 것을 다시 쌓아 올릴 것이다. 오래전에 무너져버린 개인과 공동체의 영혼과 육체를 모두 회복할 수 있을 것이다.

5　하나님의 백성이 육신적으로든 영적으로든 회복을 위해 수고할 때마다 방해하던 세력인, 이방인이 이제는 태도를 바꾸어서 도움을 줄 것이다. 너희 재산인, 양 떼를 보살필 것이고 너희 삶의 터전인, 농사일과 포도원 일을 섬길 것이다.

6   아울러 너희는 이러한 회복을 단순히 누리기만 하는 것이 아니라, 위대한 영적인 사명자로서 높임받을 것이다. 너희는 하나님의 제사장, 즉 하나님을 섬기는 사람들이 될 것이다. 제사장과 레위인이 하나님과 사람들 사이에서 중보 사역을 감당하면서 백성이 가져온 제물을 먹고 누린 것처럼, 이제 하나님의 백성 모두가 세상의 제사장과 레위인이 되어 이방 나라들의 재물과 영광을 누리는 자랑스러운 존재가 될 것이다.

7   너희가 지난날 당한 수치보다 몇 배 더 많은 보상을 받을 것이며, 지난날 당한 능욕보다 더 큰 행복을 얻을 것이다. 너희가 사는 이 땅에서 갑절의 축복, 곧 장자의 축복을 받을 것이며 일시적인 쾌락이 아니라 영원한 기쁨을 누릴 것이다."

8   〔너희는 아마도 정말 이런 일이 일어날 수 있을까를 생각할 것이다. 그렇다면 이 모든 구원과 놀라운 회복을 계획하고 역사하시는 하나님 말씀을 이어서 들어보라!〕
    "참으로 나, 하나님은 세상 모든 것을 바로잡기를 간절히 원하며 반대로 세상의 악하고 불법한 일을 지극히 미워한다. 그래서 악한 일에 대해 철저히 갚아주며 억울한 일을 당한 하나님의 백성에게는 영원히 함께할 것을 약속하고 또한 지킬 것이다.

9   하나님이 살아 역사하신다는 증거를 하나님의 백성을 통해 드러낼 것이다. 그래서 하나님의 백성과 후손이 어떤 나라와 장소에 있든지 그들을 통해 하나님의 축복과 역사가 나타나게 할 것이다. 이를 통하여 세상 모든 사람이 '하나님께서는 하나님의 백성을 참으로 복 주시는구나'라고 인정할 것이다."

10   〔그러자 이사야로 대표 삼은 하나님의 백성이 한 사람처럼 화답한다.〕
    "내가 하나님으로 말미암아 크게 기뻐하고, 내 영혼이 나의 하나님으로 인하여 즐겁도다. 마치 신랑이 아름다운 모자를 쓰고 신부가 아름다운 보석으로 장식한 후 느끼는 그 행복처럼, 나에게 구원의 옷과 빛나는 의의 망토를 입히셨기 때문이다.

11   얼었던 땅에서 싹이 나오고 동산에 심었던 소중한 씨앗에서 움이 돋듯이, 주인 되신 하나님께서 우리 인생에 소망과 회복의 미래를 열어주셨다. 그러므로 온 세상이 삶을 바로잡고 하나님께 찬양을 돌려드릴 것이다."

Mountain's Insight

이사야 60장에서는 빛에 관해 묵상했다. 그 빛은 하나님에게서 나와 우리를 지나 세상으로 나가는 빛이다. 그 빛이 하나님의 영광이며 우리의 생명이다. 이사야 61장은 그 빛이 비인격적인 무엇이 아니라, 참된 인격이심을 보여준다. 그 빛은 바로 복음의 핵심이신 메시아이다. 그래서 그 빛은 우리 삶의 전 영역을 완전히 다른 모습으로 변화시키며 회복시킨다.

참으로 감격스러운 말씀이다. 이 엄청난 회복과 구원의 소망은 인간의 제도와 윤리가 성취할 수 없다. 오직 하나님의 영으로 충만한 그 빛, 곧 메시아를 통해서만 이루어진다. 그분의 역전적이고 전복적인 구원 역사는 마치 죽은 사람이 다시 살아나는 것과 같은 놀라운 회복이며 엄청난 변화다. 우리가 소망하고 바라보아야 할 모든 기대는 오직 빛 되신 메시아를 통한 복음에 있다.

하지만 이사야 61장에서는 그 이상을 보아야 한다. 여기에는 너무나 자연스러워서 자세히 보지 않으면 놓칠 수도 있는 빛의 전이와 흐름이 있다. 복된 소식을 전하는 메시아 자신의 밝음은 순식간에 하나님 백성에게 이어진다. 마치 새벽에 장엄하게 떠오르는 태양을 볼 때, 그 빛이 순식간에 온 세상으로 파고 들어와 세상을 빛나게 하는 것처럼, 메시아의 빛은 그 빛을 환영하는 사람들과 온 세상에 들어가서 밝게 만든다. 이 빛의 전이와 흐름은 여기서 그치지 않고, 두 번이나 더 이어진다. 하나는 이러한 빛 되신 메시아의 놀라운 회복과 구원의 미래가 확실하다는 보증으로 하나님 아버지의 선포가 나오며, 또 하나는 그러한 하나님 말씀에 대한 하나님 백성(여기서는 대표 단수로 '내'가 등장한다)의 화답과 찬양이다.

맛있는 음식을 즐겁게 먹는 사람들의 눈과 손과 입을 상상해보라. 그들의 느낌과 행동은 자연스럽게 이어진다. 마찬가지로 하나님께서 온 세상을 회복시키시는 구원의 흐름은 어둠에 빛이 들어오는 순간 빛이 온 세상에 가득 차고 그 어둠이 사라지는 것처럼, 메시아 되신 예수님과 성령님을 통해 하나님의 백성과 온 세상으로 이어진다. 중요한 것은 우리가 이 흐름 속에 있는가이다.

A. 회복을 향한 하나님의 확정

1 **62** 〔하나님께서 말씀하신다.〕
"나는 시온, 곧 나의 백성과 그들이 예배하는 땅을 위하여 더는 가만히 있지 않을 것이며, 예루살렘을 위하여 쉬지 않고 일할 것이다. 그래서 나의 백성과 그들이 예배하는 장소가 온전하게 회복되기를 마치 빛이 비춰듯 선명하게 할 것이며, 횃불이 타오르듯 예루살렘의 구원을 확실히 느끼게 할 것이다.

2 그러면 하나님 백성이 회복되고 바로잡힌 것을 이방 나라들이 보겠고, 하나님 백성이 누리는 영광을 분명히 보리라. 하나님의 백성은 더 이상 노예나 죄인으로 불리지 않고 하나님이 직접 내려주신 새로운 〔회복과 영광의〕 이름으로 불릴 것이다.

3 하나님의 백성은 하나님의 손에 들려진 아름다운 면류관처럼, 하나님의 손바닥에 올려진 왕관처럼 존귀하게 여김받을 것이다.

4 더 이상 '하나님께 버림받은 자'라고 부르지 않고, 하나님의 백성이 사는 땅을 다시는 '버려진 땅'이라고 부르지도 않을 것이다. 오히려 하나님 백성은 이제 '헵시바'〔'나의 기쁨은 너에게 있다'〕라고 부르며, 하나님의 백성이 사는 땅은 '뷸라'〔'결혼한 여자', '나의 아내'〕라고 부를 것이다. 다시 말해 하나님께서는 당신의 백성을 마치 결혼식을 치를 때, 신랑이 아내를 부르는 태도로 받아주고 사랑하실 것이다.

5 젊은 남자가 젊은 여자를 만나 결혼하듯, 너〔하나님의 백성〕를 지으신 분이 너를 아내로 맞이할 것이다. 신랑이 신부를 너무나 좋아하고 사랑하듯, 하나님께서 너로 인하여 기뻐하실 것이다."

B. 회복을 위한 하나님의 요구

6 〔하나님께서 이어서 말씀하신다.〕
"예루살렘아, 나의 백성아! 내가 지금까지 너희 성벽 위에 파수꾼을 세워주었다. 다시 말해 내가 영적 지도자〔선지자〕들을 보내어

그들이 너희에게 밤낮 가리지 않고 성실하게 하나님 말씀을 전하
도록 했고 나, 하나님을 향하여 깨어 있도록 도전했다. 그토록 나는
너희를 잊지 않고 기억하여 내 마음에 두었다. 하나님께서 잊지 않
고 기억하는 너희는, 마찬가지로 앞으로도 너희를 잊지 않고 기억
하시도록 그분을 향하여 성실하게 깨어 있어야 한다."

7   다시 말해서 하나님께서 당신의 백성 예루살렘을 온전히 회복
하시고, 그들을 통해 온 세상이 하나님 앞으로 나아와 찬양하는 그
날이 올 때까지, 너희는 하나님께서 쉬지 못하시도록 열정을 품어
야 한다.

C. 회복을 향한 하나님의 열정과 도전

8 하나님께서는 그분의 오른손, 곧 능력의 팔로 맹세하신다.
"내가 다시는 너희 삶과 그 열매를 너희의 원수들이 빼앗지 못
하도록 할 것이며 가져가도록 허락하지 않을 것이다.

9   이제는 너희가 수고한 대로 그 결과를 누리겠고 그러한 축복을
주신 하나님을 찬양할 것이다. 더 나아가 성전, 곧 거룩한 예배의
자리에서 나와 함께 먹고 마실 것이다."

10 그러므로 더 이상 우물 안의 개구리처럼 문을 닫고 있지 말고 담대
하게 문을 열고 밖으로 나가라! 하나님의 백성을 회복시키는 그 위
대한 사명의 길을 만들고, 온 세상 사람이 함께 구원받아 하나님 앞
으로 나올 수 있도록 깃발을 만들어 흔들어라!

11   하나님께서는 사랑하는 딸과 같은 하나님의 백성에게 세상 끝
까지 나아가도록 이렇게 도전하신다. "자, 보아라! 내가 너희를 회
복할 구원자로 올 것이다. 이 회복과 구원의 사역에 동참하는 너희
에게 나는 선물을 주고 합당한 상을 내릴 것이다."

12   그러면 온 세상 사람이 너희를 보고 "저들은 하나님의 거룩한
백성이며, 하나님께서 구원하신 존재들이다. 저들은 하나님께서 간

절히 갈망하는 사람들이요, 하나님께서 절대로 포기하지 않고 사랑
하는 아내 같은 성이다"라고 인정하리라.

Mountain's Insight ────────────────

하나님께서는 이사야 60-61장에서 빛의 모티브를 통해 놀라운 구원과
회복을 약속하셨다. 특히 이사야 61장을 보면, 하나님의 구원과 회복
은 단순히 조금 나아지는 정도가 아니라 거의 기적에 가까운 수준으로
삶이 완전히 변화될 것을 기대하게 한다. 61장 8-9절에서 하나님은 짤
막하게 하나님의 열정과 결단을 보이셨지만, 62장은 이러한 내용을 더
욱 확장해 이사야를 읽는 하나님의 백성에게 확신과 신뢰로 기대하게
하도록 만든다.

오래전 한 청년이 찾아와 하나님께서 정말 자기 인생을 책임지시는
가에 대해 진중하게 물어본 적이 있었다. 아마도 삶이 너무나 어려운
상황이기에 그랬을 것이다. 이스라엘 백성도 마찬가지였다. 그들의 삶
은 철저하게 파괴되었고, 어떤 희망도 볼 수 없었다. 부모 잃은 자녀와
같았고 남편에게 버림받은 여자와 같았다.

그래서 하나님은 그들에게 다양한 표현과 은유로 확신을 주신다. 하
나님께서는 자신의 백성을 회복하고 구원하시려는 열정을 놓지 않고
있으며, 그것은 옛날부터 수많은 선지자를 통해 말씀하신 내용이고 지
금도 동일한 목적을 갖고 계신다.

여기서 좀 더 깊게 들어가보면 이 위대한 하나님의 구원 사역을 위
해 [하나님의 일방적인 수고가 아니라,] 그 수고가 열매를 맺을 수 있도록
백성이 깨어서 끊임없이 해야 할 특별한 일이 있음을 알 수 있다. 그것
은 바로 하나님께서 쉬지 않으시도록 하는 것이다. 하나님께서는 쉬지
않으려 하시나(1절) 우리 역시 그분이 쉬지 못하시도록 해야 한다(7절).
어쩌면 신성모독적이고 이해가 되지 않는 이 말씀은 하나님의 열정과

우리의 열정이 만나기를 바라는 강력한 도전이고 신비라고 할 수 있다.

여기서 자기 삶을 돌아보아야 한다. 우리는 너무나 오랫동안 자주 하나님께서 쉬도록 만들었다. 하나님을 인정하지 않았고 바르게 예배하지 않았으며 간절히 기도하지 않았다. 하나님은 태초부터 우리를 위해, 온 세상의 구원을 위해 쉬지 않으셨다. 이제는 우리도 바로 그분의 심장과 목적을 가지고 달려가야 한다. 나는 지금 하나님의 열정과 그분의 목적에 눈을 떴는가? 그리고 그분과 동일한 열정과 목적을 향해 달려가고 있는가?

A. 하나님이 행하시는 심판의 미래

63 ¹ 하나님 백성의 최대의 적, 곧 에돔에서 누군가 올라온다. 저 멀리 에돔의 수도인 보스라에서 누군가 오고 있다. 그는 화려한 복장에 힘 있는 모습으로 성큼성큼 걸어온다. 이 광경을 보고 있던 파수꾼이 소리친다.

"그대는 누구입니까?" 그러자 그가 대답한다.

"나는 하나님이다. 바로 가장 바른 것을 말하고 행하는 존재이며, 유일한 구원의 능력을 지닌 자다."

² 이어서 파수꾼이 물어본다.

"그런데 당신의 옷은 마치 포도즙 틀에서 포도를 마구 밟아 그 붉은 색깔이 다 물든 것처럼 보이는데, 왜 그렇습니까?"

³ 하나님께서 대답하신다.

"내 백성을 괴롭히는 최대의 적, 에돔을 발로 밟았기 때문이다. 그들의 피가 내 옷에 묻은 것이다. 내 백성을 괴롭히는 이 원수를 막을 자가 세상에 아무도 없었고, 나와 함께 가서 이 원수를 파괴할 자도 아무도 없었기에, 내가 홀로 가서 나의 거룩한 분노를 쏟았고 마치 포도를 밟는 것처럼 그들을 멸망시켰다. 그래서 내 옷이 이렇게 그들의 피로 붉게 물든 것이다.

⁴ 내 백성을 괴롭히는 원수는 곧 나의 원수다. 또한 내가 그 원수에게 심판을 행하는 날은 내 백성이 온전한 구원을 이루는 날이다. 이제 내가 그 원수를 갚고자 마음을 정하고 실행하려 했다.

⁵ 하지만 이 일에 도와주는 자도 없고 의지할 자도 없어 충격을 받았고, 오직 나 자신의 힘과 능력을 도움으로 삼고 거룩한 분노를 의지하여 에돔을 심판했다.

⁶ 나의 거룩한 분노로 내 백성의 원수 에돔을 짓밟았고 나의 정의로운 분노로 내 백성의 원수를 마치 술에 취한 사람처럼 혼미하게 했다[하나님의 분노의 잔을 마시게 했다]. 그래서 그들은 피를 땅에 흘리며 끝장나고 말았다."

B. 하나님과 이스라엘의 과거

7 〔이 위대한 하나님 심판의 미래를 미리 보고 이사야는 감격하여 감사하며, 동시에 과거 역사를 회고한다.〕

하나님께서 우리에게 베푸신 자비로운 일들을 찬송하며, 그분이 사랑과 긍휼로 이 백성, 곧 이스라엘에 베푸신 많은 선한 일을 고백하리라.

8-9 하나님께서는 이 불순종하는 이스라엘을 언제나 자기 백성으로 불러주시고, 자녀로서 거짓되고 불성실한 삶을 살지 않으리라 기대하셨다. 수많은 위기와 시련에도 함께하시며 그들을 구원하셨다. 지난 세월 언제나 사랑과 긍휼의 태도로 그들을 구원해주셨다.

10 그럼에도 이스라엘 백성은 지속해서 하나님을 배신하며 살아, 하나님의 마음, 곧 성령님의 마음을 아프게 했다. 결국 하나님께서는 그들을 정신 차리게 하려고 태도를 바꾸셨다. 그들의 하나님이 아니라 그들의 대적이 되어 그들과 싸우셨다.

11 그러자 이스라엘 백성은 정신을 차리고 과거를 돌아보게 되었다. 그 옛날 이스라엘이 애굽의 노예로 있을 때 하나님께서 모세를 통해 구원하시던 날들을 기억한 것이다. 그래서 그들은 "홍해를 가르시고 이 백성을 양 떼처럼 구원해 이끄시던 그 목자 같은 하나님은 어디 계시며, 이 백성 가운데 하나님의 마음, 곧 거룩한 영을 담아주시는 분은 어디 계시느냐!" 하며 하나님을 찾기 시작했다.

12-13 이어서 이스라엘 백성은 "모세의 팔을 움직이셔서 홍해의 물을 가르심으로 우리를 구원하시고 그 영광을 영원히 우리에게 드러내신 그 하나님은 어디 계시며, 말이 들판을 자유롭게 다니듯 홍해의 물이 사라진 바다 밑 깊은 길을 안전하게 지나가도록 인도해주신 그분은 지금 어디 계시는가!" 하며 하나님을 구하기 시작했다.

14 참으로 그때, 선한 목자가 자기 가축을 안전하고 먹을 것이 많은 골짜기로 내려가도록 이끄는 것처럼, 하나님께서는 하나님의 영

을 보내셔서 이스라엘 백성을 인도하셨다. 그래서 그분의 이름, 곧 그분의 존재가 영광을 받으시고 영광스럽게 되었도다.

C. 이스라엘의 현실

15 〔하나님이 행하실 미래와 이스라엘을 위해 과거에 행하신 일을 돌아본 이 사야는 이제 이스라엘 백성이 현실의 삶을 반성하고 직시하도록 한다.〕

우리의 주인 되신 하나님, 하늘에서 우리를 살펴보시고, 하나님의 영광스러운 자리에서 낮고 천한 우리를 긍휼히 여겨주십시오. 이전에 베푸셨던 하나님의 열정과 능력의 행동이 지금은 없습니다. 하나님께서 베푸시던 넘치는 자비와 사랑이 더는 저에게 흘러오지 않습니다.

16-17 하나님! 당신은 우리의 아버지이십니다. 설사 아브라함이 우리를 모른다 하고 이스라엘의 선조도 우리를 인정하지 않는다 할지라도, 하나님! 당신은 우리의 아버지이십니다. 우리를 아시고 우리를 인정해주실 유일한 분이십니다. 아주 오래전부터 하나님은 우리의 구원자이십니다. 그런데 어째서 지금 우리를 그냥 두십니까? 당신의 자녀 같은 이 백성이 당신의 길에서 떠나 방황하고 완고한 태도로 살면서 더 이상 하나님을 경외하지 않기를 바라십니까? 간절히 바라오니, 당신의 종이며, 소중한 소유인 이 백성에게 마음을 돌이키사 회복하게 해주소서!

18 하나님께서 우리에게 주신 약속의 땅을 얼마 누리지도 못했는데, 원수들이 들어와 이 땅을 빼앗았고 심지어 하나님께 예배드리고자 마련한 거룩한 예배 장소까지 짓밟아버렸습니다.

19 그래서 우리는 지금 하나님과 상관없는 존재가 되었습니다. 하나님의 통치(다스림)가 더 이상 영향력을 발휘하지 못하고 있으며, 당신의 백성이라는 존귀한 이름을 빼앗겼습니다.

Mountain's Insight

회복의 메시지가 강하게 나오는 이사야서 후반부의 흐름을 살펴보자. 이사야 60-62장은 구원받은 하나님 백성에게 허락된 엄청난 축복과 영광이 드러나고, 이어지는 63-66장은 이 축복과 영광을 방해하고 반대하는 원수의 세력을 해결하고 심판하는 모습이 대조적으로 이어진다. 이런 모습은 성경의 다양한 곳에서 비슷하게 등장하며, 특히 요한계시록에서 가장 선명하게 나타난다.

이사야 63장은 바로 이런 흐름에서 두 번째 회복의 첫 장을 열고 있다. 하나님의 온전한 회복이 일어나려면 그 회복을 반대하는 악의 세력에 대한 완전한 해결과 심판이 동전의 양면처럼 반드시 함께 있어야 한다. 이 원리를 우리 내면과 공동체에 적용하자면, 우리가 진정한 그리스도인으로 회복되고 성장한다는 것은 동시에 우리가 반복적으로 행하는 모든 악한 습관과 태도들이 완전히 제거됨을 뜻한다. 결국 이 모든 것은 마지막 날에 사탄의 심판과 멸망으로 이어질 것이다.

아울러, 우리는 미래를 통해 과거와 현실을 바로 보게 된다. 이사야 63장에서 이스라엘의 원수인 에돔을 멸망시키고 오시는 하나님을 보는 순간, 그는 미래에 대한 감격과 찬양만이 아니라 이스라엘의 특별했던 과거와 동시에 그에 합당하지 않은 현실을 직시한다.

우리도 마찬가지다. 늘 오늘이라는 현실과 어설펐던 과거에만 함몰되어선 안 된다. 오히려 우리 앞에 다가오는 영광스러운 미래를 바라봄으로써 과거에 행하신 하나님의 구원과 은혜를 감사하고, 오늘의 변화되지 않는 현실에 대해 반성해야 한다. 더 나아가 이제 곧 하나님께서 이루실 위대한 구원, 곧 원수의 파괴와 멸망이라는 영적 전쟁에서 우리가 동역자요 통로가 되는 변화와 성장이 있기를 기대한다.

참고로 에돔은 이스라엘의 형제 국가이지만 성경에서 이스라엘을 괴롭히는 가장 악한 대적의 대표적 존재로 묘사된다(사 34:5, 시 137:7, 겔 35:10-15, 암 1:6, 옵 10:16 등).

회복의 역사를 위한 이사야의 기도

1 **64** 〔이사야는 이어서 계속 기도한다.〕
바라오니, 하나님께서 하늘을 가르고 내려오소서.
하나님 앞에서 산들조차 두려워 떨 것입니다.

2 불이 마른 풀을 태워버리고 물을 끓이듯이, 하나님께서 진정
어떤 분이신지 알게 하시고 이방 나라가 두려워 떨게 하소서!

3 〔그 옛날, 출애굽 할 때〕 하나님께서 내려오셔서 우리가 예상하지
못한 재앙들을 내리셨을 그때에, 산들이 하나님 앞에서 두려워 떨
었습니다.

4 오직 하나님만을 바라보고 기대했던 그 백성을 위해 하나님께
서 하신 일들은, 지금까지 그 어떤 신(神)도 한 적이 없던 역사였습
니다. 우리는 하나님 외에 다른 신들이 그런 일을 했다는 이야기를
들어본 적도 없고 눈으로 본 적도 없습니다.

5 〔과거, 출애굽의 구원과 이적의 때〕 하나님께서는 바른 삶을 사는
사람과 주님의 길을 따라 걸으며 하나님 말씀을 기억하고 순종하는
사람에게 그러한 구원과 이적을 주셨지만, 지금 우리는 죄만 짓고
있어 하나님께서 분노하는 상황이 되었습니다. 이러한 상황이 이미
오래되었으니 어떻게 하나님의 구원을 받을 수 있겠습니까?

6 참으로 우리는 나병환자처럼 부정한 상태입니다. 우리가 나름
대로 의롭다고 하는 수준은 여인이 월경 때 사용하고 난 생리대처
럼 더럽습니다. 우리는 나무에서 떨어진 잎처럼 시들고 있으며 그
시들어버린 잎을 바람이 흩어버리는데, 그 바람 역할을 하는 것이
바로 우리 죄입니다.

7 더 심각한 것은, 이토록 비참한 상황에서도 하나님 이름을 부
르며 기도하는 사람이 없다는 것입니다. 이 비극적인 상황을 깨닫
고 일어나서 하나님께 매달리는 사람이 없습니다. 참으로 이 상황
은 하나님께서 우리에게 당신의 얼굴을 숨기신 것과 같습니다. 결
국 우리는 자기 죄악으로 녹아 없어질 지경이 되었습니다.

8   그러나 하나님! 당신은 우리 아버지이십니다! 당신은 토기장이시고 우리는 진흙입니다. 우리는 모두 하나님께서 만드신 존재입니다.

9   〔그러므로〕 하나님! 우리에게 과하게 분노하지 마소서! 우리가 지은 죄들을 영원히 기억하지 마소서! 보소서! 자세히 살펴보소서! 우리는 모두 다 주님의 백성입니다.

10   〔하나님께서 우리에게 주신 선물인〕 당신의 거룩한 도시들은 파괴되어 황무지처럼 되었고 하나님의 거룩한 장소인 시온은 광야처럼 되었으며 예루살렘은 황폐하게 되었습니다.

11   〔무엇보다 안타까운 것은〕 우리의 조상이 하나님을 찬송하고 예배하던 성전이, 그 거룩하고 아름답던 성전이 불에 타버렸다는 것입니다. 우리 영혼이 가장 갈망하고 기뻐하던 장소가 사라져버렸습니다.

12 하나님, 상황이 이토록 비참해졌는데, 참고만 계실 것입니까? 정말 아무것도 하지 않으시고 가만히 계실 것입니까? 우리가 얼마나 더 심한 고통을 당하도록 두실 것입니까?

Mountain's Insight

이사야의 후반부는 두 가지 분명한 미래를 보여준다. 하나는 60장부터 시작된 빛의 이미지를 통해 회복될 미래가 그 하나이며, 63장부터 모든 원수의 세력을 상징하는 에돔을 파괴하시는 승리자 메시아의 모습을 통해 펼쳐질 심판의 미래가 다른 하나다. 이것은 이미 앞에서 살펴봤듯이 하나님의 온전한 회복은 원수의 철저한 심판과 동전의 양면처럼 함께 감을 보여준다.

우리가 궁극적인 미래의 두 모습을 보는 순간 동시에 우리의 비극적인 과거와 현실을 보게 된다. 우리의 상태는 회복의 미래보다는 심판의 미래에 더 가깝다. 우리는 하나님께서 원하시는 미래로 나아가야 한다. 그래서 우리는 수동적으로 있기만 해서는 안 된다. 이것이 62장에서 "하나님께서 쉬지 않으시지만, 우리 역시 하나님을 쉬지 못하시게 해야 한다"는 진리가 도전하는 바다.

하나님께서 쉬지 못하게 하는 일은 무엇일까? 많은 일이 있겠지만 이사야는 무엇보다 그분의 뜻이 이루어지도록 백성이 기도하는 것이라고 말한다. 그래서 이사야는 63장 15절부터 기도를 시작했다. 그러므로 이사야 64장은 63장 15절부터 시작된 기도 내용이 연속적으로 이어지는 내용이다.

우리는 하나님의 위대한 회복의 흐름 속에 '기도'라는 놀라운 신비가 통로로 작용한다는 사실을 잊으면 안 된다. 참으로 이 시대의 기독교는 기도 없는 기독교가 되었다. 지식과 정보, 인간의 방법과 수단이 기도를 대체해버렸다. 그런 것으로는 하나님의 회복과 구원이 일어날 수 없음을 분명히 알아야 한다.

우리는 기도해야 한다. 이사야처럼 기도해야 한다. 우리 상황을 진실하게 고백하고 우리의 죄악 됨을 그대로 회개해야 한다. 이 기도의 내용에서 가장 핵심적인 고백과 회개는 질병과 가난과 실패가 아니라, 하나님과의 관계를 빼앗기고 잃어버린 부분이다. 이사야가 그 무엇보다 예루살렘 성이 불타 더 이상 찬양하지 못하고 하나님에게서 오는 기쁨을 상실한 것에 대해 애탔던 것처럼 우리도 그래야 한다. 우리는 역사를 통해 그 간절하고 진실한 기도가 반드시 응답되는 것을 보았다. 우리가 원하는 방식과 내용이 아니라, 하나님께서 원하시는 방식과 내용으로 응답된다.

사탄은 무가치한 교회를 공격하지 않는다. 말씀이 살아 있고 회개하며 기도하고 전도하는 교회를 공격한다. 사탄의 공격을 받는 교회가 진짜 교회다. 그러나 성도는 누구도 사탄이 공격하는 계략의 통로가 되어서는 안 된다. 담임목사부터 셀 리더 그리고 교회의 중요한 사역을 감당하는 성도들이 정신을 차리고 영적으로 무장하여 깨어 있어야 한다. 낙망의 말 한 마디, 비판의 표정 하나가 사탄의 통로가 된다.

그러므로 기도하자. 하나님의 나라와 뜻을 기도하자. 주님만 빛나시고 주님만 승리하시도록 기도하자. 우리 앞에 보장된 승리를 누리도록 기도하자. 간절하게 진실하게 온 마음을 다해, 그리고 우리가 모두 함께 모여 기도하자. 기도만이 살길이다!

새 하늘과 새 땅의 재창조

65 〔하나님께서 응답하신다.〕

1 "나는 한 번도 내 백성에게 수동적인 자세를 취한 적이 없다. 나는 늘 내 백성에게 능동적으로 다가섰다. 나에게 요구하지 않은 부탁까지 들어주었고, 나를 찾지도 않던 사람들까지 만났다. 심지어 내 이름을 부르지도 않는 이방 사람에게까지 '내가 여기 있다. 나를 보라!'고 말했다.

2 그러므로 문제는 내가 아니라, 너희다! 나는 온종일 손을 벌리고 너희를 기다렸지만, 너희는 하나님의 생각을 버리고 자기 생각대로만 살았고, 하나님을 배신하는 삶을 고집했다. 그래도 나는 그런 너희를 계속 불렀다.

3-4 하지만 너희 태도는 바뀌지 않았다. 자기만의 정원을 만들어놓고 거기서 이방신에게 제사하여 언제나 나의 분노를 일으켰다. 심지어 무덤과 같은 은밀한 장소와 밤이라는 은밀한 시간을 이용하여 우상들에게 바친 더러운 돼지고기를 먹고 내가 싫어하는 우상의 음식을 함께 만들어 먹었다.

5 〔이사야야!〕 이런 사람들에게 분명히 말해라. 나에게 가까이 오지 말라고! 절대로 나에게 가까이 다가오지 말라고 말해라! 너희처럼 부정한 자들이 범접할 수 없는 거룩함이 나에게 있기 때문이다. 너희는 나에게 다가올 수 있는 존재가 아니라, 오히려 나의 분노를 일으키고 심판을 당할 자들이다!

6 보라! 너희가 은밀한 중에 행한 모든 행동과 죄까지 내가 모두 알고 있다. 그러므로 나는 그런 행동과 죄에 합당한 심판을 너희 심장에 화살처럼 박을 것이다.

7 너희가 지은 죄들은 이미 너희 조상이 지은 죄들과 똑같다. 산이든 언덕이든 조금만 높은 곳이 있으면 거기서 우상숭배를 한 것이다. 그렇게 해서 너희의 진정한 예배를 받아야 할 나를 모욕하였

다. 그러므로 내가 너희 조상에게 말한 것처럼, 너희에게 말한다.
너희가 한 행동과 죄에 합당한 심판을 너희 심장에 화살처럼 박을
것이다."

8　〔하지만 이스라엘 백성 모두가 이러한 운명을 맞는 것은 아니다.〕
　　　하나님께서 말씀하신다.
　　　"'포도나무가 못생겨도 그 포도나무에 맛있는 즙이 나는 포도
가 열려 있다면 그 포도나무는 버리지 말라'는 말처럼, 이 백성이
죄악 가운데 있으나 그중에 하나님의 종들이 있으니 그들을 위하여
이 백성을 완전히 멸망시키지는 않을 것이다.

9　　　아울러 내가 그 종들을 이스라엘의 후손이요, 이스라엘의 미래
가 되도록 보존하고 이어가게 하리라. 그래서 내가 택한 자들, 곧
나의 말에 순종하는 나의 종들이 계속 하나님의 공동체를 이어가며
하나님께서 주신 그 장소에서 살게 할 것이다.

10　　　〔그러한 후손들이 번성하고 많아지면,〕 샤론 평야는 많은 양이 모
이는 장소가 되고 아골 골짜기에도 소가 가득해질 것인데 나의 말
에 순종하는 나의 종들 곧 나의 백성이 그 풍성함을 차지할 것이다.

11-12　하지만 나, 하나님을 버리고 나에게 예배드리는 것을 잊은 자들, 곧
갓〔행운의 신〕에게 가서 제사상을 차리고 므니〔운명의 신〕에게 가서
술을 바치는 우상숭배자는, 내가 모두 칼로 철저하게 죽일 것이다.
그들은 내가 아무리 불러도 대답하지 않았고 내가 아무리 말해도
바르게 듣지 않았다. 오히려 내가 싫어하는 일만 했고 내가 미워하
는 짓만 골라서 했기 때문이다."

13-15　그래서 하나님께서는 하나님의 종들과 우상숭배하는 그들을 향해
이렇게 대조적인 운명을 결정해 내리신다.
　　　"보라! 나의 종들은 먹을 것이지만, 그들은 굶주릴 것이다. 나

의 종들은 마실 것이지만 그들은 목마를 것이다. 나의 종들은 기쁘게 살겠지만, 그들은 수치스럽게 살 것이다. 나의 종들은 늘 마음이 평안하고 즐겁게 찬양하며 살겠지만, 그들은 늘 근심과 고뇌 속에 통곡하며 살 것이다. 나의 종들은 아름다운 새 이름을 얻겠지만, 그들은 저주스러운 이름으로 불릴 것이다. 나를 버리고 우상숭배하는 자들은 결국 죽음이라는 이름으로 끝날 것이다.

16   그러므로 이 땅에서 진정으로 복된 삶 살기를 소망하는 자들은 가장 먼저 삶의 방향과 목적을 바로잡아야 한다. 아멘의 하나님, 곧 신실하신 하나님을 향해 인생의 모든 방향과 목적을 삼는 자는 복된 삶을 살 것이다. 또한 맹세할 것, 즉 자기 인생에서 무게감 있게 걸어야 할 일이 있다면, 그것은 인간에게서 출발하는 무엇이 아니라 아멘의 하나님, 곧 신실하신 하나님이어야 한다. 지난 세월의 시련이 사라지고 전혀 새로운 시간과 공간이 다가오고 있기 때문이다.

17   보라! 전혀 새로운 시간과 공간이 다가온다. 하나님께서 이전에 창조하신 하늘과 땅이 아니라, 새 하늘과 새 땅이 재창조된다. 새로운 시간과 공간이 얼마나 새로운지, 이전 것이 기억나지도 않고 생각나지도 않을 것이다.

18-19   너희는 내가 창조한 새 하늘과 새 땅 덕분에 영원한 기쁨을 얻고 참된 행복을 누릴 것이다. 보라! 내가 기쁨이 넘치는 예루살렘과 행복으로 가득한 백성을 창조하리라. 다시 말해, 나는 예루살렘으로 기쁨이 넘치고 나의 백성으로 행복할 것이다. 그래서 하나님 백성이 사는 곳에 슬픔 때문에 울거나 고통 때문에 부르짖는 소리가 더는 들리지 않을 것이다.

20   하나님께서 창조하신 새 하늘과 새 땅에서는 수명을 다하지 못하고 죽는 아이나 노인도 없을 것이며, 백 살에 누가 죽으면 젊은 나이에 죽었다고 말할 것이고, 백 살도 못 살고 죽은 사람은 벌 받은 사람으로 여겨질 것이다.

21-22   사람들은 안전한 집을 지어서 그 안에서 평안하게 살고 포도나무를 심고 그 열매를 먹을 것이다. 자신이 수고로이 만든 집을 다른 사람에게 빼앗기거나 자신이 수고로이 심은 나무의 열매를 다른 사람에게 빼앗기지 않을 것이다. 참으로 내 백성, 곧 내가 택한 종들은 나무처럼 오래 살 것이고 수고한 대로 전부 누릴 것이다.

23   [이전에는 아무리 수고해도 빼앗기고 누리지 못했으나,] 이제는 내 백성이 수고한 것을 빼앗기거나 잃어버리지 않을 것이다. 그들이 낳은 후손도 재난 없는 삶을 누릴 것이다. 그들도, 그들의 후손도 하나님의 복을 받은 사람들이기 때문이다.

24   [무엇보다 큰 축복은 하나님과의 영적인 관계 덕분에 올 축복인데,] 그들이 나를 부르기 전에 내가 대답할 것이며, 그들이 기도를 다 마치기 전에 내가 응답할 것이다.

25   [더 나아가 이 축복은 사람만이 아니라 그들이 사는 자연과 온 우주로 확장된다.] 무서운 육식 동물이 순한 초식 동물과 함께 먹고 함께 살 것이다. 뱀처럼 가장 무서운 동물이 가장 온순한 동물처럼 흙을 먹을 것이다. 하나님의 거룩한 산, 곧 하나님께서 창조하신 새 하늘과 새 땅에서는 악도, 그 악으로 인한 어떤 피해도 없을 것이다. 하나님의 말씀이다!"

Mountain's Insight ─────────

이사야 63장과 64장을 통해 이사야가 드린 기도에 관해 하나님은 이사야 65장에서 응답하신다. 하나님의 응답에서 첫 번째로 중요한 내용은 사람들의 죄가 하나님과의 통로를 막았다는 사실이다. 하나님은 언제나 적극적으로 우리에게 다가오셨지만, 우리는 자기 죄 때문에 하나님을 거절해버렸다. 세상과 우상의 가치에 몰입되어 생명의 호흡인 기도를 멈춘 모든 사람은 정신을 차리고 하나님 앞으로 다시 나가야 한다.

그것이 첫 번째이고 가장 중요한 내용이다.

두 번째로 중요한 내용은 하나님은 심판 중에서도 당신의 바른 백성을 기억하고 돌보신다는 사실이다. 하나님은 그 악한 세대에서도 노아를 기억하셨고, 소돔과 고모라에 사는 롯의 가정을 기억하셨다. 나발과 같은 악한 인간의 아내였던 아비가일을 기억하셨고, 한 나라가 멸망해 가는 위기 속에서도 히스기야와 다니엘을 기억하셨다.

지금도 마찬가지다. 세상이 다 그렇게 산다고 해서, 우리도 그렇게 하면 안 된다. 특히 믿음을 가진 하나님의 사람이라면 세상을 핑계하면서 자기 죄를 합리화해서는 안 된다. 어떤 세상에서도 하나님은 그분의 말씀대로 사는 사람을 기억하시며 그들과 함께하신다.

세 번째로 중요한 내용은 하나님 뜻대로 사는 하나님의 종들에게 약속된 미래가 실로 엄청나다는 사실이다. 새 하늘과 새 땅의 약속에 따르면 우리가 살아가는 삶의 모든 영역은 하늘의 가치로 리모델링된다. 일시적인 가치가 영원한 가치로 바뀌고 세속적인 가치가 거룩한 가치로 덮인다. 아무리 발버둥 쳐도 늘 제자리에서 악순환을 반복하는 상황이 아니라, 전혀 새로운 시간과 공간이 우리를 기다린다.

비단 죽어서 가는 하늘나라만이 아니다. 바로 지금 여기서도 이미 시작된 하나님 나라가 있다. 여기서 하나님 나라를 누리지 못하는 사람은 죽어서도 하나님 나라를 누릴 수 없을 것이다. 그러므로 우리는 세상이 주는 몇 가지 쾌락에 만족하는 것이 아니라 하늘에서 오는 위대한 축복을 기대해야 한다.

나 자신이 먼저 이 위대한 하나님 말씀을 바로 알고 전하고 살아서 그분의 축복이 실재하는 산 증인이 되고자 한다. 하나님께서 말씀하셨으니 그대로 될 것을 믿는다!

A. 심판의 경고와 축복의 예고

¹ **66** 하나님께서 경고의 말씀을 하신다.

"온 세상을 내가 창조하였기에, 이 세상은 나보다 작다. 그러므로 이 세상에 어떤 집이나 건물을 지어 나를 담을 수는 없다. 다시 말해 너희가 나를 위해 성전이나 건물을 짓는 것만으로 내 마음을 만족하게 할 수 있으리라 생각하지 말라.

² 이 세상의 모든 것은 내 손으로 만들었다. 그중에서 뭔가를 바친다고 내가 더 풍족해지는 것도 아니다. 나에게 뭔가를 바치면 내 마음에 만족을 줄 거로 생각하지 말라. 내가 진정으로 바라는 것은 너희 마음을 겸손하게 낮추고 나의 말을 두려워하며 내 앞에 나아오는 것이다. 나는 바로 그런 사람을 보살필 것이다.

³ 이러한 겸손함과 두려움 없이 제사와 예배를 그저 형식적으로 드리는 자들이 소를 잡아 드린 제사는 살인한 것과 같고, 양으로 제사 드리는 것도 개의 목을 꺾어서 바치는 것과 같으며, 소제 제물을 드리는 것도 돼지 피를 뿌리는 것과 다르지 않고, 향을 태워 바치는 것도 우상에게 절하는 것과 마찬가지다. 그들이 제사와 예배를 진심으로 드리는 것이 아니라 형식적으로만 드리기 때문이며, 실제로 자기 삶을 자기가 하고 싶은 대로 결정하고 선택하면서 하나님께서 싫어하시는 것만 좋아하기 때문이다.

⁴ 그래서 나 또한 그들이 전혀 예측할 수 없는 미래와 불안하고 두려운 삶에 직면하도록 했다. 내가 아무리 불러도 그들이 대답하지 않았고 내가 아무리 말해도 듣고 순종하지 않았으며 내가 보는 앞에서 악을 행하고 내가 싫어하는 것만 골라서 했기 때문이다.

⁵ 그러나 하나님을 경외하고 하나님 말씀 앞에서 두려워하는 사람들은 잘 들으라! 형식과 외형만 중시하는 종교생활을 하는 너희 형제와 이웃, 즉 너희를 미워하고 따돌리면서 '너희가 믿는 그 하나님이

영광스럽게 나타나서 너희를 행복하게 할 수 있다면 우리도 한번 볼 수 있도록 해봐라' 하고 조롱하는 그들은 반드시 수치스러운 운명을 맞이할 것이다. 〔그러므로 하나님을 경외하는 자들은 심판의 날을 염려하거나 두려워하지 말라!〕

6   무서운 심판의 소리가 도시에서 들리기 시작하며, 하나님께서 그 외형적이고 이중적인 자들을 심판하는 소리가 성전에서부터 들리기 시작할 것이다. 바로 하나님께서 원수들을 심판하시는 소리가!"

7 〔아울러 이러한 심판으로 하나님의 백성과 그 땅은 놀라운 회복과 축복을 경험한다.〕

"시온, 곧 참된 하나님의 백성은 이제 놀라운 회복과 축복을 경험할 것이다. 보통 여자들이 극심한 해산의 고통을 경험하면서 겨우 자녀를 한 명 낳는데, 이제부터는 진통하지도 않고 바로 자녀가 태어날 것이며, 해산의 고통을 느끼지도 않고 후손들이 태어날 것이다. 〔인간의 타락으로 인한 저주가 해결된 것을 본다.〕

8   너희 중에 이런 일을 들어 본 적이 있느냐? 어떤 여자가 해산의 고통 없이 자녀를 낳은 적이 있느냐? 게다가 어떤 민족이나 나라가 하루 만에 생길 수 있겠느냐? 그런데 이런 놀라운 두 가지 일이 동시에 일어날 것이다. 참된 하나님의 백성이 출산의 고통 없이 태어날 것이며, 그것도 하루 만에 한 민족과 한 나라가 될 것이다.

9   '사람이 어떻게 이런 일을 할 수 있는가?'라고 생각하느냐? 사람이 아니라 하나님께서 하시는 일이기에 가능하다. 생명을 주시는 능력의 하나님께서 하시는 일이기에 불가능한 일이 없다.

10 그러므로 예루살렘을 사랑하는 자들, 진정으로 하나님을 사랑하는 자들은 하나님께서 주시는 위대한 회복과 축복을 기뻐하라! 예루살렘의 영적인 비극 때문에 애통하고 슬퍼하던 자들도 예루살렘이 회

복되듯 참된 기쁨을 회복할 것이다.

11   마치 어린아이가 다른 무엇이 아니라 어머니의 품에서 나는 젖과 따뜻함으로 만족과 기쁨을 누리듯이, 이제 너희가 세상의 것으로 행복을 느끼는 게 아니라, 하나님 안에 있는 예배와 생명과 축복으로 만족과 기쁨을 누릴 것이다.

12   마치 어린아이가 어머니 품에서 젖을 빨고 그 품에 안겨 평안을 얻듯이, 이제 너희도 하나님께서 주시는 공급과 평안을 받아 누릴 것이다. 하나님께서는 너희를 괴롭히던 이방 모든 나라의 물질과 영광을 빼앗아 너희에게 강처럼 흐르도록 부어주고 공급해주실 것이기 때문이다.

13   마치 어린아이가 어머니에게 위로를 받듯이, 너희도 하나님의 참된 위로를 받아 누릴 것이다.

14   그러면 너희 마음에는 기쁨이 넘치고, 너희 중심(뼈)은 마치 봄에 솟아나는 푸른 풀처럼, 부드럽지만 강한 생명력으로 가득할 것이다. 하나님은 자기 손으로 하나님의 종들을 붙드시지만, 원수들은 뭉개실 것이다."

B. 선택하라!

15-16 보라! 하나님께서 불과 폭풍에 둘러싸여 심판하러 오신다. 세상의 그 어떤 두려움과 무서움을 능가하는 모습으로 우리 앞에 오셔서 심판하실 것이다. 하나님께서는 이 세상의 모든 만물을 불과 칼로 심판하신다. 당연히 수많은 사람이 그 심판으로 죽임을 당할 것이다.

17   [하나님의 기준이 아닌] 자기 기준에 맞추어 거룩하다고 주장하고, 깨끗하다고 자만하는 외식적이고 형식적인 사람들, 사실은 인생의 중심에 우상을 놓고, 더럽고 악한 것을 보고 먹고 마시며 즐겼던 사람들은 결국 심판을 받아 멸망하리라. 하나님 말씀이다!

18 하나님은 사람들의 가식적인 외형만이 아니라, 그 중심에 있는 삶

과 생각을 다 아신다. 그러므로 태생적으로 이방인이라고 해도 하나님을 향하여 바로 서 있는 자들은, 하나님께서 다 모으실 것이며 그들이 하나님의 영광을 볼 것이다.

19　　하나님께서는 그 이방인들이 하나님의 역사와 능력을 표적으로 보게 하실 것이며, 악한 문화와 상황에서 승리하고 남은 자들을 부르셔서 하나님의 이름과 영광을 듣지 못한 온 세상 구석구석으로, 즉 다시스와 아프리카의 뿔과 룻, 코카서스 지역의 두발, 소아시아의 야완 그리고 세상 끝까지 그들을 보내실 것이다.

20　　그러면 이스라엘 백성이 예물을 깨끗한 그릇에 담아 하나님께 드렸던 것처럼, 그 이방 사람들은 자기가 전도한 다른 이방 사람을 여러 동물과 수레에 태워 예루살렘으로 보냄으로 하나님께 예물처럼 드릴 것이다.

21　　심지어 나는 그 이방 사람 중에서 일부를 택하여 제사장과 레위인으로 삼을 것이다. [불가능하다고 생각하느냐?] 하나님 말씀이다!

22　[하나님께서 태초에 창조하신 첫 번째 하늘과 땅이 존재하는 것처럼] 앞으로 하나님께서 놀랍게 회복시킨 새 하늘과 새 땅이 이제 너희 앞에 다가온다. 너희는 바로 그 새 하늘과 새 땅에서 영원한 복을 누릴 것이다. 나는 너희와 그 새 하늘과 새 땅에서 영원히 함께할 것이다. 하나님의 말씀이다!

23　[이제 너희들 앞에 두 개의 미래가 있다.]

　　[하나는] 하나님께서 열어주신 새 하늘과 새 땅에서 매달 첫 번째 날과 매주의 첫 번째 날에 모든 사람과 만물이 나아와 예배할 것이다.

24　　[또 다른 하나는] 하나님을 끝까지 배신하고 반대하여 불에 타는 운명에 처하는 사람들이 있을 것이다. 그들의 몸에 사망이라는 벌

레가 죽지 않고 달라붙어 있으며, 그들의 육체에는 심판이라는 불이 꺼지지 않고 타오를 것이다. 그들의 운명은 영원한 수치와 가증스러움이 될 것이다. 〔예배와 심판, 이 두 가지 미래 중에 어떤 것을 선택할 것인가?〕

Mountain's Insight

드디어 이사야 마지막 장에 왔다. 모든 연설과 이야기의 마지막이 그러하듯, 마지막은 지금까지 이끌어온 모든 내용을 요약하면서 우리를 도전한다. 그래서 우리는 모든 감각을 집중해 마지막 장을 읽어야 한다.

이사야의 마지막은 우리 기대와는 사뭇 다르다. 누구에게나 하나님의 회복과 축복이 임할 것이라는 순진한 희망을 제시하지 않는다. 그러한 축복과 소망을 누리기 위해 삶의 태도를 어떻게 바꾸어야 하는지를 말한다. 가장 먼저 우리가 이중적으로 살아온 삶의 모습을 철저하게 점검하고 회개할 것을 요구한다. 사람은 성전을 건축하고 헌금을 많이 하고 각종 예배에 참여한 이력을 자랑하겠지만, 하나님은 그 외형과 형식 너머에 있는 진심과 본질을 꿰뚫어 보신다. 종교의 배지만 가지고 있을 뿐, 신앙의 진정한 헌신과 사랑이 없는 사람들은 추수하는 날에 가라지로 분리되어 다른 운명을 맞이할 것이다.

이사야서는 하나님의 기대와 엄중한 도전으로 마지막을 마무리한다. 영원한 두 개의 결과가 동전의 양면처럼 다가온다. 진정한 행복과 기쁨을 맛보는 영원한 예배자의 미래와 절대로 꺼지지 않는 불과 죽음이 잔혹한 피부병처럼 달라붙어 사라지지 않는 영원한 사망의 운명이 우리 선택을 기다린다. 당신은 무엇을 선택할 것인가?

Mountain's Personal Translation on Isaiah

미가서 풀어쓴 성경

Mountain's Personal Translation
of Prophet Micah

심판1 - 죄의 파토스

1 **1** 남유다의 왕들 곧 요담, 아하스, 히스기야 시대(B.C. 750-687)
에 예루살렘에서 남서쪽으로 35킬로미터 정도 떨어진 모레셋
땅에 사는 미가[1]에게 하나님의 말씀이 임했다. 그 말씀은 당시 앗수
르의 침입으로 멸망해가는 북이스라엘과 그 위협 속에서 갈팡질팡
하는 남유다에 대한 하나님의 메시지이다.

2 들으라![2] 하나님의 소유된 사람들, 땅에 거주한 사람들아! 지금부
터 하나님께서 하시는 말씀을 귀 기울여 들으라. 너희의 주인 되신
하나님께서 하늘 보좌인 거룩한 성전, 곧 하늘 재판소의 검사가 되
시고 판사가 되셔서 너희의 죄를 밝히시고 판결하신다.

3 하나님께서는 그 판결을 실행하시려고 하늘 보좌에서 이 땅으로 내
려오시리라. 세상의 가장 높은 곳, 원래 그 자리에 계셔야 하는 분
이 여기에 자리를 잡으신다.

4 하나님께서 내려오시면, 산이 녹아내리고 골짜기가 흩어지는
것이 마치 불 앞에 녹아내리는 초와 같고 내리막으로 쏟아져 내리
는 물처럼 되어서 그 감추어진 모든 것이 적나라하게 드러나리라.

5 그렇게 감추어졌던 이스라엘 백성의 모든 죄와 반역이 하나님
앞에서 드러난다. 북이스라엘의 죄는 무엇인가? 그들의 리더이자
수도이며 중심인 사마리아가 아닌가! 남유다의 죄는 무엇인가? 그
들이 그렇게 거룩하다고 자랑했던 예루살렘이 우상숭배의 중심지
가 된 것이 아닌가! 삶의 변두리가 아니라, 핵심이 썩어버렸다.

6 그러므로 하나님께서는 북이스라엘부터 심판하실 것이다. 그들의 중심이며 수도인 사마리아 성을 황폐하게 하실 것인데, 마치 포도 농사를 짓기 전에 그 땅을 완전히 갈아엎어 놓은 상태처럼 만드실 것이다.

7 영적으로, 그들이 만들어놓은 우상의 형상들을 모조리 파괴하고 불태워버리신다는 말이다. 하나님을 섬기지 않고 이 땅의 음란한 우상숭배로 벌어들인 모든 물질과 유익들은 이제 곧 이방 민족의 침략으로 빼앗겨, 그 이방 민족이 자기 땅에서 음란한 우상숭배를 하는 데에 무가치하게 이용되리라.

8 나 미가가 이렇게 망해버릴 북이스라엘을 생각하니, 참으로 고통스럽고 마음이 아파서 맨발과 맨몸으로 거리를 다니며, 구슬피 우는 여우처럼 또한 애처롭게 우는 동물처럼 애곡할 수밖에 없구나.

9 더 마음이 아픈 것은 내가 이렇게 울어도 북이스라엘이 도저히 회복될 수 없다는 것이며, 더 나아가 북이스라엘에 임한 심판이 나의 동족인 남유다에도 이른다는 사실이다. 벌써 그 심판의 재앙이 내 백성의 문 앞 예루살렘까지 이르렀다.

10-15 이제 남유다의 멸망은 피할 수가 없다. 이 사실을 떠벌이 도시 블레셋 땅의 가드에는 알리지 말라. 먼지와 티끌의 도시 베들레아브라는 정말 그 이름대로 먼지가 되겠고, 고결하고 아름다운 도시 사빌은 맨발과 맨몸으로 포로로 잡혀 끌려가는 수치를 당하리라.

우리 속에 있는 양 떼 같은 사아난은 밖으로 나오지 못하고 아사할 것이며, 남유다의 뿌리 같았던 벧 에셀은 더 이상 의지할 만한 도시가 되지 못할 것이다.

근심과 괴로움이라는 뜻의 마롯은 정말 그 말대로 고통스럽게 되리니 어찌 복을 바랄 수 있겠는가? 평화의 도시 예루살렘에도 재앙이 임해 그 평화는 사라지리라.

준마와 같던 라기스가 과연 병거를 준비해 전쟁을 치를 수 있
겠는가? 그들은 이미 유다 땅이 범죄하는 데 선발대가 되어 앞장섰
으니 하나님의 거룩한 전쟁에서 승리할 수 없다.

원수의 소유물이라는 뜻의 가드모레셋은 이제 정말 그 이름대
로 이방 민족에게 넘겨지게 된다. 정든 이 땅에서 포로로 끌려갈
때, 이별 선물처럼 주고 떠나야 할 것이다. 악십은 말 그대로 거짓
말의 도시가 되었다. 유다의 왕들이 내심 기대했지만 아무 희망도
주지 못했기 때문이다. 영원한 상속물이 될 줄로만 알았던 마레사
는 적군의 소유물이 되겠고, 이스라엘의 영광처럼 여겨졌던 아둘람
은 다윗이 도망가 숨었던 동굴 속에서 사라진 빛처럼 영원히 사라
지고 말 것이다.[3]

16 이제 남유다 백성아, 너희는 마치 자식을 잃어버린 부모처럼 머리
카락을 밀고 가슴 아프게 통곡하라. 진실로 그 애통이 현실이 될 것
이기 때문이다.

---

1. 열왕기상 22장 8절에 나오는 '미가야'의 줄임말로서 "누가 여호와와 같은가"라는 의미가
   있다. 이 표현은 미가서 7장 18절에 등장한다.
2. 미가서에서는 중요한 세 부분의 시작 지점에서 핵심 메시지를 전하면서 "들으라"는 말
   로 주의를 환기한다. 1장, 3장 그리고 6장의 시작점에 이 말이 있다. 참고로, 1-2장은 하
   나님의 공의, 3-5장은 회복, 그리고 6-7장은 메시아의 구원에 대해 말한다.
3. 1장 10-15절은 일종의 언어유희(word play)로써 우리 식으로 "수원(水原)에 물이 없냐?"
   라고 할 때의 느낌처럼 조롱과 지역적 의미와 발음을 연결하여 탁월한 문학적 표현 방
   식으로 하나님의 심판을 전달하고 있다. 각각에 관한 대략적인 의미는 다음과 같다.

   1) 가드(Gath, 블레셋 땅, 소리 나는 도시, '떠벌이 도시') : 남유다의 멸망을 바로 옆에
      사는 '떠벌이 도시' 가드에 알리지 말라는 말이다(삼하 1:10).
   2) 베들레아브라(Beth Ophrah, 먼지, 티끌의 집) : 이 도시가 파괴되어 결국 먼지와 티

끌이 날리게 된다는 말.

3) 사빌(*Shaphir*, 기쁨, 아름다움 등의 고결하고 명예로움) : 남유다의 고결하고 아름다운 도시 사빌은 맨발과 맨몸이 되어서 수치를 당하게 된다는 말.

4) 사아난(*Zaaanan*, 양 떼의 우리) : 우리 속에 있는 양 떼는 밖으로 나와 풀을 뜯어야 하는데 나오지 못하고 아사한다는 말.

5) 벧 에셀(*Beth Ezel*, 뿌리의 집) : 남유다의 뿌리와 같은 도시인 벧 에셀은 이제 앗수르의 공격으로 그 근원이 사라지고 결국 의지할 곳이 없어진다는 말.

6) 마롯(*Maroth*, 근심, 괴로움) : 그 도시 이름 그대로 근심과 고통을 당하게 되어 너희가 어찌 복을 바랄 수 있겠느냐며 탄식하는 말.

7) 예루살렘(평화의 도시) : 평화의 도시, 안전한 도시라 불리던 예루살렘의 성문 앞에는 결국 재앙이 임하게 된다는 말.

8) 라기스(*Lakish*, 준마[레케쉬]와 유사한 발음) : 라기스와 발음이 비슷한 레케쉬는 '준마'라는 뜻으로, 너희가 가진 좋은 말에 병거를 지워 전쟁에 참여하더라도 아무 소용이 없을 것이라는 말. 또한 이 라기스는 시온으로 상징되는 남유다가 저지르는 범죄의 근원을 가리킨다. 그들이 가장 먼저 아합의 이방 종교를 받아들였기 때문이다 (6:16 암시).

9) 가드모레셋(*Moresheth Gath*, 가드의 소유물, 즉 원수의 소유물) : 유다는 침략한 앗수르에게 가드모레셋을 빼앗긴다는 말이다. 그 땅을 유다의 원수인 앗수르에게 이별 선물로 주고 하나님 백성은 그 땅을 떠나게 되리라는 말.

10) 악십(*Achzib*, 거짓말로 속이다) : 여호수아 15장 44절에 나오는 유다 땅 악십은 도시 이름 그대로 유다 왕들의 기대를 저버린 채 실망하게 하고 속이는 역할을 한다. 전쟁에서 패하거나 원수와 결탁하거나 어떻게든 유다 왕들이 기대했던 일들을 이루지 못하게 된다는 말.

11) 마레사(*Mareshah*, 상속, 소유) : 유다 평원에 위치한 도성 마레사(수 15:44)는 남유다가 영원히 소유할 거로 생각했을 것이다. 그러나 이 땅도 결국 이방 민족 차지가 되면서 그 땅을 소유할 사람이 바뀌게 된다는 말.

12) 아둘람(*Adullam*, 히브리어 '올람'과 발음이 유사하여 영원, 영광 등으로 해석 가능) : 이 아둘람이 포함된 마지막 구절은 두 가지 해석이 가능하지만 결국 의미는 같다.

　① 아둘람을 바로 앞에 나온 "이스라엘의 영광"과 같은 의미로 보아, 적군의 공격이 이스라엘의 영광인 아둘람까지 이르게 되어 결국 끝장날 것이라는 뜻.

　② 아둘람을 사무엘하 22~23장에 나오는 다윗의 도피 시절 도망 다녔던 '굴'로 보아 다윗이 마지막 순간에는 굴로 도망갈 수 없는 상황이 된 것처럼, 남유다의 영광도 그렇게 사라지게 될 것이라는 의미.

심판 2 - 구체적인 죄의 내용

1   **2** 이제 너희의 죄를 구체적으로 말해주겠다. 남유다 백성의 지도자들은 자신의 가장 은밀한 장소, 본심이 드러나는 곳인 침실에서 악한 계획을 꾸민 후에, 자신들에게 힘과 권력이 있으니 기회만 생기면 그 악한 짓을 실행하고 있다. 그러나 그 힘과 권력은 누가 준 것이냐? 하나님께서 백성을 잘 다스리라고 주신 것이 아니냐? 하나님을 대신하여 행사할 힘과 권력을 남용했으니 저주받아 마땅하다.

2   남유다의 지도자들은 실제로 약한 백성의 땅을 탐내어 빼앗고 그 땅에 세워진 집을 강탈했으며, 그것도 모자라 희년이 되면 각자의 가문으로 돌아가야 할 유산까지 전부 자기 것으로 영원히 몰수해버렸다.

3   그러므로 하나님께서 이러한 남유다의 악한 종자들에게 심판을 계획하신다. 모든 권력과 힘을 주신 하나님, 모든 땅의 주인이신 하나님[레 25:23]을 무시한 인간들은 반드시 죽임을 당하게 될 것이요, 더 이상 교만한 삶을 누리지 못하리라. 하나님의 심판이 도적같이 임하는 카이로스[기회]의 시간이 가까이 왔기 때문이다.

4   이러한 하나님의 심판을 확정하는 시와 노래가 사람들 사이에서 애가로 회자되어 너희의 비극적인 최후를 조롱할 것이다. 그래서 너희는 이렇게 애곡하리라. "하나님의 심판 앞에 우리는 완전히 망했구나. 우리가 탈취한 땅과 집과 유산을 하나님께서 빼앗아 가시고 재산도 빼앗아 우리 원수에게 주시는구나!"

5   그러므로 너희는 하나님의 백성이라는 공동체에서 추방당하겠고 하나님께서 주신 그 어떤 유업도 누릴 수 없다. 너희에게 더 이상 미래는 없으리라!

6   [미가 선지자의 메시지가 전해졌지만,] 그들은 이렇게 반응했다. "우리가 심판받는다는 내용의 예언은 하지 마라. 우리를 욕하는 설교는 그만두어라. 그런 수치스러운 일은 우리에게 임하지 않을 것이다."

7   〔그러자 미가는 질문으로 대답했다.〕

　　"야곱의 후손이라 자부하는 자들아, 어찌하여 그런 식으로 반응하느냐? 하나님의 영께서 성급한 결정을 하셨다고 생각하느냐? 왜 하나님께서 이러한 심판을 하시겠느냐? 너희가 하나님과 바른 관계를 맺고 있다면 내가 지금 전하는 말, 곧 하나님께서 주시는 메시지가 유익한 일을 하지 않겠느냐?

8-9 〔미가를 통해 하나님께서 말씀하시기를〕 그러나 너희는 하나님과 바른 관계를 맺고 있지 않으니 하나님 말씀이 듣기 싫고 그 말씀과 정반대로 사는 것이다! 이전에도 그랬고 최근에도 나의 백성은 마치 이방 적군들처럼 일어나, 전쟁을 피해 안식을 얻고자 남유다로 내려온 북이스라엘 사람들, 곧 너희 형제를 사기 치고 속여 하나밖에 없는 겉옷을 가로채고, 남유다 백성 중에 남편을 잃은 과부들이 겨우 일군 소박하고 단란한 삶마저 빼앗고 그들의 어린 자녀들에게 주어진 하나님의 선물, 곧 땅과 작은 소유물까지 영원히 빼앗는구나!

10   그러므로 내가 그 악랄한 인간들의 땅과 소유물을 빼앗으며 "이 가나안 땅은 이제 더 이상 너희가 안식할 장소가 되지 못하리니, 포로가 되어 떠나가라" 하고 선포할 것이다. 가나안 땅은 내가 거룩한 백성에게 준 거룩한 땅인데, 이제 그 땅이 너희의 죄로 더러워졌으니 너희는 더 이상 그 땅을 소유하지 못하겠고 기필코 멸망 당하되 매우 고통스럽고 아프게 멸망 당할 것이다.

11   지도자만 문제가 있는 것이 아니라, 백성에게도 문제가 있다. 그들은 진짜 선지자의 설교는 듣기 싫어하고 자기들이 원하는 설교만 들으려 하기 때문이다. 거짓 선지자가 바람처럼 허랑방탕한 삶을 살면서 자기 마음대로 예언하기를 "내가 여러분의 삶에 쾌락과 축복이 넘치는 설교를 해드리겠습니다"[1] 하고 말하면 "와! 이 사람이야말로 진짜 선지자다"라고 하고 있으니 말이다! 〔그러니 이제 모든 남유다 사람에게 하나님의 심판이 임할 것이다.〕

12   하지만 이러한 비극적인 현실에 대한 나의 심판으로 모두 끝장나는
     것은 아니다. 내가 야곱의 육신적 후손만이 아니라 영적인 후손, 곧
     참 이스라엘 백성을 다시 모으는 날이 온다. 그들이 바로 이스라엘
     의 남은 자들이다. 내가 그들을 한 공동체[2]가 되게 하고 한 장소에
     두어 아름답고 풍성한 목초지인, 보스라[3]의 양 떼처럼 모을 것이다.
     그렇게 남아서 모인 자들은 얼마 되지 않아 보여도 그들의 연합된
     힘은 강하여 큰 소리의 기도와 찬양이 울려나게 될 것이다.

13   이 놀라운 회복과 구원을 이루는 한 사람[4]이 있을 것이다. 그는
     참된 자기 백성을 이끄는 사람이다. 그러면 그의 백성이 그분을 따
     라 달려 나와 새로운 도시의 문에 이르러 그 안으로 들어갈 것이다.
     가장 앞장서서 구원의 길을 이끄는 그 한 사람은 그들의 메시아이
     며 왕이고 하나님이시다.

---

1. 원래 히브리어 문자적 표현은 "포도주와 독주"인데, 이렇게 번역한 이유는 포도주와 독
   주가 당시에 세속적 가치의 대표 상징물이고 세상 사람이 얻고 싶었던 번영과 축복의
   메시지를 은유적으로 내포하고 있기 때문이다.
2. 한글 성경에서 '그들'로 표현된 단어는 단수로서 "집약적이고 단결된 집합적 단수"로 보
   아 이렇게 번역했다.
3. 성경에서 보스라는 에돔 지역의 땅(렘 49:22)이나 모압 지방의 땅(렘 48:24)을 가리킨다.
   모압 지방이 양털로 유명했기 때문에 여기서는 모압으로 보이나, 본문은 정확한 지명에
   집착하기보다는 그 지역에 담긴 상징적 가치에 초점을 맞추고 있다는 점이 중요하다.
   시편 23편의 묘사와 유사하다고 보면 된다.
4. 히브리어 '페레쉬'는 한글로 '베레스'이다. 유다와 다말 사이에 태어난 아들로 '터짐'이라
   는 뜻이 있는데, 이처럼 시련과 고난의 시기를 회복하고 역전할 새로운 '터짐'을 일으키
   실 분이 바로 메시아 우리 왕, 예수 그리스도이다.

회복 1 – 성령

1-3 **3** 그러나 지금, 이 땅의 현실은 심판 직전이다. (2장에 나온) 남 유다 백성의 지도자들이 어떻게 땅과 사람과 유업을 빼앗고 북이스라엘에서 도피해 온 가난한 자들의 삶까지도 앗아갈 수 있었느냐? 누군가의 도움이 있었기 때문이다.

그 첫 번째 협력자가 정치인과 법관이다. 그들은 이스라엘에 정의를 실행하고 하나님의 법을 집행하는 자가 되어야 했으나 그러지 않고 부패한 지도자가 악한 짓을 더 쉽게 할 수 있도록 도움만 주었다. 삶을 바로잡아야 할 자들이 더 악랄하게 왜곡했다.

그들이 돌보아주어야 할 사람들을 오히려 착취할 대상으로 바꾸어, 동물의 살가죽을 벗기고 뼈를 발라 잡아먹듯 하나님께서 맡기신 하나님의 백성을 이용하고 비참하게 착취했다.

4 결국 심판의 날이 왔으니, 그 악한 정치인과 법관들이 하나님께 도움을 청하며 부르짖어도 하나님은 그 귀를 막으시고 듣지 않으실 것이다. 그들이 약하고 힘없는 백성의 소리를 무시하고 무관심했던 것처럼 하나님께서도 그렇게 하실 것이다.[1]

5 두 번째 협력자가 있다. 그들은 바로 영적인 지도자, 곧 선지자들이다. 그들은 하나님의 말씀이 아니라 세상 욕망에 사로잡혀 자신에게 뇌물을 주는 자들에게는 축복과 평안의 메시지를 전하고 그렇지 않으면 심판과 저주의 메시지를 전했다. 결국, 자신에게 돈을 주는 지도자에게 유리하도록 메시지를 전한 것이다. 그래서 하나님은 이런 거짓 선지자들에게 선포하신다.

6-7 "너희에게 밤이 올 것이다. 말씀을 연구하지도 않고 기도도 없고 하나님의 심장도 없는 너희 영혼에 깊은 밤이 올 것이다. 너희에게 부어주었던 영적인 은사와 능력이 사라질 것이다. 아무리 귀 기울여

도 하나님 음성이 들리지 않고 아무리 오래 기다려도 하나님 말씀이 임하지 않을 것이다. 마치 문둥병 환자가 윗입술을 가리고 '나는 부끄러운 죄인이다'라고 말하는 것처럼,[2] 너희도 병든 죄인이 되어 입술을 가리고 수치스러운 존재가 되리라. 하나님 말씀이 더는 너희에게 임하지 않을 것이기 때문이다."

8 그러나 참으로[3] 나, 미가는 하나님의 성령으로 충만해져서 이 민족의 재판관이 잃어버린 정의와 이 민족의 선지자가 내팽개친 용기를 지니고 능력 있게 하나님 말씀을 선포할 것이다. 나는 지도자의 욕망을 두둔하기 위해 뇌물을 받지 않으며 오히려 이 백성 전체의 죄와 잘못을 속속들이 알게 할 것이다.

9 그러니 이제 남유다 백성아, 그리고 백성의 지도자와 재판관 및 선지자들아! 너희가 지금까지 하나님의 정의를 미워하고 정직한 삶을 업신여기던 태도를 내려놓고 하나님의 말씀을 들으라. 이제 삶의 기준을 바꾸어라!

10 너희는 지금 사람들의 피와 살로 '하나님께서 계시는 곳', 예루살렘을 건축하려고 한다. 하나님의 집이 어찌 그분의 형상으로 지어진 사람들의 희생과 눈물로 세워질 수 있겠느냐? 거룩한 예루살렘이 어찌 죄악을 재료 삼아 지어질 수 있겠느냐?

11 너희 지도자가 뇌물을 받고 재판하며, 제사장이 봉급을 많이 주는 곳에서 사역하려고 하고, 선지자가 돈을 많이 주는 사람에게 유리한 메시지를 전하는 바로 이 현실을 당연하게 생각하는 너희 삶이 그러하다. 이런 비극적인 삶을 살면서도 "우리에게는 예루살렘이 시온에 있고 그곳에는 크고 아름다운 성전도 있으니 절대로 재앙이 임하지 않을 것이다"라고 여전히 장담하는 것이냐? 건물 있고 배경 있다고 하나님도 거기에 계신다고 생각하는 것이냐?

12 절대 그렇지 않다! 너희의 삶을 바꾸지 않는다면, 아무리 위대

한 시온도, 큰 도시 예루살렘도, 아름다운 성전도 모두 사라져버릴 것이다.[4]

---

1. 4절에서 "얼굴을 가리시리라"(개역개정)는 표현은 원래 민수기 6장 25절, "여호와는 그의 얼굴을 네게 비추사 은혜 베푸시기를 원하며"에 등장하는 '하나님의 얼굴이 비취는 축복'과 반대되는 표현으로, 마치 자연에서 공기가 사라지고 물이 없어지는 것처럼 하나님 은혜가 그들로부터 완전히 사라져버린다는 무시무시한 저주다. 아울러 이것은 사회의 약자를 향해 한 것이 곧 하나님을 향해 한 것이라는 생각으로 연결된다. 마태복음 25장에서도 예수님은 아주 작은 한 사람에게 행한 것이 (긍정적이든 부정적이든) 곧 하나님께 한 것으로 받아들여진다고 밝히신다.

2. 레위기 13장 45절 참고.

3. 한글 성경에 "오직"으로 번역된 히브리어 '베우람'은 "그러나 진실로"라는 뜻으로, 앞의 이야기와 완전히 반대되는 이야기로 흐름을 역전할 때 사용한다.

4. 한글 성경에서 "수풀의 높은 곳"이라는 표현은 문자적으로 '풀의 산당'으로 번역할 수 있는데, 이 말은 원래 이스라엘 사람이 자랑스럽게 여기고 자신의 신앙적 배지로 삼았던 (높고 영적인) 고지가 겨우 풀로 뒤덮여 있는 언덕 정도밖에는 되지 않을 것이라는 말이다.

회복 2 – 하나님의 평화

4 마지막 시간, 곧 하나님께서 모든 것을 바로잡는 시간이 되면 황폐했던 시온산, 예루살렘은 다른 모든 높은 산들보다 높아져서 그 명예를 회복할 것이다. 종교와 철학과 신념이라는 이름으로 사람들이 쌓아올린 어설픈 가치들은 바로 하나님께서 계신 곳, 곧 가장 높은 진리의 성전 앞에 낮아지고, 모든 민족이 그곳으로 예배하러 가게 되리라.

2 유대인만이 아니라 모든 세상 사람이 "우리 다 함께 하나님이 계신 곳으로 올라가서 그곳에서 예배드리자"라고 말할 것이다. 하나님 말씀은 이제 더 이상 삶의 변두리가 아니라 중심이 되셔서 우리가 진정 배워야 할 진리를 가르치시고 우리가 진정 걸어가야 할 길로 이끄시리라. 참으로 사람을 사람답게 할 법이 하나님에게서 나오며, 사람에게 생명을 줄 말씀이 예배의 자리에서 나올 것이다.[1]

3-4 이렇게 하나님과 그분의 말씀이 삶의 중심이 되는 때가 오면, 하나님께서 세상 사람이 행한 모든 것을 바로잡으실 것이다. 그러면 사람들은 그동안 목숨 걸고 지켜왔던 폭력과 전쟁과 불법의 방식을 버리고 검소한 풍요함과 평등의 행복을 누리며 살 것이다.[2] 하나님은 이 놀라운 회복을 반드시 이루신다.[3]

5 세상의 많은 사람이 각자 자기가 만든 신(神)[돈, 명예, 쾌락, 욕망 등]을 중심으로 헛된 인생을 살아왔으나, 이제부터 우리는 오직 우리를 창조하시고 통치하시는 하나님 한 분만을 주인으로 삼아 그분을 의지함으로써 참된 인생을 영원히 살아갈 것이다.

6 하나님께서 선포하신다. 마지막 시간, 곧 모든 것을 바로잡는 시간이 되면 내가 모든 사람을 회복시킬 것이다. 몸에 장애가 있거나 공동체에서 버림받은 사람 그리고 내가 잠시 시련을 겪도록 허락했던 사람들도 다 회복시킬 것이다.

7 　장애가 있어 하나님의 성전에 못 들어왔던 사람들이 남은 자, 곧 회복된 하나님 나라의 백성이 되고, 공동체에서 유배당하고 쫓겨나 소외되었던 사람들이 돌아와 강한 백성이 되며, 이제 그들을 거룩한 시온산에 모은 후, 내가 왕이 되고 목자가 되어 그들을 다스리고 돌볼 것이다.

8 　[이전에 하나님을 수치스럽게 하였기에 그 백성도 수치를 당해야 했지만] 하나님이 명예로운 왕과 목자가 되시니, 너희도 명예로운 그분의 백성과 양이 되어 새롭게 살아가게 되리라.

9 물론 지금 당장은 그 회복이 오지 않았다. 우리 민족의 왕이 사라졌고 훌륭한 조언가도 죽었기에 매우 어려운 시간을 지나고 있다. 그렇다고 우리가 마냥 슬퍼하고 출산을 앞둔 여자처럼 고통만 호소해야 하겠느냐? 자, 이런 마지막 시간, 곧 하나님께서 모든 것을 바로잡을 시간을 소망하며 지금 무엇을 해야겠는가?

10 　우리는 지금 이 고통과 시련을 피하려고만 하지 말고 감싸 안아야 한다. 해산의 고통이 있어야 아기가 태어나듯, 이 시련을 피하지 말고 기도와 간구로 하나님 앞에 나아가야 한다. 집 안에 숨어만 있지 말고 밖으로 나가 부딪치고 바벨론으로 가서 시련의 때를 감당해야 한다. 그러면 하나님께서 구원을 행하실 것이다. 하나님의 구원은 고난과 시련을 '피하면서' 일어나지 않고 고난과 시련을 '통과하면서' 일어난다.

11 물론 지금은 많은 세상 사람이 너희에게 달려들어 욕하고 때리며 수치스럽게 만들 것이다. 그렇게 서서히 너희가 망한다고 비방하며 기대한다.

12 　하지만 그렇게 끝나지는 않는다. 세상 사람은 하나님께서 역사하시는 방식과 계획을 전혀 모르기 때문이다. 알곡과 쭉정이가 비슷하게 같은 밭에서 자라는 것 같아도 추수 때가 오면 운명이 갈라

지듯, 모든 일이 바르게 판결 받는 날이 온다.

13   하나님의 백성아, 일어나서 운명 앞에 맞서라! 하나님께서 너희를
강하게 하시고 힘 있게 하셔서 너희를 괴롭히고 공격했던 수많은 적
과 싸워 승리하게 하신다. 너희는 그들의 모든 것을 빼앗을 것이고
그중에 귀한 것들을 구별하여 하나님께 헌물로 드리게 될 것이다.
진정 하나님은 세상 모든 것의 주인으로서 그 중심이 되실 것이다.

———

1. 한글 성경이 번역한 문자역으로서 '도', '길' 그리고 '말씀'은 결국 로고스로 오신 예수 그
   리스도에게로 초점이 맞추어지며, 율법이 시온에서 나오는 것은 이 예수 그리스도께서
   율법의 완성(텔로스)이 되시면서 성취되는 것으로 본다.
2. 3절에서 '칼'과 '창'은 폭력과 전쟁이라는 삶의 방식을 상징하는 제유법이며 4절에서 포
   도나무와 무화과나무 아래에 앉는 것은 이스라엘 사람들이 생각하는 가장 평화롭고 행
   복한 상태를 이미지화한 것이라고 할 수 있다.
3. 한글 성경이 문자 그대로 번역한 "이는 만군의 여호와의 입이 이같이 말씀하셨음이라"
   라는 말은 하나님께서 이 회복을 주체적으로 이끌어가실 것이라는 강력한 열정을 보여
   준다.

회복 3 – 메시아의 방식

5 ¹하나님의 백성아, 〔마지막 시대인〕지금 무엇을 해야겠느냐? 적군이 성벽을 둘러싸고 위협을 가하니, 그저 낙망하여 애통 해하거나 인간적인 방식으로 성벽을 지켜보려고 하는 거냐? 당장 은 그들이 정복해 들어와 우리 지도자의 뺨을 치며 수치를 당하게 할 것이다.¹

² 〔그러나 하나님의 방식은 다르다.〕 베들레헴 땅에 사는 작은 가문 에브 라다의 후손을 통해 이스라엘의 지도자, 곧 메시아가 오실 것이다. 그분은 너희 중에 있었던 분 같지만, 원래는 태초부터 하나님과 함 께 계셨던 분이시다.

³ 그렇게 하나님은 여자가 해산의 고통을 당하는 시간처럼 자신 의 백성이 고통당하게 두셨다가, 하나님의 때에 메시아를 보내실 것이다〔갈 4:4〕. 그분이 오시면 참 이스라엘 백성들, 곧 남은 자들이 육신적으로 영적으로 유배당한 땅에서 돌아올 것이다.

⁴ 메시아는 하나님의 능력과 하나님의 이름이 가진 위엄으로, 한 없는 애정과 끊임없는 수고로, 목자와 같이 자기 백성을 다스리며 그들과 함께하신다. 그분의 통치는 이스라엘 너머, 온 세상 끝까지 이를 것이다.

⁵ 메시아는 평화, 그 자체가 되신다. 앗수르와 같은 대적이 우리 땅에 쳐들어와 삶의 자리를 짓밟으려 한다면 그분께서 하나님의 사람을 넘치도록 일으키셔서 맞서 싸우게 하신다.²

⁶ 메시아가 일으키신 하나님의 사람들은 우리 대적인 앗수르뿐 아니라 그 악한 세력의 근본인 사탄, 곧 니므롯의 성문까지 완전히 멸망시킬 것이다.³ 적대하는 세력이 우리를 공격할 때마다 메시아 는 그 이름 그대로 우리의 구원자가 되실 것이다. 하나님의 백성에 게 시련은 있어도 패배는 없을 것이다.

7   [하나님을 삶의 중심으로 모셔온] 이스라엘의 남은 자, 곧 하나님의 백
     성은 더 이상 세상의 변두리가 아니라 중심이 될 것이다. 그들은 하
     나님에게서 온 이슬과 단비가 되어 온 세상에 하나님의 은혜와 긍휼
     을 베풀 것이나, 인간적인 정이나 방식에 얽매이지는 않을 것이다.

8   또한 그들은 여러 나라의 중심이 될 것이다. 밀림 속에서 주인
     이 된 사자와 양 떼들 사이에 뛰어든 젊은 사자처럼 하나님의 심판
     과 판결을 베풀게 되리라. 그들이 대신하여 행하는 하나님의 심판
     을 막을 존재는 아무도 없다.

9   [미가의 기도] 메시아 당신의 능력[손]이 모든 대적 곧 죽음과 사망
     을 이기시고 완전한 승리를 이루시기를 바랍니다.[4]

10-11 하나님께서 선포하신다.
       "마지막 시간, 곧 하나님이 모든 것을 바로잡는 시간이 되면 내
     가 너희 삶에서 육신적인 신뢰 체계인 무력과 폭력의 방식을 철저
     히 제거할 것이다. 너희 땅에 군사 도시들과 견고한 요새들을 모두
     무너뜨릴 것이다.[5]

12-14   또한 내가 너희 땅에 영적인 신뢰 체계인 점술과 우상숭배 그
     리고 기복적인 종교인의 모습을 모두 끊어버릴 것이다. 그 거짓된
     영으로 하나님을 주인이 아니라 노예로 부려 먹으려 했던 삶의 방
     식을 철저히 바꿀 것이다. 너희 삶에 자리잡은 안목의 정욕과 육신
     의 욕망과 세상의 자랑이라는 아세라 신상을 찍어버리고 그렇게 습
     관적으로 방문했던 죄의 장소 역시 파괴할 것이다."

15   하나님의 방식에 순종하지 않는 나라와 민족과 개인에게는 오
     직 심판밖에 없다. 중요한 것은 좋은 방식이냐 나쁜 방식이냐가 아
     니라, 그것이 하나님의 방식인가이다!

1. 사실 미가서 5장 1절은 매우 난해한 구절이다. 히브리어 단어를 어떻게 해석하느냐에 따라 여러 가지 해석이 가능하다. 한글 성경에서 "떼를 모을지어다"라는 단어의 원형인 '카다드'에는 "살을 베다"는 의미도 있고, 마지막 자음을 변형한다면 "성벽을 쌓다", "(군사를) 모으다"라는 뜻도 가능하다. 아울러 언어유희로 보이는 "재판관의 뺨을 막대기로 친다"는 표현(막대기와 재판관은 히브리어 발음이 유사하다)은 분명 수치스러운 모습으로 이 문장 전체가 긍정적인 의미인지 혹은 부정적인 의미인지도 가늠하기가 쉽지 않다. 다만 개인적인 의견으로는 4장까지 이어지는 회복의 흐름 속에서 우리가 자신의 인간적인 방식으로 이 회복을 만들려는 수고는 실패로 돌아갈 수밖에 없음을 보여주는 것 같다. 아울러 "이스라엘의 재판관이 뺨을 맞는 것"은 지금은 실패처럼 보이는 과정이 지나고 하나님께서 승리하시는 과정으로서 향후 나타날 메시아의 십자가를 내포하고 있다고 본다. 이런 가능성은 동시에 이사야의 글에도 암시되어 있다(이사야 53장 등).

2. "일곱 목자와 여덟 군왕"은 메시아가 예비하고 훈련해 일으키시는 하나님의 제자들이요 교회들이다. 충분한 숫자인 7과 그보다 하나 더 많은 8은 바알에게 무릎 꿇지 않은 7천 명의 사람들과 예수님의 제자 및 사도들처럼 하나님께서 그분의 대리적 사역을 맡기실 하나님의 백성이요 교회들이다.

3. 니므롯은 창세기 10장에 처음 등장하는 인물로 문자적으로는 '반역'을 의미하며 영적으로는 하나님의 구원 사역을 방해하는 사탄의 세력으로 보기에 충분하다.

4. 이 짧은 미가의 기도는 하나님의 역사가 이루어지는 데 사람들의 기도라는 통로가 필연적으로 요구된다는 사실을 암시한다. 이와 병행하여 에스겔 36장 36–37절을 읽어보라.

5. 최초의 도시는 살인자 가인이 만든 '에녹성'이며, 이후 소돔과 고모라 같은 도시가 세워지면서 (하나님을 신뢰하기보다) 인간적인 무력과 경제를 중심으로 도시 자체가 차별적이고 비인격적인 우상이 되어갔음을 상기해야 한다.

324   이사야서 풀어쓴 성경

판결 1 - 참된 기준

1 **6** 너희는 지금부터 하나님께서 하시는 판결을 들으라! 미가야, 너는 검사처럼 일어나서 온 세상(산과 작은 산들)이라는 배심원 앞에 하나님의 마음과 뜻을 변론하라.[1]

2 [미가가 하나님이 판결을 받아 말하기를] 온 세상이여[2] 하나님의 변론을 들으라. 하나님께서 자신의 백성 곧 이스라엘에게 변론하신다.

3 [하나님께서 말씀하시기를]

"내 백성아, 내가 너희에게 잘못한 것이 무엇이냐? 너희를 짐스럽게 하고 고통스럽게 한 것이 무엇이 있느냐? 말해보라![3]

4-5 노예로 살던 애굽에서 너희를 구원했고 모세와 아론 및 미리암 같은 지도자를 나 대신 보내 광야 길에서 너희를 인도했다. 심지어 모압 왕 발락이 점술사 브올의 아들 발람을 고용해 너희를 저주하는 일까지도 내가 막았다. 저주는커녕 너희를 축복하도록 하지 않았느냐? 아울러 요단 동편 싯딤 땅에서 물이 넘치는 요단강을 갈라서 너희를 지나가게 하고 길갈에 이르러 할례를 행함으로써 너희와 인격적인 관계를 맺었던 것을 기억하라. 나는 너희를 참으로 바르고 옳게 대했다.

6-7 [이렇게 너희와 아름다운 생명의 관계를 맺은] 나, 하나님에게 너희는 어떻게 다가와야 하겠느냐? 그저 많은 제물과 헌금만 가져와 제사드리고 예배드리면 그걸 보며 내가 기뻐하겠느냐? 각자의 죄를 용서받게 하려고 자녀라도 불살라 바치라고 내가 요구했더냐?

8 아니다! 하나님께서 기뻐하시는 것, 바로 그분이 선하게[4]생각하시는 것, 하나님의 사람이 갖추어야 할 기준은 하나님과 아름다운 관계를 맺는 일이다. 정직하게 행동하고, 신실하게 하나님과 이웃을 사랑하며, 지혜롭고 신중하며 겸손하게 하나님과 동행하며 사

는 것이다. 너희 기준이 아니라, 하나님의 기준에 맞추는 것이다."

9 이제 하나님께서 예루살렘 성, 곧 우리 삶의 자리에 선포하신다. "성공한 인생이 갖춘 삶의 기준, 곧 지혜로운 삶이 무엇이냐? 하나님을 경외하며 사는 삶이다."⁵ 그러므로 이제 너희에게 이러한 판결을 내리겠다. 너희가 이런 삶을 살지 못했으니, 하나님께서 준비하신 매를 순순히 받아들이고 그분이 정하신 징계를 감당하라!

10-11 너희 삶에는 여전히 잘못된 방식으로 벌어들인 재물이 있지 않으냐? 그 재물이 어떻게 생겼느냐? 하나님이라는 거룩하고 선한 기준에 근거한 것이 아니라, 이 세상의 부정하고 가증한 기준을 따라 속이고 사기 쳐 만들어낸 것이 아니냐? 너희 중에 부자가 된 상류층 사람은 폭력으로 그 자리에 올라간 것이고 평범한 백성도 항상 거짓말로 삶을 연명하고 있지 않으냐!

12-15 그러므로 내가 이제 판결과 형벌을 언도하겠다. 너희가 지은 죄로 나는 너희를 병들게 하고 비참하게 만들 것이다. 너희가 아무리 먹어도 배부르지 않고, 비자금을 만들고 재물을 저축해도 남는 것이 없으며, 겨우 남은 것이 있더라도 도둑질당할 것이다. 씨앗을 뿌려도 추수할 것이 없고, 수고로이 일해도 봉급이 없을 것이다. 새벽부터 저녁까지 수고하지만 돌아오는 것이 아무것도 없으리라.

16 그 이유는 너희 기준이 잘못되었기 때문이다. 남유다 백성이 북이스라엘의 악한 왕조인 오므리와 아합의 삶을 기준 삼아 살아간 것처럼, 너희도 하나님의 사람이라면서 하나님 말씀이 아니라 세상 정보와 가치라는 기준에 따라 살아가고 있으니 결국 너희는 세상 사람들의 웃음거리가 되겠고 수치스러운 시간을 보내야만 할 것이다.⁶

1. 우리말로 "변론"이라고 옮긴 히브리어 '리브'는 단순히 잘못을 나열해 고소하는 것이 전부가 아니라, 사건이나 내용의 실체를 직시하고 대화로 이끌어내어 상황이나 관계의 잘못된 점을 해결하고 회복하려는 법정적이면서도 신적 의지가 담긴 표현으로 보아야 한다. 참고로 이와 유사한 본문인 이사야 1장 18절에서는 "바로잡다"로 번역했다.

2. 문자적으로는 "너희 산들과 그 땅에 있는 견고한 기둥들아"인데, 이 표현은 온 세상과 우주의 기초 및 기준들을 향한 것으로, 미가서 6장 전체가 '기준'이라는 모티브를 가지고 있기 때문에 이러한 대상을 배심원으로 부르는 것으로 보인다.

3. 예레미야 2장 5, 31절 및 말라기 1장 13절을 읽어보라.

4. 히브리어로 '토브'인 우리말 '선(善)'은 단순히 좋은 것이라기보다는 하나님의 기준이라고 보아야 한다.

5. 한글 성경에 "지혜"로 번역된 히브리어는 우리가 흔히 아는 '호크마'가 아니라 '토쉬야'라는 단어로 '현명한 판단' 및 '그에 따른 성공'으로 번역이 가능한 단어다.

6. 하나님께서는 무조건적인 용서나 일방적인 해결책을 주셔서 우리 인생을 회복시키는 것이 아니다. 우리가 잘못한 것에는 어느 정도의 대가 지불이 요구된다. 그것이 오늘 본문이 말하는 "매를 맞음"이다. 마치 아이들이 버릇없는 인생으로 망가지기 전에 부모에게 매를 맞으면 회복될 수 있듯이, 우리도 최후의 비극적인 운명을 당하기 전에 주님이 주시는 적당한 벌을 받고 마음을 낮추어야 한다. "고난당한 것이 내게 유익이라 이로 말미암아 내가 주의 율례들을 배우게 되었나이다"(시 119:71).

판결 2 – 참된 소망

7 ﹇이스라엘의 마음을 입은 선지자 미가는 탄식한다.﹈ 아! 슬프도다!
내 마음은 지금 간절히 기대했던 소망을 빼앗긴 상태와 같도
다. 여름이면 먹을 수 있을 거라 기대했던 무화과나무 열매가 하나
도 없고, 가을이면 먹을 수 있을 거라 기대했던 포도나무 열매가 전
혀 없는 것처럼,

2　　이 마지막 시대에 내가 소망했던 사람, 곧 하나님의 심판을 막
아줄 단 한 명의 경건한 사람도, 정직한 사람도 없구나. 모든 사람
이 서로 죽이려고만 하고 속이고 사기 쳐서 자기 이웃과 형제자매
를 이용하려고만 하는구나.

3　　자신이 가진 모든 것을 다 동원해 죄악 된 삶에 인생 전부를 걸
고 있구나. 이 백성의 지도자와 사법자들은 뇌물만 먹으려고 하고,
사업가들은 자기 욕망만 채우려 하며 ﹇선한 일이 아니라﹈ 악한 일에
는 언제나 잘도 협력하는구나.

4　　그들 중에서 가장 선한 사람이라고 말하는 사람도 독한 가시와
같고, 가장 정직하다고 말하는 사람도 형무소 철책보다 강퍅하도
다. 결국, 하나님께서 심판하시는 날[1]이 되면 그들에게 합당한 형벌
이 내릴 것이니 바로 지금이다. 그들은 혼란스럽고 고통스러운 결
과를 맞이할 것이다.[2]

5　　그러므로 너희는 지금부터 바른 소망을 지녀야 한다. 참된 것
을 의지해야 한다. 인간적인 정에 이끌려 이웃이든, 친구든, 심지어
같은 이불을 덮고 자는 아내나 남편이라도 신뢰해서는 안 된다. 하
나님을 신뢰하지 않는 사람 앞에서 무엇보다 말조심해야 한다.[3]

6　　하나님에 대한 바른 소망을 지니지 못한 이 마지막 세대는 아
들이 아버지를 멸시하고 딸이 어머니를 대적하며 며느리가 시어머
니와 분쟁할 것이다. 인생을 망치는 최고의 적은 멀리 있지 않고 아
주 가까이에 있다.[4]

7   그러므로 이 악한 세대에서 우리가 기대하고 의지해야 할 소망은 오
직 하나님뿐이다. 우리를 구원하시는 하나님, 그 하나님만 나는 바
라본다. 오직 그분만이 나의 기도에 응답하실 것이기 때문이다.

8   하나님을 참 소망으로 기대하지 않는 인생아! 내가 지금 잠시 실패
했다고 좋아하지 말라. 지금은 넘어져 있으나 이제 곧 하나님께서
나를 회복시키실 것이다. 지금은 어둠 속에 있어 보여도 하나님께
서 나의 빛이 되신다.

9   내가 하나님께 죄를 지었으니 당연히 그분의 매를 맞을 것이
다. 하지만 결국 하나님께서 나를 위해 변론하시고 바른 판결을 내
리시리니 이 모든 과정에서 그분이 정말 원하시는 것이 이루어지리
라. 그분은 나를 인도하셔서 생명의 빛으로 이끄실 것이요, 모든 것
을 바로잡으시는 것을 내가 보리라.

10   그렇게 되면 나를 대적했던 너희가 수치를 당하며, 이전에 "야!
네가 말하는 하나님은 도대체 어디 있느냐?" 하면서 조롱하던 자들
도 진흙탕 속에 처박히는 신세가 될 것이다.

11   우리 삶에 안전한 울타리⁵가 완성되는 날이 올 것이다. 우리 삶의
자리가 넓게 확장되고 평화롭게 유지되는 회복의 때가 올 것이다.

12   그 날이 되면 하나님의 백성이 아무리 멀리 유배되어 갔다 해
도 그곳에서 돌아오겠고, 아울러 애굽에서 유브라데강에 있는 앗수
르까지 아우르는 모든 이방 백성까지도 돌아와서 하나 된 하나님의
백성이 될 것이다.

13   끝까지 고집을 피우고 회개하지 않는 백성, 곧 하나님의 땅으
로 돌아오지 않고 자기 땅에 남아 있는 사람들은 결국 하나님의 용
서와 긍휼 없이 자신이 행한 그대로 심판을 받아 비참한 삶의 죗값
을 감당해야만 한다.

14 〔이제 미가는 기도한다.〕

"주여 원하오니, 당신의 지팡이로〔당신의 이끄심으로〕 당신의 백성을 당신의 소유로 회복시켜주소서. 그들이 아름다운 초원 갈멜 숲에 한가로이[6] 사는 양처럼 되게 해주시고 바산과 길르앗처럼 기름진 초장으로 인도해주소서. 원래 에덴동산에서 누렸던 하나님과 사람의 아름다운 관계로 우리를 회복시켜주소서."

15 〔하나님께서 응답하신다.〕 "그래, 내가 너희를 애굽 땅에서 구원하던 날처럼 다시 한번 더 놀라운 기적과 사건으로 너희를 회복시킬 것이다."

16-17 〔미가가 화답한다.〕 "그렇습니다. 주님! 하나님께서 우리를 회복시키시는 바로 그 날, 세상 모든 나라가 하나님의 구원을 볼 것이며 자신이 헛되이 믿고 신뢰했던 가치들이 무너지는 것을 볼 것입니다. 그들은 수치스러워 손으로 입과 귀를 막고, 저주받은 뱀과 같은 운명이 되겠으며 벌레만도 못한 운명에 처할 것입니다. 그들은 그제야 주님 앞에 나와 두려워 떨 것입니다."

18-20 〔미가는 찬양한다.〕 "하나님과 같은 신(神)이 어디 있습니까?[7] 세상의 주인이신 우리 하나님은 〔모든 인생이 죽을 수밖에 없음에도 그 누구도 해결할 수 없는〕 죄라는 근본적인 문제를 해결하시는 분이십니다. 주님은 인간의 죄를 용서하시고 언약의 사랑을 신실하게 지키시며 회개하는 자에게서 진노를 속히 거두시는 분입니다. 언제든 다시 우리를 긍휼히 여기시며 우리 죄를 해결하길 원하시니, 〔이 구원 역사의 정점에서〕 죄의 문제를 끝장내실 것입니다.[8] 〔인생들은 시간이 지나면 맺은 약속을 어기고 잊어버리나〕 하나님께서는 오래전 아브라함과 야곱에게 하셨던 그 약속을 시간이 지날수록 더 신실하게 지키셔서 모든 민족이 구원을 얻을 때까지 그 신실하신 언약적 사랑을 더 선명하게 드러내실 것입니다![9]

1. 한글 성경에 "파수꾼들의 날"로 표현된 이 날은 미가서에서 한결같이 말하는 심판과 판결의 날이다. 다음 참조. 에스겔 3:17-19, 33:7-9, 예레미야 6:17.

2. 한글 성경에 나온 "요란하다"는 혼란, 당황, 혼동, 애통의 의미로 해석이 가능하다. 칠십인역은 "애통"으로 옮겼다.

3. 요한복음 2장 24-25절에서 사람을 신뢰하지 않는 예수님의 모습을 볼 수 있다.

4. 마태복음 10장 17-21절에서 예수님은 비슷한 묘사를 반복하신다.

5. 성벽이 지어진다는 것은, 성이 완성되고 완전한 안전이 보장되었다는 의미다. 바벨론에서 돌아온 이스라엘 백성도 성전의 지대와 성전을 다 만든 후에, 성벽을 쌓아 올림으로써 그 도시에 완전한 회복과 안전이 보장됨을 보여준다. 히브리어에서 군사적인 의미로 '성벽'을 쓸 때는 '호마'를 사용한다. 그런데 여기서는 일부러 '카데르'라는 단어를 사용하는데, 이 말은 군사적인 의미의 성벽이라기보다는 목자의 울타리나 작은 마을 사이의 경계를 표시하는 울타리로, 이 울타리는 더 이상 전쟁의 위협이 없고 군사적인 안전이 필요 없는 상태, 즉 안전의 회복이 확실함을 나타낸다. 이것은 이미 미가서 4장에서 언급했다.

6. 한글 성경에서 "홀로"로 번역된 단어는 이스라엘 백성이 외롭게 살아간다는 의미도 될 수 있으나 전체적인 회복의 메시지 차원에서 보면, "여유롭고 한가롭게" 살게 된 것으로 보아야 더욱 타당하다.

7. 이것이 바로 선지자 "미가"의 이름이다! 그의 이름에는 자신이 전할 메시지의 핵심이 이미 담겨 있었다.

8. 우리는 이것이 메시아 예수님을 통해 이루어졌음을 알고 있다.

9. 우리가 이 세상에 대한 헛된 소망에서 하나님이라는 참된 소망으로 삶의 방향을 바로잡으면, 하나님이 참으로 어떤 분이신지 깨닫고 그분을 찬양할 수밖에 없다. 이러한 묘사는 성경 전반에 걸쳐 있는데, 대표적으로 욥기 42장이나 하박국 3장 16-18절에서 볼 수 있으며, 신약에서는 바울이 로마서 11장을 마무리하면서 터져 나오는 감격적인 고백이 그러하다.

이사야서 풀어쓴 성경

초판 1쇄 인쇄 2019년 5월 17일
초판 1쇄 발행 2019년 5월 31일

지은이 강산
펴낸이 최영민
펴낸곳 헤르몬
등록번호 제406-2015-31호 (2015년 3월 27일)
주소 경기도 파주시 신촌2로 24
전화 031) 8071-0088   **팩스** 031) 942-8688
이메일 pnpbook@naver.com

ISBN 979-11-87244-46-2 (03230)

※ 헤르몬은 피앤피북의 임프린트입니다.
※ 책값은 뒤표지에 있습니다. 잘못된 책은 구입하신 곳에서 교환해드립니다.